W0056016

Knaur.

Knaur.

# Anne West

# FEELING
## DAS GEFÜHL

Liebe, Sex und Erotik
ein Leben lang

KNAUR TASCHENBUCH VERLAG

Besuchen Sie uns im Internet:
www.knaur.de

Vollständige Taschenbuchausgabe Februar 2009
Knaur Taschenbuch. Ein Unternehmen der Droemerschen
Verlagsanstalt Th. Knaur Nachf. GmbH & Co. KG, München
Redaktion: Beate Koglin
Umschlaggestaltung: ZERO Werbeagentur, München
Umschlagabbildung: AGE/mauritius images
Satz: Daniela Nikel, Germering
Druck und Bindung: CPI – Clausen & Bosse, Leck
Printed in Germany
ISBN 978-3-426-78023-7


2   4   5   3   1

# INHALT

Vorwort: 237 GUTE GRÜNDE FÜR SEX . . . . . . . . . . 11
Näher zu Gott oder nur betrunken:
Warum haben wir eigentlich Sex? . . . . . . . . . . 11

**1** DAS ERWACHEN DER WEIBLICHEN SEXUALITÄT . . . . 15
Babyjahre: Da unten ist schön.
Fass das nicht an! . . . . . . . . . . . . . . . . . . . 20
*Sex als Selbsterkenntnis* . . . . . . . . . . . . . . 24
Backfischjahre: Bin ich sexy? . . . . . . . . . . . . 25
*Mit vierzehn: Es ist immer der Deutschlehrer* . . 28
*Mit fünfzehn: weiß man viel von nichts* . . . . . 30
*Mit sechzehn: Julia verlässt Romeo* . . . . . . . 35
Als Twen endlich klüger? . . . . . . . . . . . . . . 39
*Mit zwanzig bis vierundzwanzig:*
*Und ist das jetzt schon Liebe?* . . . . . . . . . . 39
*Mit fünfundzwanzig bis neunundzwanzig:*
*die Sehnsucht nach weniger Angst* . . . . . . . 45
Die Dreißiger – das wunderbare Jahrzehnt. . . . . . 49
*Mit dreißig bis vierunddreißig:*
*Ich ahne, was ich will,*
*aber wie bekomme ich es?* . . . . . . . . . . . . 49
*Ab fünfunddreißig: Ich dachte, Männer und*
*Frauen sind so – aber es ist ja doch alles anders* . 52
Was jenseits der vierzig noch alles kommt . . . . . . 56
*Mit vierzig: nie mehr verzichten* . . . . . . . . . 56

*Mit fünfundvierzig:*
*die zweite erotische Pubertät* . . . . . . . . . . 59
*Ich bin mehr als mein Geschlecht* . . . . . . . 60
*Er sieht mich einfach nicht* . . . . . . . . . . . 62

2 DIE MÄNNLICHE SEXUALITÄT . . . . . . . . . . . . 65
Hurra, es ist ein Junge! Nur schade,
dass er kein Mädchen ist . . . . . . . . . . . . . . 68
*Doktorspiele im Kindergarten* . . . . . . . . . 72
Dauerwettstreit in der Pubertät . . . . . . . . . . 73
*Die nackten Beine meiner Englischlehrerin* . . . 73
*Mädchen sind blöd,*
*Mädchen sind wunderbar* . . . . . . . . . . . . 76
Die heißen Zwanziger: Sex,
Drugs and Rock 'n' Roll . . . . . . . . . . . . . . 81
*Auf einer Skala von eins bis zehn*
*erreichte sie achteinhalb* . . . . . . . . . . . . . 82
*Mein Schwanz und ich:*
*Ist mein Penis gut genug?* . . . . . . . . . . . . 86
*Frauen wollen doch nur das eine:*
*Heiraten. Die Don-Juan-Phase* . . . . . . . . . 90
Mit vierzig ein guter Liebhaber . . . . . . . . . . 92
*Ist das gut für sie?*
*Das Casanova-Zeitalter* . . . . . . . . . . . . . . 92
*Was kommt nach den Vierzigern?* . . . . . . . . 95
*Ich könnte mir eine Jüngere nehmen* . . . . . . . 96

3 MACKEN UND NARBEN . . . . . . . . . . . . . . . . 99
*Das hat noch nie eine Frau bei mir gemacht* . . . 104
Finden Frauen das nicht eklig?
Die Ängste der Männer . . . . . . . . . . . . . . . 108

Ich habe immer ein
schlechtes Gewissen, wenn . . . . . . . . . . . . . 113
Will ich immer, bin ich ein Sexist.
Will ich nicht, bin ich ein Versager . . . . . . . . 114
Meine Wünsche sind doch pervers!
Oder bin ich nur feige und faul? . . . . . . . . . 116
Ich schaff das einfach nicht!
Die Angst vor der weiblichen Lust . . . . . . . 125
Das Altarprinzip: Ich gehe lieber zu einer
Hure, als meine heilige Frau »umzupolen« . . . 130
Sie ist mir einfach über . . . . . . . . . . . . . . 134
Bin ich jetzt eine Schlampe?
Die Ängste der Frauen . . . . . . . . . . . . . . 140
Habe ich zu schnell ja gesagt?
Das Gute-Mädchen-Syndrom . . . . . . . . . . 141
Ich glaub, ich bin frigide . . . . . . . . . . . . 143
Lieber vortäuschen als versagen . . . . . . . . 147
Ich fühle mich zu hässlich für die Lust . . . . . 151
Masturbation ist nur was für Singles . . . . . . 152

4 UND WAS KOMMT NACH DEM HAPPY END? . . . . . . 156
Drei Monate Warten für
guten Sex ein Leben lang . . . . . . . . . . . . 156
Es gibt keine Beziehungsgarantien . . . . . . . 158
... alles außer Sex: Wie die Beziehung
Ihre Sexualität steuert . . . . . . . . . . . . . . 159
Erzähl mir von dir . . . . . . . . . . . . . . . . 162
Erzähl mir nicht, was du träumst,
aber sag mir, was du willst . . . . . . . . . . . 165
Erzähl mir von dir –
aber bitte nicht alles: die Akte Ex . . . . . . . 174

Vergiss, dass wir ein routiniertes Paar sind . . . . . 176
*Ehesex wie mit einer Affäre* . . . . . . . . . . . 178
*Rollenwechsel, Rollenspiele? Och, nöööö!* . . . . 179
*Finden Sie Ihre persönliche Lustformel!* . . . . . 182
Guter Sex trotz Ehe . . . . . . . . . . . . . . . . . 186
*Von der Göttin zur Gattin,*
*vom Helden zum Ollen* . . . . . . . . . . . . . 187
*Heiraten – ja, gern, aber nie*
*wieder ein anderer Schwanz?!* . . . . . . . . . . 190
*Aber was kommt nach dem Happy End?* . . . . 193
*Killt die Ehe die Leidenschaft?* . . . . . . . . . 196
*Die fünf Feinde der Lust* . . . . . . . . . . . . . 199
*Das Ideal der Zweierbeziehung –*
*interessiert die Sexualität überhaupt nicht* . . . . 204
*Überraschen, ohne zu erwarten* . . . . . . . . 205
*Nur zweimal die Woche? – So oft?!* . . . . . . . 207

5 VON WEGEN »DAS IST WIE FAHRRADFAHREN,
DAS VERLERNT MAN NIE« . . . . . . . . . . . . . . . . 211
Neues Spiel – wirklich neues Glück? . . . . . . . . 211
*Wie eine zweite Entjungferung:*
*nach vierzehn Jahren ein neuer Mann* . . . . . . 211
*Ich habe meine Frau immer*
*noch unter der Haut* . . . . . . . . . . . . . . . 217
*Er wusste genau, wie er mich*
*berühren sollte – wird das je wieder*
*einer können?* . . . . . . . . . . . . . . . . . . . 219
*Seit zwanzig Jahren die erste Beziehung* . . . . . 223
*Der erste Sex nach einer Trennung . . .* . . . . . 226
*Und was kam nach der großen Liebe?* . . . . . . 231
Sex jenseits der fünfzig? . . . . . . . . . . . . . . . 238

*Manchmal kommt es mir absurd vor,
einen Körperteil von mir in einen anderen
Körper hineinzumanövrieren* . . . . . . . . . . . 240
*Nach dreißig Jahren habe ich jetzt die Lust
am Sex verloren* . . . . . . . . . . . . . . . . . 243
*Mit zweiundachtzig habe ich
erstmals meine Klitoris gestreichelt* . . . . . . . 246
*Nach den Wechseljahren kam
das große Nichts* . . . . . . . . . . . . . . . . . 248

**6** Keine(r) für eine(n) . . . . . . . . . . . . . . . . 252
*Darf's ein bisschen mehr
als der/die eine sein?* . . . . . . . . . . . . . . . 257
Die Kunst, einen Liebhaber zu haben –
oder zwei oder drei … . . . . . . . . . . . . . . . 261
*Freundschaft mit Poppen* . . . . . . . . . . . . 272
*Er will keine Bindung,
die Geliebte aber schon. Oder?* . . . . . . . . . 275
Liebling, es gibt da noch jemanden . . . . . . . . 280
*Seitensprung: Ende,
Auszeit oder Neuanfang?* . . . . . . . . . . . . . 280
*Sex mit einem Betrüger –
nach der Entdeckung* . . . . . . . . . . . . . . . 285
*Manchmal ist es wie eine Sucht* . . . . . . . . . 291

**7** *Inside her:* Wie Frauen Sex haben wollen –
und wie nicht . . . . . . . . . . . . . . . . . . . . 298
Das Leben ist ein einziges Vorspiel . . . . . . . . 298
*Vergiss die Kerzen, steck ihn rein!* . . . . . . . 301
Begehrt uns, liebt uns, versteht uns . . . . . . . 305
*Blasen erst nach dem »Ich liebe dich!«* . . . . . 306

9

*Die letzte aller No-go-Areas: der Anus* . . . . . 308
*Er hält ihn doch nur hin!* . . . . . . . . . . . . 312
Die besten Methoden,
um eine Frau ins Bett zu kriegen . . . . . . . . . . 315
*Das hat hoffentlich ein Nachspiel* . . . . . . . 324
*PS* . . . . . . . . . . . . . . . . . . . . . . . . 331

8 INSIDE HIM: WIE MÄNNER SEX HABEN WOLLEN –
UND WIE NICHT . . . . . . . . . . . . . . . . . . . . 333
Die schlechten Nachrichten zuerst . . . . . . . . 333
*Ihn einfach nur reinpfriemeln!* . . . . . . . . . 334
*Muss ich schon wieder?!* . . . . . . . . . . . . . 335
*Was ich will, zählt nicht* . . . . . . . . . . . . 339
*Och nö, bloß nicht reden!* . . . . . . . . . . . . 344
*Ich weiß, dass ich einen Bauch habe.
Können wir ihn bitte beide ignorieren?* . . . . . 347
Die besten Methoden,
um einen Mann ins Bett zu kriegen . . . . . . . . . 349
*PS* . . . . . . . . . . . . . . . . . . . . . . . . 358

Schluss: BIN ICH GUT IM BETT? . . . . . . . . . . . . 360

# Vorwort

## 237 GUTE GRÜNDE FÜR SEX

### Näher zu Gott oder nur betrunken: Warum haben wir eigentlich Sex?

Wie die *dpa* in Heidelberg im Spätsommer 2007 launig meldete, gibt es 237 Antworten auf die Frage: Warum hatten Sie neulich Sex?

»Ich fühlte mich zu der Person hingezogen«, ist bei Männern und Frauen gleichermaßen das am häufigsten genannte Motiv. Bei den Männern folgt: »Es fühlt sich gut an«, bei den Frauen: »Ich wollte körperliches Vergnügen.«

Zu den fünfzig häufigsten Gründen gehör(t)en außerdem: »Ich wollte meine Liebe zeigen« (Frauen, Rang 5), »Ich war scharf« (Männer/Frauen, je Rang 7), »Die Gelegenheit ergab sich« (Männer, Rang 29), »Ich wollte neue Techniken und Positionen probieren« (Männer, Rang 32), »Meine Hormone waren außer Kontrolle« (Männer, Rang 33), »Ich wollte einen Geburtstag oder besonderen Anlass feiern« (Männer, Rang 41), »Ich wollte meine sexuellen Fertigkeiten verbessern« (Frauen, Rang 45), »Ich war betrunken« (Frauen, Rang 49), »Die Person war intelligent« (Männer, Rang 48).

*Die dpa* fasste in der Meldung die Ergebnisse einer in den *Archives of Sexual Behavior* publizierten Studie zusammen, für die Cindy Meston und David Buss vom Institut für Psychologie der University of Texas in Austin

2000 Frauen und Männer befragt hatten. Am seltensten wurde in der Untersuchung als Begründung genannt: »Ich wollte jemanden mit einer Krankheit wie Herpes oder Aids anstecken« (Frauen) und: »Die Person bot mir dafür Drogen an« (Männer). Weitere seltene Auslöser waren: »Es war ein Aufnahmeritus für einen Club oder eine Organisation« (Frauen), »Ich wollte meine Kopfschmerzen loswerden« (Frauen), »Ich wollte meine Partnerschaft beenden« (Männer), »Ich wollte benutzt und degradiert werden« (Männer), »Ich wollte eine Beförderung« (Frauen) – und: »Ich wollte mich Gott näher fühlen« (Frauen).

Den beiden Psychologen zufolge lassen sich all diese Gründe vier Kategorien zuordnen: körperliche Anziehung (zum Beispiel: »Sie hatte so schöne Augen«, »Ich wollte einen Orgasmus mit ihr«), Zielorientierung (berühmt werden, Geld verdienen, sich an einem betrügerischen Partner rächen), Emotionen (auf höherer Stufe kommunizieren, danke schön sagen) und Unsicherheit (»Es war der einzige Weg, damit mein Partner Zeit mit mir verbrachte«).

So hat jeder Mensch seine ganz eigenen Gründe, um Liebe, Sex und Erotik vom ersten bis zum letzten Mal zu suchen.

Aus welchem Anlass hatten Sie zuletzt Sex?

Vor allem aber: *Wieso haben Sie den Sex, den Sie haben* – und keinen anderen: besseren, schlechteren, freieren, häufigeren?

Auf diese Fragen gibt es in diesem Buch reichlich Antworten, und eine Reihe Fragen, die nur Sie persönlich beantworten können und die Sie mehr und mehr auf die Spur Ihrer erotischen Identität bringen.

Zum Schluss werden Sie nicht nur wissen, warum Sie so lieben, wie Sie lieben, sondern auch, wie Sie Ihre Sinnlichkeit, Ihre innere Freiheit, Ihr Gespür, Ihr Feeling entfalten können – für sich selbst und in Ihrer Partnerschaft. Denn was für einen Sex Sie auch immer haben: Ihr Sex entspricht Ihrem Leben. Ihr Leben steuert den Sex, und der Sex prägt wiederum Ihre Persönlichkeit.

Sexualität ist Identität. Eine ganzheitliche Angelegenheit, die nicht erst im Schlafzimmer beginnt. Und die keiner besser beurteilen oder ändern kann als Sie.

Warum Sie lieben, wie Sie lieben, ist ein Gesamtkunstwerk aus Ihrem Charakter, Ihren Erfahrungen und Ihrer Lebensweise; Ihr erotischer Charakter entwickelt sich aus weit mehr als nur Techniken, Kommunikationsstrategien oder Tipps zur Inszenierung von Phantasien. Und auch jeder Liebespartner prägt Ihre Sexualität – und kann sie herausfordern, zum Erliegen bringen oder zu völlig neuen Ufern führen.

Der Sex, den Sie heute haben, ist von Ihrer Erziehung, Ihrer Suche nach Identität geprägt; er ist mit Ihrem Alltag, mit Ihren ganz individuellen Träumen und Hoffnungen und der aufmerksamen Beschäftigung mit sich selbst verwoben – und das ist das Terrain, das Sie selbst regieren können. Um von Ihrem guten Sex nicht länger zu träumen, sondern alles dafür zu tun, ihn auch zu bekommen.

Warten Sie nicht länger darauf, bis ein anderer Sie erweckt und Ihnen den Weg zu all Ihren Träumen zeigt – machen Sie sich selbst auf den Weg.

Tauchen Sie ein in die Welt Ihrer Gefühle, woher auch immer sie kommen und wohin auch immer sie Sie noch leiten werden. Bis Sie den einzig richtigen Weg für die Erfüllung Ihrer Lust gefunden haben: Ihren eigenen.

Leben Sie mit Gefühl. Mit Feeling. Für sich, für Ihre Liebe.

Dann sind Sie der beste Sexcoach, den Sie bekommen können.

# Kapitel 1

## Das Erwachen der weiblichen Sexualität

Es war eine dieser dunklen Nächte, in der ich aus dem Fenster sah, ohne wirklich etwas zu sehen, und mich fragte, ob ich meine Sehnsüchte ändern kann.

Nein. Niemand vermag dies.

Anstatt mit ihnen zu hadern, mit all den wilden Wünschen, diffusen erotischen Phantasien, exzessiven Obsessionen, wollte ich mich mit ihnen versöhnen und begann, eine Bilanz zu ziehen. Die erotische Bilanz meines bisherigen Lebens.

Am Ende der Nacht hatte ich Tränen gelacht und geweint, aber im Morgengrauen konnte ich wieder sehen. Ich wusste, woher meine Schamhaftigkeiten kamen, meine Leidenschaften, es war wie ein Luftholen nach einem zu langen Tauchen im Meer.

Begleiten Sie mich kurz bei dem Tauchgang – bevor Sie Ihren starten?

Mit drei entdeckte ich ein angenehmes Kribbeln zwischen den Beinen; meine Mutter nannte das kleine Freudenfeuer: »Ist-das-schön?«, meine Oma: »Bah-da-unten-fass-das-nicht-an.«

Mit neun verliebte ich mich das erste Mal – ein bisschen. Das Pferd hieß King Loui und war ein Trakehner-Wallach.

Fass-das-nicht-an freute sich sehr über die Freundschaft mit King Louis Rücken, und ich bekam einen roten Kopf beim Voltigieren.

Mit zwölf erlebte ich den ersten Zungenkuss unter einer Trauerweide und himmelte diesen schottischen Jungen an, dessen Dialekt ich nicht verstand. Unsere Körper hatten keine Übersetzungsprobleme, diese Küsse waren reinste, unverfälschte Leidenschaft. In mir erwachte die Frau, die ich einmal werden würde. Eine hungrige. Eine, die sich stundenlang bei einer wirklich guten Sache aufhalten kann.

Mit vierzehn las ich Anaïs Nin und färbte mir wie sie die Brustwarzen mit Lippenstift rot, hatte solch einen Durst auf das erste Mal – und fand es dann kreuzlangweilig. Die Küsse hatten mehr versprochen, als der Sex hielt. Aber ich dachte, *ich* wäre nicht normal. Alle redeten von Sex wie von einer Erleuchtung, ich fand das Rein-raus-Getue banal und Petting aufregender. Als der Mund meines Freundes sich aber dann Bah-da-unten näherte, war ich schockiert: Das Fass-das-nicht-an wollte er sich vornehmen?! Ich glaubte Männern siebzehn Jahre lang nicht, dass sie darauf stehen. (Was für eine Zeitverschwendung!)

Mit siebzehn hatte ich einige Liebhaber hinter mir und den Satz im Ohr: Du willst ja immer. Huch? Hatte meine Mutter vergessen, mir beizubringen, meine Gelüste zu unterdrücken, wie es sich für »anständige Mädchen« gehört? Ich hörte davon, dass Frauen beim Sex Orgasmen vortäuschen. Wow, dachte ich, Orgasmen kann man auch beim Sex haben?!

Mit neunzehn hatte ich einen schwarzen GI im Bett und wusste nicht, wo oben und unten ist. Der Zauber der anderen Hautfarbe entschwand mit der Frage, was denn jetzt, bitte sehr, so knallen soll an dieser Schwarz-Weiß-Geschichte und dem Mythos vom Riesenpenis. Ja, er war groß – zu groß, und ohne Kondom wollte ich nicht, also? Ich tat es trotzdem. Ohne. Manchmal muss man Dummes tun, um klüger zu werden. Ich wollte Sex haben wie ein Mann: reuelos. Das Leben hielt diese Absicht für eine putzige Idee und brach mir mehrfach das Herz.

Mit einundzwanzig erlebte ich den ersten Orgasmus ohne Mann, nur mit der eigenen Hand. Es brachte mich näher zu mir und weiter fort von Männern – für die neunzig Sekunden höchster Lust brauchte ich mich nicht aufzubrezeln, in die Nacht zu wandern und mit einem angetrunkenen Kerl zurückzukommen, der meine Telefonnummer garantiert verliert. Mit den Freuden der autonomen Solos kamen auch sie: die Phantasien. Von Dominanz und Unterwerfung, von Grenzüberschreitungen. Mein Kopfkino überrollte die Realität, und ich fühlte mich schuldig, schuldig, schuldig. Aus Wut über meine Schuldgefühle, die mir absurd erschienen und wie von Fremden auf mich aufgepfropft, schrieb ich ein Buch: Gute Mädchen tun's im Bett, böse überall.

Auf Jahre war ich die Verlockung der Männer, die ewige heimliche Geliebte. Was bloß suchte ich? Ich fand es nicht in den Eroberungen, und Sex war immer noch nicht so, wie er sein sollte oder wie in Romanen beschrieben. Mal schämte ich mich am nächsten Morgen, mal gab ich alles; mal geriet ich an verkorkste Kontrollfreaks, dann an stoische Handwerker, die sich besser einer Laubsägearbeit hätten widmen sollen – es war kein Dialog zweier Körper, sondern eher eine einsame Reiberei von zweien zur

17

selben Zeit. Ich fühlte mich bezüglich meiner Sexualität um Jahre zurückgeworfen, als sich der Dreier mit zwei russischen Journalisten nicht als Lust, sondern als Last herausstellte; es war eher die Erfahrung, dass meine Sinnlichkeit nicht zu mir gehörte und ich sie nur wie eine Theaterbühne bespielte. Zu oft habe ich mich durch Sex zu einer Beziehung verpflichtet gefühlt. So viele Männer, so wenig Zeit. Ich wollte reisen und mit so vielen Männern wie möglich schlafen, stattdessen kaufte ich ein Haus.

Mit siebenundzwanzig kam ich das erste Mal im Missionar. Also funktionierte ich doch irgendwie – und weinte fast vor Erleichterung. Ich kaufte mir einen Vibrator, der sich anhörte wie ein Mixer und auch fast so aussah wie einer. Oder wie ein eingeschweißter Hühnerschenkel. Unspannend.

Ich lernte Sexentzug der Männer als emotionale Strafe kennen und fand das abstoßend. Wollte ich ihnen doch mit meinen Liebesgefühlen auch all meine Lust und Bereitschaft zu Füßen legen – aber sie stolperten, sie traten, ich trat zurück. Ich spürte schmerzlich die Sehnsucht nach geborgener Sexualität, wusste aber nicht, wo sie zu finden ist. In einer Beziehung war immer ich derjenige Part, der öfter wollte; Mann nannte mich »Macho« und vertröstete mich bis nach der *Sportschau*. Raten Sie mal, wer sich schämte, Lust zu haben? Die Vernunft sagte mir: Musst du nicht. Das Gefühl hörte nicht, es zog das Schämen vor, Wut und Verzagtheit prägten mein Ich.

Mit einunddreißig hatte endlich das Gefühl dem Verstand zugestimmt und sich von der Scham abgenabelt. Nur: Wo waren die Mitspieler?! Ich wusste zwar nun, was ich wollte, aber nicht, wie ich es bekommen konnte! Und traf auf Liebhaber, die weder wussten, was sie wollten, oder noch so in ihren Hemmungen gefangen waren, dass Sex eher zur Körpertherapie mutierte.

Mit zweiunddreißig traf ich dann den Mann, mit dem ich den Sex hatte, der mir außerordentlich gefiel, und heiratete diesen Mann prompt. Ich ließ davon ab, perfekte Techniken darzubieten, und schwor dem unterwürfigen Männer-Guttun ab und entdeckte den gesunden Egoismus: mit Liebe, Hardcore, Zärtlichkeit, schmutzigen Wörtern, Freiheit, Orgasmen in jeder Stellung. Wäre ich nicht in meinen so verliebt und erotisch ausgelastet, ich hätte drei Liebhaber nur für das eine. Oder vier? Die Einsicht, nicht romantisch, sondern sinnlich konstruiert zu sein, beschämt mich manchmal immer noch. Doch ich blühte auf. Nach achtzehn Jahren sexueller Aktivität erlebte ich das, wonach ich mich von Anfang an gesehnt hatte – ohne zu wissen, was es genau war.

Mit dreiunddreißig stellte sich mir die Frage: Jetzt ist es schön, aber wie können wir den guten Sex halten? Können wir die Narben heilen, die andere uns zugefügt haben? Werden wir uns bittebitte nicht aneinander gewöhnen?

Mit vierunddreißig fand ich den Mut, nicht nur an seine Bedürfnisse zu denken, sondern meine auszusprechen: Fessele mich. Liebe mich. Fick mich. Und sag bitte Folgendes zu mir … Unschätzbar ein Partner, der sich Wünsche auch anhören will!

Fünfunddreißig. Ich kann Sex nicht mehr allein kraft des Verstandes begreifen, sondern fühle, was ich nicht durchdacht hatte. Ich höre auf mein Gespür, ich glaube meinem Körper, dass er weiß, was er braucht, und dass alles erlaubt ist, was ich will – und keiner das Recht hat, es in Frage zu stellen (wie ich bei anderen auch nicht). Wenn man es so sehen will: Ich bin wieder angekommen bei der Zwölfjährigen unter der Trauerweide, die nicht wusste, wie Zungenküssen geht, aber es mit Begeisterung getan und genossen hat. Ohne Schuldgefühl. Ohne die Frage, ob sie jetzt schon gut im Bett ist. Ohne Scham, hungrig zu sein. Es hört sich nach Merz Spezial Dragees an, aber nach fast zwanzig Jahren Sex weiß ich heute: Guter Sex kommt von innen, nicht von außen. Nur ich kann wissen, was mir gefällt, und nur ich darf es beurteilen. Genau wie Sie.

Von außen kommt nur, was guten Sex verhindert – wie im Musterleben von Julia. Und ein bisschen Julia sind wir alle:

## Babyjahre:
## Da unten ist schön. Fass das nicht an!

Ich bin klein, mein Herz ist rein, und ich habe gerade etwas sehr Spannendes entdeckt: An mir rumzuzupfen ist toll. Nuckeln ist beruhigend. Sich selbst mit einem Haar im Ohr zu kitzeln ist spannend, an den Zehen zu ziehen lustig, und oh, was ist das, da zwischen den Beinen? Wow, das da unten ist aber schön! Sehr behaglich, sehr killerig, sehr …

»Fass das nicht an!«

Ja doch, schrei nicht so. Spielverderberin. »Das macht man nicht.« Jaja. Mach ich's eben, wenn sie nicht hinguckt. Aber die guckt ja dauernd. Doofe Kuh.

Mädchen, denen die »gute« Mutter das »böse« Händchen wegschiebt, wenn Klein Julia die interessanten hübschen

20

Gefühle entdeckt, saugen gleichzeitig mit der Milumil-Milch die Botschaft ein, dass sich diese Geste zwischen den Beinchen nicht gehört. Es ist erwiesen, dass männlichen Babys die Finger nicht so oft vom Penis weggescheucht werden, Mädchen dagegen sollen sich was schämen: Da unten ist ein verbotener Ort.

Wer Sinne hat, ist fähig, Sinnlichkeit und Sexualität zu empfinden. Kindliche Sinnlichkeit ist nicht mit Sex gleichzusetzen – aber frühe positive sinnliche Selbst-Erfahrungen tragen mit dazu bei, die Voraussetzungen für eine optimistische Sexualität zu schaffen. Doch schon naht die erste negative Erfahrung in Gestalt der Frau Mama, die ihre genitale Selbstablehnung auf Klein Julia überträgt: Huh, was sollen die Nachbarinnen denken, wenn meine Tochter ständig an sich rumspielt? Klein Julia macht das zwar nicht ständig – würde es aber gerne.

Die infantile Sinnlichkeit ist zunächst gepolt auf Orales, auf lustvolle Erfahrungen; doch bald erwacht ebenso das Interesse an anderen Stellen des Körpers: Wo fühlt sich was gut an? Wo ist mein Körper zu Ende? Wo beginnt das Leben der anderen? Denn die Welt begreifen heißt, sich selbst zu begreifen, im wahrsten Sinn des Wortes.

Wenn in den ersten Lebensjahren die Sprache hinzukommt und Kinder lernen, die Dinge beim Namen zu nennen, wird es noch aufregender – vor allem in der Geschlechterfrage. Rasend spannend sind vor allem die Doktorspielchen zwischen drei und fünf Jahren. Die anderen Kinder sind ja so verschieden! Irre. Lass ma' gucken. Wie sagst du dazu?

Vielleicht werden Sie von den Aktivitäten und auch der Wortwahl Ihrer Kinder überrascht sein. Doch wir Erwachsenen haben Worte längst mit Bedeutungen und Vorschriften belegt, ein Kind nicht.

Julia wird älter, sie probiert Geschlechterrollen im Spiel aus, mit Puppen oder sie spielt Figuren aus Märchen nach – dort lernt das Mädchen auch erstmals den idealisierten Mann kennen, den Prinzen, der dazu da ist, sie mit einem Kuss aus Dornröschenträumen zu erlösen, zu erheben, zu bewundern. Klein Julia wird noch Jahrzehnte später nach ihm fahnden und darauf beharren, dass es ihn geben muss, den Märchenprinzen ohne Fehl und Tadel – ich befürchte manchmal, auf diese Hoffnung bauen die Parship-Matchpoints …

Julia fragt immer mehr Dinge, die die Erwachsenen mit ihrer eigenen Einstellung zur Sexualität konfrontieren, aber sie will in ihren Fragen ernst genommen werden und nicht hören: »Das fragt man nicht, dafür bist du noch zu klein.« Dabei brauchen Sie gar nicht alles zu wissen; Sie dürfen durchaus auf vielleicht krude, aber kindgerechte Antworten ausweichen, denn der kleine Mensch will sich austauschen. Nichts ist besser, als wenn ein Kind merkt, dass es nichts Peinliches zu fragen gibt – es gibt nur peinliche Antworten.

Doch wie oft haben Frauen als Kind erlebt, dass sie nur dann ein braves, geliebtes Mädchen sind, wenn sie Fragen unterdrücken oder verheimlichen, die ihren Eltern peinlich sind?! Nur wenige von uns hatten das Glück, mit entspannten Eltern aufzuwachsen, die mit Gelassenheit auf die Entdeckung der (sinnlichen) Welt reagierten und nicht erwarteten, ihre Tochter sei so geschlechtsneutral wie eine Barbie untenrum.

Es ist Zeit für den ersten Eintrag Ihrer eigenen erotischen Bilanz. Bitte beantworten Sie sich folgende Fragen, so ehrlich und rücksichtslos wie möglich. Wie war *Ihre* Kleinmädchenzeit? Durften Sie alles fragen, alles sagen? Wie wurde auf Ihr Verhältnis zu Ihrer Jademuschel reagiert – frei, schamhaft, mit Verboten, hysterischem Kichern?

Wurde Ihnen die Mär vom Storch aufgetischt, oder erzählte man Ihnen das Gleichnis von den Blümchen und den Bienchen oder Papa und Mama, die sich liebhaben? Oder hat man Ihnen erklärt, dass Babys im Bauch wachsen, und später auch, wie sie dort hineinkommen? Hat man Ihnen ein genaues Reinigungsritual auferlegt und die Genitalien zu einem schmutzigen, unaussprechlichen Ort gemacht? Wie war die Atmosphäre in Ihrem familiären Zuhause, wenn es um Sexualität ging – erstickend, stumm, gelöst, heiter bis wolkig?

Ihre Antworten auf diese Fragen sind erste Spuren, die Ihre Erziehung in Ihrem erotischen Sein hinterlassen hat. Denn Ihre Sexualität beginnt nicht mit dem ersten Sex – sie beginnt mit Ihrer Persönlichkeitsbildung –, und die startete schon, als Sie grad kaum über den Tisch gucken konnten.

Wenn Sie sich selbst verstehen und annehmen und sich, soweit es geht, befreien wollen von Ängsten, Hemmungen und lustfeindlichen Zensurmechanismen, ist es hilfreich, sich über diese Anfänge klarzuwerden: Wie ist das Kind, das Sie wie einen Wesenskern tief in sich tragen, mit Sinnlichkeit, genitalen Aspekten und anatomischen Wundern aufgewachsen? Und meldet sich dieses »innere Kind« immer wieder, wenn Sie sich fürchten? Es kann durchaus sein, dass manche in der Kindheit angelegten Lustkiller Ihnen heute zu den unmöglichsten Zeitpunkten das Liebesleben schwermachen. Zum Beispiel die Scheu, geleckt zu werden – denn Das-da-unten ist ja bäh. Lachen Sie nicht über diese Populär-Psychologie: Manches ist so einfach (und schmerzhaft), wie es ist.

Welche Maßregelungen der Kindheit tragen Sie noch mit sich herum? Das Gefühl, nicht wichtig zu sein oder nur dann geliebt zu werden, wenn Sie brav und nicht laut sind? War alles Körperliche tabu? Hat man Sie damit traktiert, dass Sie viel hübscher aussehen und beliebter sind, wenn Sie lächeln? Stand Sex im Sündenregister Ihrer Religionsgemeinschaft?

### Sex als Selbsterkenntnis

Möglicherweise stoßen Sie auf eine alte kindliche Verletzung oder Konditionierung, die sich Jahrzehnte später in Ihrer Sexualität widerspiegelt: nicht schön genug zu sein, nicht problemlos zu funktionieren, sich eingesperrt zu fühlen in der eigenen Haut, Nähe und Zärtlichkeit aus dem Weg zu gehen, denn schließlich kann man sich nur auf sich verlassen und wird nur geliebt, wenn man brav und unkompliziert ist und gefälligst jederzeit und beschwerdefrei zum Höhepunkt kommt.

Diese emotionalen Fesseln abzustreifen ist nicht einfach – aber sie klar zu sehen ist der Beginn der Veränderung.

Meine Freundin K. hat zum Beispiel alle dummen Sprüche ihrer Großmutter aufgeschrieben und feierlich verbrannt; mein Musiklehrer O. hat sich vorgestellt, er selbst wäre jetzt der Ratgeber seines inneren Kindes, und hat sich im Nachhinein in einem Selbstgespräch »aufgeklärt« und all die tumben Maßregelungen entschärft. Und manche sagen sich auch einfach: »Ich bin jetzt dreißig und zu alt für den Quatsch, mich in meiner Sexualität bevormunden zu lassen.«

Versuchen Sie am Anfang, wenn Sie Ihre eigenen Regeln aufstellen, sich selbst die Frage zu beantworten:

Warum will ich Sex?

Will ich begehrt, gewollt, akzeptiert werden? Will ich Anerkennung für mein Aussehen, meine Kenntnisse, für die Aufmerksamkeit, die ich einem Mann schenke? Ist Sex wie eine Leistung, für die ich gelobt werden will? Will ich sinnliche Gefühle, meinen Körper spüren, spüren, nicht allein zu sein? Habe ich Sex, um mich weiblich zu fühlen? Um frei zu sein?

Vielleicht schreiben Sie eine Liste? Schnappen sich eine Freundin, eine Flasche Sekt und sind einander Beichtschwestern? Wie auch immer Ihre Antwort ausfällt, sie verrät Ihnen viel darüber, was Sie sich nicht nur von Sex, sondern vom Leben wünschen. Respekt. Akzeptanz. Bestätigung. Freiheit.

Fragen Sie sich dann ehrlich, ob ein Liebesakt das wirklich leisten kann und ob Sie ihn entlasten könnten, wenn Sie Ihr Verlangen nach Respekt oder Lob, Freiheit oder Geliebtwerden auch außerhalb des Schlafzimmers erfüllen.

## Backfischjahre:
## Bin ich sexy?

Manche Frauen werden später behaupten, dass sie nie wieder so mutig, klar und selbstbewusst waren wie mit elf. Doch dann kamen die Brüste. Keiner hatte sie bestellt, aber mit elfeinhalb wuchsen auch mir welche, Haare sprossen an den unmöglichsten Stellen, und die Menarche gab mir den Rest. Jemand hatte auf den DNA-Schalter gedrückt und entließ, wie von Madame Evolution programmiert, all diese Hormone in meinen Körper. Plötzlich waren Jungs spannend – und was ich anziehe und was der Deutschlehrer über mich denkt. Ich träumte von Küssen und dem Sohn des Golflehrers und fand mich doof.

Aus dem Mädchen wurde die Vorstufe einer Frau.

Und seitdem müssen wir uns damit herumplagen, was es heißt, erstens eine Frau und erst an zweiter Stelle wir selbst zu sein.

Dass manche Eltern ihren Nachwuchs zu Beginn der Geschlechtsreife, so mit elf, zwölf, dreizehn Jahren, am liebsten in ein Gartenhaus sperren würden, um ihn frühestens nach fünf Jahren wieder herauszulassen, liegt daran, dass Teenager im Kopf und im Körper so massiv umgebaut werden, wie es zuletzt geschah, als sie Babys waren. Das Gehirn strukturiert sich neu, alte Verbindungen werden weggekärchert, neue Brücken dübeln sich in die Hirnlandschaft – nach außen zeigt sich das daran, dass Teens irren Quatsch von sich geben und egozentrische Monster sind, die nur daran denken, was für sie gut ist. Sie sind emotionale Desaster auf zwei Beinen, fühlen sich unverstanden und hässlich, die Wahl des Klingeltons ist ihnen wichtiger als der Klimawandel.

Erwachsene halten spätestens jetzt die Zeit der Aufklärung für gekommen – und den Teenagern ist es so, sooooo peinlich! Sie fühlen sich bevormundet, wie Kinder behandelt und in ihrem neuen Drang nach Autonomie und Widerspruch beeinträchtigt.

Tausend Leute sagen ihnen tausend verschiedene Dinge. Morgen ist dies angesagt, übermorgen jenes, das jugendliche Julchen pendelt zwischen Dazugehörenwollen und Bloß-nicht-wie-alle-anderen-Sein. Es sieht sich im Spiegel seines Umfelds – wie komme ich an? Wer bin ich? Wäre das Leben nicht schöner, wenn ich dünner wäre? Nackte Hölle! Und Mama will man nicht fragen; sie ist niemand, der mitleidet, sondern verbietet Julia sowieso alles. Findet Julia.

Als eines der Hauptprobleme für die heranwachsenden Mädchen bezeichnet die Ärztin und Sexualpädagogin Dr. Gisela Gille von der Ärztlichen Gesellschaft zur Gesundheitsförderung der Frau (ÄGGF) die »große Orientierungslosigkeit« in Sachen Sexualität: »Sie haben alles gelesen, alles auf Video gesehen und können es nicht einordnen.« Natürlich seien sie neugierig. Dabei unterschieden sie sich in nichts von früheren Generationen. Aber was den Sex angehe, sei die Gangart in der Gesellschaft generell erkennbar härter geworden.

»Vieles von dem, was uns heute im Alltag an sexuellen Darstellungen umgibt, wäre vor dreißig Jahren als pornographisch verboten worden«, erklärt Gisela Gille. »Diese ständige Überflutung erzeugt eine Art Hornhaut auf unserer Wahrnehmung. Das bedeutet, wenn Mädchen überhaupt noch als sexuelles Wesen registriert werden wollen, sind sie gezwungen, schon relativ provokant aufzutreten.« Und Mütter fallen hintenüber, wenn die Dreizehnjährige ein Brustwarzenpiercing haben will.

Die männlichen Reaktionen, das Interesse, das Drängen ihrer Bewunderer, erschrecken das heranwachsende Mädchen meist jedoch mehr, als wir irritierten Erwachsenen ahnen – denn so ist das Girlie verstrickt im Widerspruch: Ich muss sexy aussehen, um gesehen zu werden, mich aber keusch wehren, um nicht nuttig zu sein.

Ein Dilemma, und Julia ist doch erst dreizehn!

### Mit vierzehn: Es ist immer der Deutschlehrer

Teens wollen verstanden, nicht gevögelt werden. So viel für die Lolita-Fans, die behaupten, Vierzehnjährige würden die Machtspiele mit Männern genießen. Bullshit. Ja, Julia hat einen Hang zum Deutschlehrer und malt seinen Namen ins Oktavheft. Doch Sex ist noch zu groß und zu diffus. Mädchen wollen mit dem Mann der Träume reden, sie wollen, dass er ihnen erste zarte Zeichen der Verehrung gibt und die Frau in ihnen bewundert, die sie mal werden. Ansehen reicht. Verstehen reicht. Faszination reicht. Ansonsten: Hände weg!

Ich blättere gerade in meinem Tagebuch aus dem Jahr 1987. Oje! Ich war vierzehn, er hieß D., und ich war so unendlich verliebt – zwei Jahre lang. In Gedanken war der Deutschlehrer mein erster Mann, ich nahm ihn erotisch wahr. Und was für mich der Deutschlehrer war, war für andere der Tanzlehrer, der Onkel der besten Freundin, der Handballtrainer oder der Auszubildende im Betrieb des Vaters.

So wie ich begann, D. als Mann wahrzunehmen, nahm ich auch mich selbst neu wahr: Ich begehrte. Und ich begehrte das Begehrtwerden. Plötzlich machte das Hübschanziehen Sinn.

Natürlich reagierte dieser arme geplagte Mann auf die geballte weibliche Hormonkraft, die ihm von den Neunt-

und Zehntklässlerinnen entgegengerauscht kam. Stehen Sie mal vor zwanzig blühenden Mädchen, die Ihren Hintern in der Hose betrachten, wenn Sie an der Tafel stehen, und jedes Lob und jeden Tadel doppelt bewerten. Das kann Sie fertigmachen. Aber D. war tapfer und integer; er begriff, dass er nur Projektion war.

Zeit für Ihre erotische Bilanz: Was war bei Ihnen los, als Sie vierzehn waren? Wer hatte das Sagen auf dem Schulhof, wie war die anerkannte Meinung über Sex und über Mädchen, die Sex hatten? Wie wichtig waren Aussehen und Beliebtheit, und wie sehr haben Sie sich davon mitreißen lassen? Wie wurde Ihre Clique, wie wurden Sie wahrgenommen? Erinnern Sie sich noch, was Sie angezogen haben und warum?

Wissen Sie noch, wie das war mit Ihrem Schwarm? Wie er Sie behandelt hat? Wie die anderen Sie aufgezogen oder bewundert, links liegengelassen oder gemobbt haben?

Jene Jahre *vor* dem ersten Sex, als Sie kein Kind mehr und noch keine Frau waren, sind ein bedeutsames Puzzleteil, das Ihr Gespür, Ihr Feeling für sich selbst komplettiert.

Ängste und Kränkungen aus dieser Zeit können sich richtig fies festsetzen: Kommentare darüber, wie Sie aussehen; das Verhöhnen Ihrer Leistungen oder Schwächen; aber auch, wie weibliche Sexualität an sich in Ihrem täglichen Umfeld bekämpft, kontrolliert, verleugnet oder beschimpft wurde. Wie schnell musste ein Mädchen an Ihrer Schule um seinen Ruf fürchten?

Weibliche Sexualität ist niemals getrennt von der sozialen Rolle der Frau in einer Gesellschaft zu sehen. Aus dem

Wust von großen oder kleinen Kommentaren und Überzeugungen – »Frauen wollen weniger Sex als Männer.« »Frauen sind billig, wenn sie es mit jedem tun.« »Frauen sind das stärkere Geschlecht.« »Frauen sind grün gestreift, blau gepunktet …« – muss das heranwachsende Mädchen seine eigenen Wahrheiten suchen. Die sind mühsam zu finden, und noch schwieriger ist es, seinen eigenen Überzeugungen zu glauben: Eine Lüge, hundertfach ausgesprochen, wird zur Wahrheit; der Wahrheit, zum ersten Mal ausgesprochen, glaubt keiner. Und so versucht das Mädchen, sie selbst zu sein, und ist doch oft nur schöner Schein, und der weiße Fleck jenseits des Nabels hat noch keine eigenen Rechte: Eine Untersuchung zur Jugendsexualität aus dem Jahr 2000 kam zu dem Schluss, dass die heutige Mädchengeneration Sexualität weniger befriedigend und beglückend erlebt(e) als die Generation davor. Studien zeigen, dass nur wenige Erfahrungen mit Selbstbefriedigung haben. Und von denen, die Onanie praktizieren, spricht die Hälfte nicht darüber und entwickelt stattdessen umso mehr Schuldgefühle. Waren wir nicht schon mal weiter?!

Und ganz nebenbei: Wann haben Sie damit angefangen, und vor allem: aufgehört, sich dafür zu schämen?

### Mit fünfzehn: weiß man viel von nichts

Meine Jungmädchenzeit waren die achtziger Jahre. Wir hatten uns zwar entfernt von dem Irrglauben, Frauen hätten entweder eine schwach entwickelte oder gar keine Sexualität, oder sie seien, im Gegenteil, flittchenhafte Nymphomaninnen. Wir profitierten von den emanzipierten Frauen, die uns den Weg an die Universitäten ebneten, zu einem ledigen Leben, zum selbstverdienten Geld und zu dem Stolz, eine Frau zu sein. Die Wahl des Berufs war wichtiger als die Wahl des Ehemanns, auch wenn wir natürlich gefallen wollten. Doch Mädels wie ich, die, skandalös!, zwei feste Freunde in vier Schuljahren hatten, waren doch ein wenig … suspekt. Die Mütter meiner Freundinnen hatten Angst, dass ich ihre Augäpfel mit Promiskuität anstecken konnte. Ja, oft sind es Frauen, die anderen Frauen eine ungehemmte Sinnlichkeit übelnehmen …

Die Generationen vor uns hatten weniger Glück: Entweder mussten sie sich mit dem »Zwang zur freien Sexualität« auseinandersetzen, die von den Anhängern der Achtundsechzigerrevolution proklamiert wurde, für die Freiheit gleichbedeutend zu sein schien mit wechselnden Sexpartnern. Mir wäre das an Freiheit zu wenig. Frei sein bedeutet auch, die Freiheit zu haben, nur einen zu nehmen.

Oder sie hatten noch mit dem Nachhall des Ideals der »guten deutschen Frau« zu kämpfen, die am Herd steht und keusch die Lider senkt, wenn sie umworben wird. Die Mütter derer, die ihre Jugend in den fünfziger und sechziger Jahren verbrachten, redeten ihren Töchtern zu, ihr Leben ganz dem Mann fürs Leben unterzuordnen – sie, die oft genug die Kriegsjahre ohne Mann verbracht hatten, wollten ihren Töchtern den Schmerz des Alleinseins ersparen.

Dennoch wachten gar nicht so wenige rechtzeitig auf, um das alles für sich neu zu sortieren, und entdeckten, dass schon Vicki Baum in den zwanziger Jahren in ihren Büchern geschrieben hatte, Frauen sollten so viel verdienen

31

wie Männer und genauso pflichtlos Sex haben dürfen. Und sie schlossen bei dieser Emanzipation wieder an.

Aller Emanzipation zum Trotz heißt aber das immer noch herrschende Passivgebot für heutige Mädchen: Lass ihn nicht so schnell ran! Mädchen geben nach, Jungs dringen vor. Ganz alte Leier, diese Rollenbilder des triebhaften, zudringlichen Maskulinums und des abwehrenden, nachgebenden Weiblichen. Diese von jung auf vermittelte und selten überdachte Aufteilung des sexuellen Verhaltens verbietet zwei Dinge: erstens als Frau sexuelle Initiative zu zeigen (um nicht als leichtfertiges Luder etikettiert zu werden) und zweitens die irrige Annahme aufzulösen, Mädchen könnten Sex nicht von Liebe trennen, Männer würden dies aber grundsätzlich tun.

Heute sieht sich die Jugend mit einer Gesellschaft konfrontiert, die schnelllebig und durchkommerzialisiert ist. Sex ist dauer- und omnipräsent, eine quietschbunte Werbewelt verstellt den Blick auf die eigene Erotik. Die vielgelobte Unverklemmtheit ist das nicht – vielleicht wissen Teenager, welche Attribute es braucht, um sexy zu sein wie ein MTV-Tanzgirl, vielleicht wissen sie, was »Domina«, »Dreier«, »Dildo« oder »Date« bedeuten. Aber bei der Frage »Wann ist der Eisprung?« scheitern sie. Sie denken, die Pille verursache Krebs; sie können die fruchtbaren Tage nicht benennen, sie halten Kondome für eine gute Idee, aber ... äh, wo gibt es die noch mal?

Die heutige Jugend – und auch wir Erwachsenen – glaubt, genug über Sex zu wissen: Stellungen, Spielzeuge, Pornos ... Vorurteile und Klischees hat dieses »Wissen« aber nicht abgebaut! Mädchen zimmern sich ihre Ansicht über Sexualität aus aufgeschnappten Glaubenssätzen zusammen wie zum Beispiel: »Analverkehr machen nur Nutten.« Oder: »Ein Mann, der mich liebt, will keinen Sex von hinten, sonst ist das ja der Beweis, dass er mir nicht in die Augen sehen will«, wie Margerite, siebzehn, mir vollem Ernst erklärte. Auf der anderen Seite suchte sie ihren Venushügel im Inneren der Scheide und hält die Pille danach für ein ausreichendes Verhütungsmittel.

Es fehlt an Bildung über Emotionen wie auch über anatomische Gegebenheiten, über Vagina, Klitoris, Hormonzyklen und ihre Wirkung auf Körper und Psyche, Menstruation, Schamlippen. Während die allgegenwärtige Sexualisierung uns wie in einen Kokon der Überreizung hüllt, werden die grundsätzlichen Informationen vergessen.

Die Teens wissen gar nicht, was sie alles nicht wissen. Die Sexualaufklärung der Schule ist ein Witz; hier wird zwar Aids thematisiert und Schwangerschaftswissen gepaukt, aber wirkliches Sexualitätswissen wird nicht jugendnah vermittelt.

Genauso wie das Konsumverhalten normiert ist, sind auch sexuelle Verhaltensweisen Bewertungen unterworfen. Zügellos, gedankenlos, pornofiziert – die Degradierung der Frau zum Objekt hat in den letzten zwanzig Jahren zugenommen. Parallel zum propagierten Emanzipationsverhalten und zu sogenannten Genderreformen gibt es mehr und mehr diskriminierende Internetpornos. Und wer einen kritischen Blick auf die Werbung wirft, sieht, dass die Models nur oberflächlich selbstbewusst wirken, sich aber letztlich verführerisch, willig und in devoter Pose für den männlichen Betrachter herrichten. Auch die Sprache hat Einfluss auf die sich entwickelnde Sexualität der

Mädchen. Sie benutzen Wörter wie »Blasen« oder »Cumshot« so selbstverständlich wie wir einst Walkman oder Kinderladen, aber nur, weil es alle machen. Ob ihnen das persönlich zusagt, davon haben sie keine Ahnung. Sie reden über Sex, aber nicht über den eigenen. Und wo auch noch Fotze als Schimpfwort verwendet wird, bleibt der Eindruck hängen, etwas Missgebildetes zwischen den Beinen zu haben.

Erinnern Sie sich noch an Ihre Zeit als Fünfzehnjährige? Mussten Sie passiv bleiben, obgleich Sie gern mal verführt hätten? Wie viele Vorschriften (»Eine Frau macht nicht …«), Gebote (»Wenn du ihn nicht ranlässt, verlässt er dich«) und falsche Behauptungen (»Männer sind Schweine«) mussten Sie ergründen, durchleiden, bis Sie Ihre Sexualität frei von Furcht und Anerkennung anderer gefunden haben? Oder sind Sie noch dabei?

Versuchen Sie bitte wieder, für Ihre Sexbilanz eine Antwort zu finden auf die Frage: Warum habe ich *keinen* Sex, wenn ich ihn eigentlich will?

Erinnern Sie sich dazu vielleicht an eines der letzten Male, als Ihr Körper zwar Lust hatte, Sie sich aber zügelten (ob Sie dabei einen Liebesakt mit einem Mann oder einer Frau vermieden haben oder auch Masturbation). Warum?

Will ich nicht ausgenutzt werden? Will ich nicht als leicht zu haben dastehen? Will ich das letzte bisschen Macht behalten? Fühle ich mich nicht schön genug für Sex? Habe ich das Gefühl, irgendwie »verloren« zu haben und weniger wertvoll zu sein? Kam ich mir irgendwie »tierisch« vor, vor lauter Lust? Wollte ich mich aufsparen? Fand ich es erschreckend »unnormal«?

Ihre Antwort wird Ihnen viel über die Verletzungen und Ängste verraten, die Sie in Ihrer Teenagerzeit erlitten haben.

Und die Antwort verrät auch, was Sie daran hindert, Sex ohne Wenn und Aber zu genießen: Sie haben damit Ihren größten Zensor erkannt, der Sexualität mit einer Bewertung belegt hat. Der dumme Dinge flüstert wie: Sex ist Unterwerfung. Sex ist Demütigung. Sex macht verletzbar. Sex macht unwert für die Liebe.

Kündigen Sie Ihrem Zensor, indem Sie sich mit der Fünfzehnjährigen treffen, die Sie mal waren. Ihr zuhören. Fragen Sie sie: Was wolltest du? Vom Leben? Von der Liebe? Sind die Träume noch da? Sind die Träume mit dir alt geworden? Welcher eine dumme Satz hat dich noch heute beschäftigt? Komm. Wir nehmen ihn uns jetzt mal vor, drehen ihn hin und her, und dann kündigen wir das Zensor-Abo.

## Mit sechzehn: Julia verlässt Romeo

Irgendwann kommt die Sekunde, wo alles noch mal anders wird – und die männliche Dynamik dazustößt: der Kuss, die Berührung, der Sex. Zwischen fünfzehn und neunzehn schlafen junge Frauen erstmals mit einem Jungen, einem Mann, die Hälfte hat mit siebzehn bereits das erste Mal hinter sich.

Manche Julias haben Angst, dass sie sich beim ersten Mal »dumm anstellen«, und hegen die diffuse Vorstellung, sie müssten schon alles wissen und können: vom Strip bis zum Handstand. Andere gehen pragmatisch vor und sagen: »Einfach die Beine breit machen, den Rest macht er doch.«

Jahaa, macht er doch, der arme Kerl, der selbst null Schimmer hat.

Für die einen ist das erste Mal banal, für die nächsten erleichternd, es hinter sich zu haben und »dazuzugehören«, für wieder andere ein Drama. Und einige erleben es als gewalttätigen oder lieblosen Akt. Letztlich ist Julia völlig unvorbereitet:

Deutschlands Jugend weiß über das erste Mal auch im Jahr 2006 erschreckend wenig; zu diesem Ergebnis der »unaufgeklärten Generation« kam die Jugendzeitschrift *Bravo*. Noch immer glauben Teenager, »Aufpassen« (Coitus interruptus) sei ein wirksamer Schutz vor Schwangerschaft. Jeder Vierte hält das Notfallpräparat »Pille danach« für ein gängiges Verhütungsmittel. 20 Prozent aller Befragten denken, dass man beim ungeschützten Sex nur direkt *nach* der Regelblutung schwanger werden kann und beim ersten Mal sowieso nicht …

Und es läuft weiterhin suboptimal: Nach dem ersten, zweiten, zehnten Mal weiß unser junges Mädchen nicht sehr viel mehr. Orgasmen? Fehlanzeige! Die großen Fragen – »Oh, bin ich frigide, bin ich nicht normal, nicht ordentlich gebaut? Bin ich schuld, oder hat er keine Ahnung?« – kann Julia zu diesem Zeitpunkt nur klären, falls sie eine vertraute Person hat, die solch detaillierte Fragen ertragen – und beantworten kann. Was die grundsätzliche Aufklärung anging, war für 61 Prozent bisher die Mutter die erste Wahl in der Not, die jedoch oft selbst mit ihrer vereinsamten Sexualität haderte. Jetzt verlagert sich die Manöverkritik auf die beste Freundin, mit der Julia eher die Sache mit der Lust besprechen möchte als mit Mama, die mit Papa schläft (oder dem Patchworkstiefpapa). Und wie das ist, will Julia nun wirklich nicht zu genau wissen. Etwa 63 Prozent aller Mädchen haben niemanden, mit dem sie vertrauensvoll reden können. Zum Beispiel darüber, was genau die Klitoris ist, wo man sie findet und dem festen Freund den Weg weist.

Bis etwa neunzehn haben junge Frauen damit zu kämpfen, dass sie einerseits bereits erwachsene Sexualität betreiben, andererseits aber selbst noch nicht erwachsen sind: Sexualität und körperliche Reife rennen dem Charakter und der Persönlichkeit voraus. Der Körper ist früher reif als Gehirn, Sinne, Verstand – heute werden Kinder durchschnittlich mit elfeinhalb Jahren geschlechtsreif –, die aus einem jungen Menschen einen eigenverantwortlichen Menschen machen. Kuscheltier und Kuschelsex, Pornos und Ponyreiten: Unsere Julia hat schweißtreibenden Sex, aber kommt manchmal noch mit so kindlicher Unbeholfenheit und Gedankenlosigkeit daher, dass man sich als Mutter oder Vater Sorgen macht, wie sie jemals in der Welt überleben wird!

Und doch plagt sich Julia jetzt schon mit »erwachsenen« Problemen herum: Es geht um Beziehungsmuster, um Sex als Zuneigungsbeweis oder Erpressung, um Liebesenttäuschung und moralische Konflikte wie zum Beispiel: Ich bin verliebt in seinen besten Freund.

Die eigene Sexualität in so jungen Jahren zu leben ist ein Kraftakt. Sex hat in der MTV-Welt nicht viel mehr Wert als ein Händeschütteln. Und weil Sex eher Shoppingcharakter hat, besteht das große Ziel der Julias darin, eine »Beziehung« zu haben. Das ist der heimliche Mädchenfetisch, die Königsdisziplin – nur, wie eine Beziehung geführt wird, davon hat Julia keine Ahnung! Meist versucht sie, durch

Sex eine Beziehung zu erpressen, und scheitert. Gern würde sie den anderen Weg verfolgen, erst langsam eine Beziehung aufzubauen und dann erst Sex zu haben. Wenn sie mit dieser Keuschheit nur nicht so out wäre … Und ganz, ganz selten fragt sich Julia leise: Aber ich will doch nur Sex ausprobieren, muss ich gleich fest mit einem gehen, nur um keine Schlampe zu sein?!

Auch Julias Romeo streift nicht ganz unbelastet durch die erotische Welt: Eingeschüchtert von der sexuellen Leistungsethik, turnen die beiden ein angelesenes Pensum ab, leben in Werten von Versagen und Funktionieren.

Die große Julia, die Sie heute sind, hat ebenso diese Phase durchgemacht, in der Ihre geistig-seelische Reife der körperlichen Sexualität hinterherhinkte. Ihre Gefühlswelt von damals braucht aber Ihren Verstand von heute, um das, was Sie erlebten, nochmals einzuordnen und Ihre damaligen Gefühle zu verstehen sowie die (falschen) Regeln, von denen Sie sich leiten ließen, zu erkennen.

Sehen Sie sich wie ein Berater, der ein Traditionsunternehmen besucht und als Erstes hört: Das haben wir immer schon so gemacht.

Fragen Sie sich: Was habe ich schon immer so gemacht, seit ich etwa siebzehn war beziehungsweise das erste Mal mit einem Mann schlief, eine längere Beziehung hatte? Wann habe ich begonnen, zwischen Sex, Gefühl, Erotik und Partnerschaft zu unterscheiden? Unter welchen Enttäuschungen leide ich? Bin ich eigentlich viel weiter als damals, oder habe ich immer noch kein Gespür für mich und erlebe Sex wie paralysiert? Bin ich gehemmt und voller Träume zugleich?

Gelten meine Regeln von damals eigentlich noch – denn ich war siebzehn, aber jetzt bin ich um einiges klüger!

Denn nach Ihrer Kindheit hat die Phase der aktiven jugendlichen Sexualität Ihre sexuelle Biographie entscheidend geprägt. Lernen Sie den neugierigen, verrückten, widersprüchlichen Teenager, der Sie mal waren, ein zweites Mal kennen. Vielleicht finden Sie ja in sich eine ausgebremste Sechzehnjährige, die zu gern reuelosen, beziehungslosen Sex gehabt hätte, aber nicht durfte? Oder eine in gestauchte Panik verfallene Siebzehnjährige, die es bis heute nicht verkraftet hat, ihrem Schwarm in die Gartenlaube gefolgt zu sein, ohne zu wissen, dass er seine Kumpel zum Zugucken eingeladen hatte, und sich so sehr vor Sex als Demütigung fürchtet.

Die Vergangenheit hat Sie zu der Person geformt, die Sie heute sind. Dennoch: Sie hat kein Recht, die Gegenwart zu versauen.

## Als Twen endlich klüger?

*Mit zwanzig bis vierundzwanzig:*
*Und ist das jetzt schon Liebe?*

Die Überlegung »Wie sehe ich aus?« anstatt »Wie fühlt sich das an?« hält Julia in dieser Altersklasse vom Genießen ab. Sie probiert neugierig herum, seitdem sie mit 15,8 Jahren das erste Mal Sex hatte – der Durchschnitt hat es bis vierundzwanzig mit 5,2 Sexualpartnern getan (Durex Global Survey/Sexual Behaviour 2006) –, und stellt sich neugierig experimentellen Sexideen: Sex im Auto, Sex unter der Dusche, Sex im Freien. Dennoch kommt sie auf nur

89- bis 95-mal Sex im Jahr (Männer bis zu 112-mal): Julia ist es sicherer, sich in einer festen Bindung erotisch auszutoben als bei einem One-Night-Stand (Emnid-Umfrage für *YoungMiss*). Denn Julias moralische Normen halten sie davon ab, wilden, unverbindlichen Sex mit einer Zufallsbekanntschaft zu haben: Eine Frau hat gefälligst zu lieben, wenn sie Sex hat – und kann nur sicherstellen, keine Fickmatratze zu sein, wenn sie einem Mann eine Beziehung abgerungen hat. Junge Frauen in dem Alter halten eine Gleichaltrige, die mehr als zehn Partner hatte, immer noch für eine, »die sich unter jeden legt«.

Meine Güte, von wem lernen Frauen solche frauenverachtenden – und deshalb auch sich selbst verachtenden – Sprüche bloß?! Etwa von … Frauen?

Falls Sie selbst Anfang zwanzig sind, vergreisen Sie bitte nicht vorzeitig, und verachten Sie sich um Himmels willen nicht für Ihren erotischen Appetit! Was Sie jetzt erleben, hilft Ihnen, sich selbst besser kennenzulernen und entscheiden zu können, was Sie wollen und was nicht. Sie müssen nicht das Deckmäntelchen Beziehung überstreifen, um Sex zu haben – Sie dürfen drauflosvögeln. Solange Sie sich selbst nicht verletzen und mit anderen respektvoll und klar umgehen, ist das nicht verwerflich. Als alte Frau (na gut, fünfunddreißig) weiß ich, dass es zwar nicht einfach ist, zu sagen: Ich will mit dir schlafen, aber ich will nicht mit dir leben – aber dass sich genügend Mitspieler finden, die es wunderbar und fair finden, es vorher statt nachher gesagt zu bekommen.

Ihr Körper ist geflutet mit Hormonen, sie würde bei regelmäßig ungeschütztem Geschlechtsverkehr in zwei bis drei Monaten schwanger (ab fünfunddreißig wird es fünfmal so lange dauern). Unbewusst kleidet sich eine Zwanzigjährige zum Zeitpunkt des Eisprungs weiblicher, in Röcke und fließende Stoffe: Sieh her, ich bin eine Frau, lass uns Sex haben! Doch das Locken ist Twenjulia wichtiger als das Erleben: Dass sie selten (nur jedes dritte Mal) einen Orgasmus hat, entschuldigt sie mit der männerschonenden, selbstverleugnenden Ausrede: »Ist mir nicht so wichtig. Frauen können auch ohne O befriedigt sein.« Jaja, Verzicht als Liebesbeweis. Statt beim Vollzug richtig Spaß zu haben, liegt die Erfüllung mehr im Begehrtwerden; und noch fehlt das Selbstbewusstsein, zu sagen: Ich liebe Orgasmen. Das wird Julia erst sagen, wenn sie ihre Lust wirklich akzeptiert und nicht als etwas Gefährliches, Schamhaftes, Luderhaftes wahrnimmt.

Ihre Selbstwahrnehmung ist aber noch mehr von männlichen Blicken geprägt und hat die erotischen Leistungsnormen, »anständiges« Rollenverhalten und Schönheitsideale der Gesellschaft und Germanys Next Top Model fest verinnerlicht – und wendet diese auch streng auf Männer an: So zieht Twenjulia einen Mann zum Angeben vor, vor allem der Beruf und das stylische Aussehen sind ihr wichtig (»Der ideale Partner ist ...«, ElitePartners-Umfrage 2007). So pickt sie sich attraktive Männer ab Ende zwanzig heraus – und probiert die ersten Machtspiele, die sich durch Gewährung oder Ablehnung von Sex eröffnen.

Wie zum Beispiel Katharina, heute vierzig:

»Als ich dreiundzwanzig und jünger war, war ich ständig auf der Pirsch, neugierig und gierig auf das Leben und die Liebe. Täglich telefonierte ich mit meinen

Freundinnen. Wir verabredeten uns im Eiscafé oder zum Pizzaessen. Wir wollten alles erleben und nichts versäumen. Einen Freund, einen Liebhaber, einen Kumpel zum Pferdestehlen, einfach alles in einem und vor allem alles jetzt und sofort. Natürlich wollten wir auch Rücksicht, Einsicht und Zuversicht. Verlässlichkeit, Ehrlichkeit – aber vor allem Spaß. Und den holten wir uns. Auf der Straße, kichernd, tuschelnd, im Club beim Tanzen, flirtend, fordernd, lockend.

Wir waren oft verknallt, oft abgeschleppt, noch öfter Gefühle, Orgasmen und Leidenschaft vorgespielt oder geheuchelt. Am nächsten Tag quatschten wir natürlich darüber, ohne uns einzugestehen, dass wir eigentlich noch total grün hinter den Ohren sind und nichts von Sex mit oder ohne Liebe wissen.

Wir machten One-Night-Stands am Fließband und fanden uns toll, die Männer so zu behandeln, wie sie uns oft genug behandeln. Sie waren geschockt, die ehrenwerten Männer, und wir hinterließen eine Spur von traumatisierten Adonissen, die nicht wussten, wie sie mit uns umgehen sollten.

An ein und demselben Tag traf ich bei einem »Grandmaster Flash and the furious Five«-Konzert gleich zwei Männer, die in meinem Leben eine große Rolle spielen sollten. Jeder auf seine Weise. Und beide Beziehungen habe ich bis zum absoluten Exzess ausgelebt und ausgetobt.

Der eine hatte den wunderschönen Namen Gabriel, ein Bild von einem Mann, ein Meter neunzig, mit diesem Blick, den ganz wenige Männer haben. Es ist dieser Blick, der dir sagt, ich will dich, jetzt, sofort.

Der andere heißt John und hat später mein Herz erobert, und ich habe es ihm geschenkt. Ein Leben lang.
Am Wochenende darauf fand ein American-Football-
Spiel statt. Der Quarterback Gabriel trug die Nummer
85. Durch ein kleines Fernrohr betrachtete ich ungeniert jeden Muskel und jede Faser seines festgeformten
Körpers unter dem enganliegenden Trikot. Ich wollte
unbedingt mit ihm schlafen. Als er später den Helm
abnahm, suchte er meinen Blick. Über die gesamte Tri-
büne und den Platz hinweg konnte ich seinen Blick auf
meiner Haut spüren. Mir wurde heiß, ich spürte, dass
mein Atem schneller wurde, und ein Ziehen breitete
sich in meinem Schoß aus.
Eine Woche später rekelte ich mich mit einigen Freundinnen faul und spärlich bekleidet in der Sonne am
Baggersee. Ich ging schwimmen, und als ich den Fluten
entstieg, mit Gänsehaut am Körper und aufgestellten
Brustwarzen, da traf mich Gabriels Blick. Er ließ sich
keine drei Meter von meiner Decke entfernt nieder. Ich
würdigte ihn keines Blickes, sondern schritt aufrecht
und langsam an ihm vorbei. Doch ich hatte mich nicht
getäuscht, was ihn und seinen Jagdtrieb anging. Er
sprach mich an und wollte wissen, warum ich ihn immer so ansehe und was ich von ihm wolle. Ich musterte
ihn von oben bis unten.
›Ich? Ich möchte mit dir schlafen.‹
Und dann stolzierte ich davon. Zwei Minuten später
stand er vor mir und fragte, ob wir aufbrechen sollten.
Meine Mädels staunten nicht schlecht. Anstatt zu antworten, zog ich mir ein T-Shirt über und stieg hinten
auf sein Fahrrad. Niemand hat uns die nächsten zwei

Tage mehr gesehen oder gehört. Immer und immer wieder tobten wir uns aus, quer durch die gesamte Wohnung, miteinander kämpfend, um Dominanz zu demonstrieren, dabei abwechselnd nachgebend. Wir aßen im Bett, tranken aus einer Flasche Wasser und Wein und vögelten, was das Zeug hielt. Ungeniert, vorurteilslos, leidenschaftlich, roh, direkt – ohne Ängste, Zwänge, Liebe.

Zwischen uns entwickelte sich eine Beziehungsform, bei der es immer nur ums Gewinnen ging. Gabriel vertraute mir, spielte mit mir, verletzte mich, flehte anschließend um Verzeihung. Wenn ich wie so oft und manchmal gezielt, um ihn auf die Palme zu bringen, nicht erreichbar war, trieb ich ihn regelmäßig in den Wahnsinn. Er klapperte alle meine Freundinnen und mein gesamtes Revier ab, bequatschte meinen Anrufbeantworter mit den wüstesten Flüchen, Bitten, Betteln. Hatte er mich dann endlich irgendwo gefunden, stritten wir uns wie Katz und Maus. Wenn ich ihn genervt stehenließ, rief er mich morgens um fünf Uhr an, kam mit dem Taxi, und wir hatten besessenen Sex, von dem jedes Mal etliche blaue Flecken zeugten. Ich genoss es, ihn zu provozieren, und er wurde rasend wegen meiner offen zur Schau gestellten Unabhängigkeit. Dann erwischte ich ihn beim Fremdgehen. Kein Problem – ging ich eben doppelt fremd.

Wir versöhnten uns wieder, gingen auf Reggae- oder Underground-Rap-Konzerte, tanzten bis zum Umfallen, gingen durch dick und dünn.

Ein einziges Mal machte ich echte Liebe mit ihm, als ich wusste, dass ich ihn loswerden musste. Er beherrschte meine Gedanken. Ich ritt ihn ganz langsam, schaute ihm dabei in die Augen und verbot ihm, mich zu berühren. Er sollte sehen, wie es wirklich sein könnte, wenn wir nicht beide so furchtbar lebenshungrig und verkorkst wären. Als ich zum Orgasmus kam, heftig und in langen Wellen, erzitterte er mit mir am ganzen Körper, und ihm wie mir flossen dabei Tränen über die Wangen.

Danach wurde es noch schlimmer mit uns. Er rief mich hundertmal an, wartete vor meiner Tür und kroch auf Knien hinter mir die Straße entlang. Ich konnte es nicht mehr aushalten. Neun Monate lang Herrschen und Beherrschtwerden reichten, es würde nie anders werden. Ich schlief mit seinem besten Freund. Und das war sogar richtig gut. Als er es herausfand, konnte ich es in seinen Augen lesen: Das ist zu viel für mich! Ja, Gabriel, das stimmt, ich war zu viel für dich, weil ich dir niemals hinterhergelaufen bin.«

### *Mit fünfundzwanzig bis neunundzwanzig: die Sehnsucht nach weniger Angst*

Den besseren Sex hat die Mittzwanzigerin mit der eigenen Hand: 87 Prozent aller Frauen kommen beim Solo stets zum Orgasmus, kommt ein Mann dazu, sinkt der Anteil auf 54 Prozent (Studie der Uniklinik Hamburg). Die Zeit des Vortäuschens beginnt, 81 Prozent aller Frauen in diesem Alter geben zu, in den letzten zwölf Monaten einen Bigbang simuliert zu haben: ihm zuliebe oder um Diskussionen zu vermeiden, so eine Umfrage bei Theratalk im Internet (www.theratalk.de).

Eine giftige Ketzerei drängt sich da bei mir auf: Der Viagra-Boom der letzten Jahre hat den Penis doch ein bisschen sehr ins Zentrum der Sexualität gerückt. »Kriegt er ihn hoch« scheint viel wichtiger zu sein als die Frage: Und was macht er dann damit? Guter Sex ist aber unabhängig vom durch blaue Rhombenpillen verstärkten Ständer. Doch je mehr Trara oder sorgenvolle Faltengesichter um seine Erektion gemacht werden, umso mehr tritt das weibliche sexuelle (klitorale) Erleben in den Hintergrund.

Aber wie viel wissen Männer von Frauen (und Frauen von sich selbst)? Wissen sie genug von der Klitoris, die sich wenig um einen Monsterpoller schert, wenn sie dabei nicht beteiligt ist? Wissen Männer, dass das vaginale Reinsteckvergnügen hauptsächlich an den ersten zwei, drei Zentimetern der Venuspforte wartet und ähnlich spannend mit einem Finger verliefe? Und dass es die inneren Ausläufer der Klitoris in der Vaginaltube sind, die den Koitus so geil machen?

Wem nützt ein Stakkatomarathon, wenn Frauen sich nicht zu sagen trauen: Du, mir geht's auch um die Atmosphäre. Massier mich doch mal. Oder leg dich auf den Bauch, ich rubbele mich so lange an deinem knackigen Hintern mit den festen Muskeln, bis meine Klitoris jubelt. Komm, bind mich mal fest, und dann fick mich langsam, aber nur vorne an, oder nimm mal deine Eichel in die Hand und schieb sie nur zwischen meinen Venuslippen entlang, den inneren, und am liebsten nur unten, da wo der Damm ist … da ist meine geile Stelle. Und sag mir was Dreckiges. Und was Schönes. Und etwas, worüber ich lachen muss. Lass uns spielen. Dein Goldständer ist toll, aber fehlt der Rest, reicht er nicht.

Warum wissen Frauen davon nicht selbst genug und verlegen sich aufs Täuschen, anstatt den Liebhaber dezent,
aber deutlich aufzuklären, dass der Mittelpunkt des Sex
nicht die Härte seines Schwanzes ist?! Oh, Frau! Sei schlau,
kauf dir einen Dildo, einen Vibrator und einen Spiegel.
Spiel an dir herum, guck dir deinen Jadepalast an, wie er
sich verändert; drück mal mit dem Dildo gegen den Anus,
nur ein bisschen, muss ja nicht rein, zieh die Knie an, dreh
dich auf die Seite, schrei, wenn du kannst, oder hechel mal,
spann dich an, oder mach dich weit, spiele gleichzeitig an
der Klitoris und an der unteren Schwelle deiner Pforte,
schließ die Augen und denk, was du willst. Die Lust ist zu
herrlich, um sie zu simulieren.

Das gilt für jedes Alter – aber zurück zur Twenjulia.

Die ersten Beziehungsenttäuschungen haben die Mitt-
zwanzigjährige verletzt, und fortan versucht Julia, den
daraus resultierenden Schmerz zu vermeiden. Anstatt zu
merken: Wow, ich habe überlebt, ich stehe noch, ich kann
Liebeskummer aushalten – geht sie dem Leid aus dem Weg
und hofft auf ein schmerzfreies Leben, symbolisiert durch
Mister Perfect. Der alles richtig macht. Immer. Wie den
Karriereweg versucht sie, das Liebes- und Sexualleben
strategisch zu planen: Sie verbringt viel Zeit auf der Suche
nach Mr. Right (für den sie eine lange Liste an »do's and
don'ts« angelegt hat) und trifft doch ständig nur auf Mr.
Wrong. Twenjulia hat einen Hang zu ambivalenten Typen,
verheirateten und Männern mit Siegeswillen und Karriere-
absichten, der bitte nicht zu metrosexuell oder übersensi-
bel sein soll. Sie schwankt in dem, was sie will, und sendet
diese Signale unbewusst aus – an Männer, die im Grunde nicht das sind, was Julia sucht, da sie unverbindliche

Absichten hegen. Stark soll Julias Romeo sein, aber bei ihr schwach werden – nur bitte nicht zu sehr, damit sie ihn noch ernst nimmt. Ein gezähmter Wolf kommt zwar in der Natur auch nicht vor, aber daran glauben Julias genauso wie an den illusorischen Märchenprinzen.

Julias kleines Handicap: Sie verliebt sich trotz anderer Vorsätze garantiert in den One-Night-Stand oder den unerreichbaren Mann. Sie ahnt zwar, was sie will, aber sie vergisst ihre Vernunftabsichten ziemlich schnell, wenn sie mit einem Mann im Bett war – und landet unbeabsichtigt in Beziehungen, die sie auf Jahre binden, obgleich sie doch nur mal an dem Kerl lecken wollte. Als ob es moralisch notwendig zu sein scheint, stets Gefühle und Zuneigung zu verspüren, wenn frau eigentlich nur Sex haben will. Weil nicht sein kann, was nicht sein darf, wird sich flugs postkoital schein-verliebt. Das führt häufig zu On-Off-Beziehungen mit Männern, die sich rar machen. Und am Schluss fragt sich frau: Wieso hab ich das nur gemacht?!

Wissenschaftler wie die Anthropologin Helen Fisher nennen diese alterstypische Lust auf Spontansex mit »Alpha«-Typen biologisch-nüchtern »Genpool-Fishing«. Der Östrogenlevel zeigt der Frau an, dass ihre fruchtbarsten Jahre bald vorbei sind, und ihr Körper sagt: Babys von dem Kerl da mit dem kantigen Kinn und seinem genetischen High-Potenzial – aber aufziehen will ich sie lieber mit dem verlässlichen Teddy, von dem ich die anderen Weiber nicht wegscheuchen muss wie lästige Fliegen und der lieb/dumm/klug genug ist, mich zu lieben, und sich von mir ein wenig erziehen lässt. Aus diesem Pendeln zwischen Machowolf und nettem, aber etwas langweiligem Kerl folgt: einerseits der Drang nach Beziehung, andererseits der Wunsch nach Lust, die sich ohne Verpflichtung austoben will – und mündet in häufiges Verwechseln von Sex und Liebe … Und in diesen Affären, wo der Sex toll ist, er aber nie zurückruft.

Als Single hat sie selten Sex (circa alle zehn Wochen); die serielle Monogamie ist der einzige Garant für Sex von circa drei- bis siebenmal im Monat (so oft wie ein sechzigjähriger Gatte Sex hat). Twenjulia ist süchtig nach Zärtlichkeit, Massagen und dem Gefühl, als Mensch und Frau gewollt zu werden. Als letzter Ausweg heiratet sie – das statistische Durchschnittsalter liegt bei neunundzwanzig. Oft wählt sie den Falschen – die Pille beeinträchtigt ihre Fähigkeit, den »Richtigen« zu erriechen. Das ist aber nicht das Einzige, was dazu führt, dass jede dritte Ehe im Laufe der nächsten sieben bis zehn Jahre in die Binsen geht.

## Die Dreißiger – das wunderbare Jahrzehnt

*Mit dreißig bis vierunddreißig:*
*Ich ahne, was ich will, aber wie bekomme ich es?*

Die Bald-Dreißigerinnen brauchen sich nicht vor der Drei-Null zu fürchten, denn ein wunderbares Jahrzehnt bricht an.

Den vorläufigen Höhepunkt ihrer Lustfähigkeit erreichen Frauen zwischen dem dreißigsten und fünfunddreißigsten Lebensjahr. Dieses Niveau bleibt auch nach den Wechseljahren erhalten – also! Wenn Sie es richtig anfangen, sind die nächsten fünfzig Jahre ein sinnliches Fest: Danke, wir kommen gern!

Frauen in dieser Altersklasse haben den häufigsten Sex mit durchschnittlich 113-mal im Jahr und fast jedes zweite Mal einen Bigbang.

Das hat zwei Gründe: Thirtyjulia weiß nun, dass die Klitoris und andere Faktoren wie Phantasie, Entspannung, gegenseitiges Einlassen und die Bereitschaft, sich gutzutun, an gutem Sex beteiligt sind. Sie ist entspannt und gefühlsmäßig offener, um auch andere Sensibilitäten ihres Geschlechts zu erforschen. Sie hat keine Angst mehr vor Kontrollverlust, einem schiefen Gesicht beim Höhepunkt, Hingabe, Nähe, Eigeninitiative und wird – sofern sie den passenden Partner hat – dafür sorgen, sich tiefer von Sex aufsaugen zu lassen. Sie denkt nicht daran, wie sie aussieht, sondern daran, wie sich etwas anfühlt. Sie ist bereit, Neues auszuprobieren, sowohl was Stellungen wie auch Erlebniswelten anbelangt, etwa leichtes S/M, Rollenspiele, Bondage, Klapse, Dessous, Liebhaber, Dirty Talk. Am liebsten mit Männern, die mehr durch Sexappeal und Vaterqualitäten bestechen als durch gelacktes Aussehen und keine Angst vor Liebesspielzeugen haben. Ihre Maxime lautet: Was tut mir gut? Und kann er da mithalten?!

Julia erforscht ihren Körper weiter – allein und bis dato mit offiziell 8,2 Männern plus vier verschwiegenen – und weiß, in welcher Stellung sie am besten kommt (die Topdrei: Cunnilingus, Reiter, Missionar).

Mit dem richtigen Mann, gerne zwei Jahre älter, bindungsfähig und humorvoll, traut sie sich, *deutlich* über ihre konkreten Wünsche zu reden und sie umzusetzen – ob Sex in der Dampfsauna, Filmen beim Lecken oder Rollenspiele.

Mit ihrer Lustfähigkeit sind Julias Anforderungen ge-

stiegen. Für Männer, die an ihrer Klitoris vorbeischwur-
beln und sich wie ein großer Junge um Lebensentschei-
dungen drücken, hat sie wenig Verständnis. Inszenierte
Sexualität gehört zu ihren neuen Vorlieben – genauso wie
die Suche im Internet nach dem »passenden« Partner. Wobei sie inzwischen weiß, dass Parship & Co eigentlich eine
Art antiseptisches Gefummel ist und ein Geschäft mit der
Verzweiflung – aber ansehen kann man sich die Herren
doch allemal.

Sie weiß, was sie will, sie findet mehr und mehr ihre Mitte, tauscht die meisten Minderwertigkeitskomplexe der Jugend gegen neue des Älterwerdens – und wäre bereit für
die ultimative Reise ins Land ihrer Lust.

Was fehlt? Ganz traut sie sich selbst nicht. All die Phantasien, die da in ihr sind – sind die normal? Man hört ja so
allerlei und hört noch manchmal drauf! Oder warum
träumt sie als Spitzenabteilungsleiterin von einem Dreier
mit zwei Männern, die sie unterwerfen? Was nicht sein
darf, kann nicht normal sein. Dabei *müssen* Phantasien
grenzenlos sein – das ist normal.

Doch kaum hat Julia durch Kommunikation, Masturbation und die Versöhnung mit ihrem Körper guten Sex – bekommt sie ein Baby. Die meisten Kinder werden von Frau-
en geboren, die zwischen dreißig und vierunddreißig Jahre
alt sind, haben Frauenärzte festgestellt. Kaum ist sie also
eine Frau, wird sie Mutter. Noch eine Rolle – und Sex, äh,
Moment, machte man das nicht, als man noch Zeit hatte
und nicht dauernd müde war?!

Schlechten Sex sieht Julia nun nicht mehr als möglichen
Trennungsgrund, wie sie es noch unter dreißig getan hätte – eher nimmt sie sich einen Liebhaber (das machen

ungefähr 43 Prozent) oder geht in die Offensive, um mit ihrem Partner gemeinsam etwas daran zu ändern.

Wohl dem Mann, der eine großartige Frau Mitte, Ende dreißig kennenlernt – denn sie wird im Laufe der Jahre schöner, sexyer und sinnlicher.

### Ab fünfunddreißig: Ich dachte, Männer und Frauen sind so – aber es ist ja doch alles anders

Orgasmus, ich hab dich! Ab fünfunddreißig steigt die Orgasmusfähigkeit noch mal an, während die Fruchtbarkeit abnimmt: Schwanger zu werden ist jetzt Glückssache, der Höhepunkt dagegen nicht mehr (65 Prozent kommen jetzt immer beim Sex), und Baucheinziehen ist out. Der Leistungsdruck lässt nach, Julias Motto ist: Gut ist, was *mir* gefällt.

Inzwischen kann sie ihre Selbstkontrolle aufgeben und hat eingesehen, dass Fake-Orgasmen nur ihr selbst schaden. Für sie kommt Qualität vor Quantität (beim Sex wie auch beim Mann). Sie schätzt die unverklemmte Verführung, lässt sich gern eine schmutzige Geschichte erzählen und trinkt dabei Champagner. Sie sehnt sich nach Experimenten oder stöhnt ihre Lust hemmungslos hervor. Wohl ihr, wenn sie dafür einen Partner hat und der sie nicht maßregelt.

Sie amüsiert sich zwar gern noch über Genderklischees, aber besitzt inzwischen genug Erfahrung, um zu differenzieren: Sie weiß, dass Männer und Frauen unterschiedlich sind, aber dass die vielzitierten biologischen und Gehirnunterschiede selten so bedeutsam sind, wie es Wissenschaftler gern behaupten.

Julia hat ein immer deutlicheres Bild von sich selbst, anstatt sich in Rollenbilder zu quetschen (egal ob in das der Frauenbewegung: die starke Überfrau – oder in das des konservativen Mainstreams: die brave Anständige), und ihre Kommunikationsfähigkeit ist auf ihrem Höhepunkt: Was sie bis jetzt weiß, verleiht ihr Geduld und Mut, so lange zu verhandeln, bis sich das Leben genau so anfühlt, wie es soll. Männer werden nun auch nicht länger nur Schubladen zugeordnet, sie vermag es mehr und mehr, sich in einen Mann einzufühlen – Empathie und die bisherige Erfahrung machen es möglich.

Körper und Geist sind in der vorletzten Phase der Reproduktionszeit bis circa zweiundvierzig, dreiundvierzig auf Extreme gepolt: entweder der Richtige – oder gar kein Mann. Folgenloser Sex – oder Bindung mit allem Drum und Dran. Mit Illusionen, falschen Hoffnungen und der Warterei, dass sich das Leben oder der Mann für sie ändert, hält Julia sich nicht mehr weiter auf.

Frauen, die sich jetzt nach einem Baby sehnen, sehen Sex nun als Reproduktionszweck – was sie massiv unter Druck setzt. Sex nach der Uhr turnt sie ab – genauso wie den Geliebten. Um sich von dem Fortpflanzungstermindruck zu erholen, ist sie jetzt etwas anfälliger für einen Fremdgang.

In einer Befragung von 40 000 Männern und Frauen ermittelte das Meinungsforschungsinstitut Forsa 2006, dass der »falsche Partner« der Hauptgrund dafür ist, dass kinderlose Mitt- bis Enddreißiger weiterhin kinderlos und unverbandelt bleiben. So wird jede Bekanntschaft oder jeder Verehrer abgecheckt, ob er als potenzieller Vater in Frage käme – vor allem von Singlejulias, die mit achtunddreißig, neununddreißig die Uhr ticken hören. Ziemlich verkrampft, das bemerken auch die Männer – und nehmen Reißaus oder bleiben nur zum Vögeln.

Die Statistik zeigt zwar, dass Julias Sexfrequenz abnimmt, aber das ist eher auf das mangelnde Interesse des Mannes zurückzuführen, nicht darauf, weil sie nicht wollte. Psychologieprofessor Dr. Elmar Brähler von der Universität Leipzig stellte fest, dass ein Drittel aller Frauen bis vierzig in den letzten vier Wochen gern öfter Sex gehabt hätten, als sie bekamen. »Wahrscheinlich würde die Statistik anders aussehen, wenn die Frauen jüngere Männer hätten«, so Dr. Britta Bürger von Netdoktor (www.netdoktor.de).

Aber zum Glück: Es gibt ja Finger, Zungen, Münder und die Phantasie!

Äh, natürlich, jüngere Männer gibt's ja auch noch. Jede Vierte kann sich vorstellen, einen deutlich jüngeren Mann als Partner zu haben (Umfrage Elite Partners 10/2008).

Doch wie sich diese Veränderung fühlbar niederschlug, erzählte Chriss, siebenunddreißig:

»Ich weiß noch, wie ich so mit Ende zwanzig, Anfang dreißig in einem Unterwäscheladen stand und mit meiner Freundin darüber rätselte, ob wohl alle Männer auf rote Strapse stehen oder schwarze Korsetts. Wir guckten uns die Dinger an, und sie sagte: ›Irgendwie bin ich das noch gar nicht.‹ Es war das kleine Wort ›noch‹, das mir die ganze Tragweite dieses Satzes offenbarte: So eine Frau, die selbstbewusst rote Strapse trägt oder Korsetts, die bin ich auch – noch! – nicht. Oder andersherum: So verzweifelt bin ich auch nicht, dass ich mich für einen Mann in die Rolle der Femme fatale oder der Hure werfe. Kurz gesagt: Ich war noch keine

Frau, die klischeefrei an Unterwäsche herangeht. Ich war nicht stark genug für erotisierende Wäsche, ich wäre mir verkleidet vorgekommen und hätte nie gewusst: Will er mich – oder will er die Illusion der Frau in roter Wäsche?

Heute kann ich darüber lachen – und heute verstehe ich überhaupt erst die Chrissie von damals! So viele Selbstzweifel, so viele Ängste, und vor allem: so viel Mist im Kopf! Ich war mit Anfang dreißig immer noch so wahnsinnig verklemmt wie mit fünfzehn. Jetzt, mit siebenunddreißig, habe ich das Gefühl, es haben sich in den letzten drei, vier Jahren gleich mehrere Türen hintereinander geöffnet. Ich kann es inzwischen genießen, wenn mich ein Mann verführt – hört sich seltsam an, ja, aber ich dachte immer, er würde sich ›abarbeiten‹. Bis mir irgendwann aufging, dass ich schon immer – nicht nur beim Sex – ein schlechtes Gewissen hatte, wenn überhaupt ein Mensch etwas für mich tut. Ich mochte nicht um Hilfe bitten, ich mochte mich nie bedanken, weil mir jemand in Not geholfen hat – das hieße ja, zuzugeben, in Not gewesen zu sein!

Jetzt hat sich das geändert – ich nehme Aufmerksamkeiten an. Ich fühle mich deshalb nicht mehr schwach oder minderwertig wie früher. Aber das musste ich erst mal ergründen, warum ich überhaupt so schlecht im Genießen war! Das hat Jahre gekostet, immer wieder! Und als ich das geklärt hatte, kam der Rest sehr bald danach: Ich öffnete die Augen beim Sex, ich ließ zu, in meiner Lust angesehen zu werden – das war erst unerträglich, ich hab mich furchtbar geschämt: Aber dann passierte die Magie, es war diese … Nähe, die entstand.

Das hatte nichts mit Liebe zu tun, diese Nähe empfand ich sogar bei einer Affäre: Aber es war die Intimität, die durch Ansehen entsteht, und ich begann, den Mann auch anders zu berühren: Langsamer, bewusster, ich fühlte ihn in meiner Hand, unter der Haut. Ich führte nicht nur mechanische Griffe aus, die ich so gut kannte: Ich spürte, wie er mich spürte. Skurril! Aber so geil – denn ich wusste, was da passiert: Ich ließ zu, dass mir jemand unter die Haut geht. Nah kommt. Ich hatte keine Angst, verletzt zu werden – deswegen hatte ich Nähe ja immer vermieden. Und plötzlich war all das irrelevant, denn ich hatte beim Sex keine Lebensängste mehr. Oder, anders gesagt: Meine Neurosen des Lebens habe ich nicht mehr mit ins Bett genommen. Und rote Wäsche steht mir übrigens gut.«

## Was jenseits der vierzig noch alles kommt

### *Mit vierzig: nie mehr verzichten*

Hat eine Frau es geschafft und ist über die letzten fünf Jahre nicht verbittert, weil das Leben nicht hielt, was sie meint versprochen bekommen zu haben – dann geht's jetzt rund. Sie fängt im Zweifel ihr eigenes Leben jetzt erst an. Und es wird besser und besser – sie ist ganz Weib, ganz sie selbst.

Die Frau jenseits der vierzig hat weniger Illusionen, aber mehr Klarheiten: Sex ist Sex, Kuscheln ist Kuscheln – und sie will beides, aber bestimmt nicht weniger Sex! Schade, dass der Mann da schon nicht mehr ganz so kann, wie er, ach nein, wie *sie* will: Ihre Lustfähigkeit wird unverändert hoch bleiben, während seine Libido gelegentlich die Frührente austestet. Wie sagte mein Vater: »Mann wird ruhiger.« Mist, wieso gerade jetzt!

Der »Richtige« für sie bringt Ehrlichkeit und Liebesfähigkeit mit, darf ein Bäuchlein haben oder auch ein »gebrauchter« Mann sein, der bereits ehegeübt ist. Worte statt Taten machen sie nervös: Großen Liebesschwüren kann sie wenig abgewinnen, Beweise müssen her. Sie steht unter innerem Druck, bis zu den Wechseljahren »alles« geschafft zu haben – Job, Partner, Kinder, Selbstfindung. Für Kompromisse ist da wenig Platz.

Und das schlägt sich auch in ihrer Trennungswilligkeit nieder: Fabulous Fortyjulia geht, sieht nicht zurück und lebt das Leben gründlich aus. Sie benötigt nicht mehr den Schutz eines Mannes oder den Beweis ihrer Existenz durch einen Mann an ihrer Seite. Es kommt ihr auf anderes an: Ist er respektvoll? Kann er gut lecken? Gibt er mir ein gutes Gefühl? Ob er über Nacht bleibt oder ein Leben – ach ja. Meist weiß Julia es vorher und überlässt nicht mehr einem Mann diese Entscheidung.

Vierzig ist ein tolles Alter. Eine Frau kann Männer zwischen achtzehn und achtzig betören – die einen stehen auf den Mrs.-Robinson-Effekt, die anderen auf ihre Jugend, die aber nicht mehr so anstrengend ist wie die Unrast der Mittzwanziger.

Nur: Forty-Frauen glauben da oft selbst nicht dran. Sie stülpen sich eine Tarnkappe über und tun so, als würden sie nicht mehr mitspielen auf dem Markt der Begehrlichkeiten. Sie kneifen in ihr etwas schlafferes Bindegewebe, zählen jeden Morgen die Falten nach, jammern beim Friseur über graues Haar und quetschen sich in Größe 36, weil sie immer noch nicht wissen, dass Größe 40 auch sexy ist. Sie denken nach wie vor, nur dürre Salzstangen-Girls von zarten vierundzwanzig seien die einzig akzeptablen Gespielinnen für Männer. Sie halten sich für das Angebot zum Resteficken, wollen das nicht sein, halten sich deshalb gleich ganz zurück und werden zu Nonnen ohne diese Chose mit Jesus.

Die Damen: Schluss damit! Vierzig, zweiundvierzig, fünfundvierzig, achtundvierzig: na und? Wissen Sie denn nicht, dass Männer auf Frauen stehen, die wissen, was sie wollen? Die sinnlich sind, weil sie ein Leben gelebt haben und Genüsse kennen und wissen, welche sie wollen? Wissen Sie nicht, dass Männer Lachfalten aufregend finden? Dass ihnen Cellulitis reichlich egal ist, weil die Frau so toll auf sie reagiert, so selbstbewusst, so deutlich, so weiblich? Himmel, haben Sie noch nichts gehört von dem Geheimnis, das unter Männern weitergegeben wird: mehr Cellulitis, mehr guten Sex?!

Klar: Für Kerle, die eine Frau nur wegen ihrer Figur und Epidermisstraffheit angraben, werden Sie keine Beute sein. Kerle, die deutlich jüngere Frauen vögeln, tun dies aus therapeutischen Gründen – aus Angst, älter zu werden.

Wer Sie will, will Sie ganz. Männer spüren, dass Frauen über vierzig ein Genuss sind. Auch weil sie Sex wollen, gern öfter – aber sie wollen deswegen nicht gleich das Leben erklärt bekommen oder gelenkt oder gar versorgt werden. Weil diese Frauen einen Schatz an Erfahrungen besitzen, in dessen Genuss er zu gern kommen möchte. Erst recht, wenn er jünger ist als sie!

Machen Sie sich also sichtbar, und schmeißen Sie diese bescheuerten beigefarbenen Twinsets weg.

Die heutige Mittvierzigerin hat entweder das Vollprogramm der Achtundsechziger mitgemacht, inklusive freier
Liebe in den Siebzigern und männerverachtender Frauen-
power in den Achtzigern – oder eine Ehe beziehungsweise
fünfzehn bis zwanzig Jahre lange Partnerschaft hinter sich.
Der Anteil jener, die mit nur einem Partner geschlafen haben, ist höher als in den anderen Altersklassen (circa 13
Prozent), der Durchschnitt bringt es auf 4,4 Partner. Sex
hat sie circa 87-mal im Jahr (Durex Local Report 2006),
wenn sie gebunden ist – 67 Prozent der Singles haben so
gut wie keinen Sex. Und vermissen ihn wie die Hölle!

Laut einer Studie der Uni in Melbourne, die 336 Frauen
ab 45 Jahren acht Jahre lang beobachtete, ist nicht die
Menopause schuld an weiblicher Unlust. Zwar bewirkt
das Absinken des Östrogenspiegels eine Trockenheit der
Schleimhäute. Doch für Frauen, die sexuell aktiv waren,
ändert sich nicht viel – sie sind sogar lustvoller, weil sich
die Verhütungsfrage erledigt hat! Unter anderem gönnen
sich 45 Prozent der fünfundvierzigjährigen und 32 Prozent
der sechzigjährigen Frauen Onanie – mindestens alle vier
Wochen, lieber öfter (»Masturbationsreport« Schmidt/
Starke 2006). Wer dagegen auch schon vorher nur mäßiges
Interesse an Sexualität hat, wird sich nach dem Klimakterium selten ändern.

Singles (die meisten geschieden) über fünfundvierzig
trauen einer neuen Liebe wenig: Nur 10 Prozent wären für
sie zu einem Jobwechsel bereit. Andererseits achten die
Mittvierzigerinnen weniger auf Aussehen, Sexappeal oder
Ernährerqualität ihres möglichen Partners. Das emotionale

Engagement wie Herzlichkeit, Interesse und Verständnis gilt in diesem Alter als wichtigster Faktor für das Liebesglück. Und dass man ihn gut riechen kann.

Bestehende Partnerschaften werden jetzt kritisch überprüft oder beendet (jede zehnte Ehe geht nach zwanzig Jahren in die Brüche). Die Familienarbeit ist abgeschlossen, Julia, inzwischen in den besten Jahren, sucht nach neuen Modellen, Sexualität auszuleben – und ist ehrlicher, lustvoller und natürlicher als mit zwanzig. Und das gern mit einem jüngeren Mann (29 Prozent der Mittvierzigjährigen leben bereits mit einem Jüngeren!). Das ist das, was man als zweite Pubertät bezeichnen könnte: Sie stellt ihre Regeln neu auf und verabschiedet sich von alten Mustern. Im besten Fall kommt sie daraus gestärkt hervor und ist bereit, neue Erfahrungen nicht mit alten Ängsten zu überdecken.

Die neueste Erfahrung ist: zu altern.

## Ich bin mehr als mein Geschlecht

Während Männer graue Schläfen bekommen und dann immer noch als interessanter Typ gelten, kriegen Frauen die Wechseljahre und scheinen fortan nur noch für die Pharmaindustrie interessant. Es klingt, als sei für Frauen jenseits der fünfzig hauptsächlich der Östrogenhaushalt das Problem – über alles Weitere wird betreten geschwiegen. Jugendkult in Reinform, die über Neunundvierzigjährigen haben doch nicht etwa noch Sex; die haben ein Apotheken-Umschau-Abo und eine Canastakarten-Sammlung. Nicht wahr?

Nicht wahr: Bis auf eine eventuelle Verringerung der

Lubrikation, also der Grundfeuchte, sowie eine Veränderung des ph-Wertes der Scheide, die dann anfälliger für Infektionen wie etwa eine Blasenentzündung ist, sind Frauen über fünfzig nicht weniger sexuell erregbar oder weniger hungrig nach Zärtlichkeit, Genuss, Sinnlichkeit, scharfem Sex, als sie es vor den Wechseljahren waren.

Es gibt wenige Umfragen zum Thema Selbstbefriedigung in der Generation 55 plus oder zu ihren Wünschen nach mehr Zärtlichkeit und Sex. Auch die Zahl der Aktfrequenz ist nicht ausreichend erforscht – dennoch ist eines klar: Es gibt nicht *die* Frau über fünfundfünfzig, über sechzig, siebzig, die sich in ein Neutrum verwandelt und sich fortan dem Betüddeln des kranken Ehemanns oder der verzogenen Enkel widmet. Die Aussagen von Frauen über sechzig reichen von »Gott sei Dank, die Sache hat sich erledigt« bis hin zu »Es fehlt mir so sehr, dass ich weinen muss«. Oder auch: »Mein Mann ist ja tot, und mit einem anderen will ich nicht.«

Eine Frau ist eine Frau ist eine Frau. Die Anzahl der Geburtstage spielt keine Rolle, um Sex zu brauchen, zu genießen, zu wollen oder von ihm zu phantasieren!

Im Gegensatz zum Mann, der nicht mehr mit siebzig so kann wie mit siebzehn, können Frauen sehr wohl: Orgasmusfähigkeit und Erregbarkeit sind genauso vorhanden wie bei einem Teenager. Das ist doch eine wirklich gute Nachricht!

Und gleichzeitig ist es so tragisch: Denn Frauen gehen ab einem gewissen Alter die männlichen Partner verloren. Ab siebzig kommen drei Frauen auf zwei Männer, ab achtzig müssten sich drei Frauen einen Mann und einen halben teilen. Und gleichzeitig verzichten die Herren, die übrig sind, ab Mitte siebzig zu 43 Prozent auf Sex – oft wegen der Spätfolgen von Krankheiten. Also, Jungs, geht rechtzeitiger zum Arzt! So viele Harolds, die mit einundzwanzig einen Hang zur neunundsiebzigjährigen Maude haben, stehen uns leider nicht zur Verfügung.

Während eine Vielzahl von Studien zu sexuellen Problemen menopausaler »Patientinnen« – allein schon das Wort! Himmel, wir sind nicht krank, wir werden nur älter!! – vorliegt, sind die sexuellen Probleme oder Gewohnheiten »normaler« fünfzig- bis neunzigjähriger Frauen (keiner Patientinnen!) bisher kaum untersucht worden. Die wenigen vorliegenden Studien deuten darauf hin, dass die größten Probleme für Frauen erstens in einem Mangel an Zärtlichkeit bestehen (darunter leiden 32 Prozent der Singles und 17 Prozent der Verheirateten) und zweitens in einem Mangel an sexuellem Kontakt wegen fehlendem Partner, Unlust, Potenzproblemen oder Krankheit des Mannes (27 Prozent Singles, 41 Prozent der Verheirateten). Andere Bremsen wie sexuelle Kommunikationsprobleme, Routine und erotische Langeweile, Koitus-Schmerzen/Scheidentrockenheit oder Schuldgefühle wegen sexueller Gefühle oder Handlungen nehmen einen geringeren Stellenwert ein.

## Er sieht mich einfach nicht

Früher hat Julia sich beschwert, dass ihr die Bauarbeiter nachpfeifen und die Kerle alle immer nur ins Dekolleté starren. Jetzt starren und pfeifen sie immer seltener. Um genau zu sein: auch nur recht wenige. Manche Frauen erfahren das mit Mitte, Ende fünfzig, andere Ende sechzig:

»Er sieht mich einfach nicht – und auch nicht mehr so an, wie ich als Frau immer noch gesehen werden möchte.«

In ihr steckt dieselbe Frau, die sie mit fünfunddreißig, fünfundvierzig, fünfundfünfzig war. Doch die Aufmerksamkeit ziehen die jungen Frauen mit ihren dreißig, vierzig Jahren auf sich, und serious Sixty gehört jetzt offenbar zu den Frauen im Schatten, den grauen Hintergrundpixeln. Sie wird älter, und das macht nicht immer richtig viel Spaß.

Älter werden, kraftloser, kleiner, dicker oder dünner, Krampfadern bekommen, Altersflecke, Nasolabialfalten wie Marianengräben. In den Läden mit den schicken Kleidern haben sie keine Größen für die Frau ab sechzig, die nicht wie eine Sanduhr ohne Hüfte gebaut ist. Make-up lohnt sich nicht mehr, denn in diese Knitterniederungen müsste man literweise Spachtelmasse schütten. Seltsame Dinge plagen sie: Kniegelenke schmerzen, wenn sich das Wetter ändert, Stöckelschuhe sorgen für Höhenangst, und beim spontanen Lachen gehen schon mal ein paar Tropfen Urin ins Medima-Unterhöschen, das groß genug sein muss, um die Kaiserschnitt- oder Gebärmutter-OP-Narbe zu verdecken. Und außerdem ist die Idee vom Tod so nah.

Annaheide, achtundsechzig, erzählt:

»Ich bin noch eine Frau, aber ich bin herausgefallen aus dem Licht. Ich sehe mich selber an und sehe nicht mehr mich, sondern eine fremde, alte Frau. Ich mag das nicht. Ich bin nicht mehr schön genug. Ich bin schlau und klug und liebe das Leben, aber niemand hat mich darauf vorbereitet, wie es ist, die Schönheit der

Jugend zu verlieren und damit eben doch nicht zurechtzukommen. Es ist eine unterschätzte Sorge; ich hatte gehofft, meine Weisheit wird ausreichen, es mit Fassung zu tragen.

Aber davon bin ich weit entfernt. Ich bin fassungslos, unsichtbar geworden zu sein.«

Ich bitte Sie – als Tochter, als Sohn: Vergessen Sie bitte nie, dass Ihre Mutter eine Frau ist, kein neutrales Wesen. Erinnern Sie sie daran, dass Schönheit keine Frage des Alters ist und dass das Leben erst vorbei ist, wenn es vorbei ist – und nicht schon Jahre vorher!

# Kapitel 2

## DIE MÄNNLICHE SEXUALITÄT

Und da dachten wir also ernsthaft, bei Männern ist alles ganz klar. Er will immer, steckt ihn rein, kommt – und schläft.

Gut, vielleicht waren unsere Gedanken doch nicht ganz so simpel; in letzter Zeit häufen sich die Horrormeldungen über des Mannes Potenz, die ihm abhandenkomme. Vom Zeugungsstreik als Rache an der Emanzipation ist die Rede, von der Suche nach männlicher Identität und der Flucht der Herren in intimitätsfreie Onlinewelten.

Aber all das erklärt nicht die männliche Sexualität. Das täuscht im großartigen Stil über sie hinweg. Männer sind nicht einfacher gestrickt in ihrer Sexualität als Frauen. Auch ihre erotische Identität wird geprägt durch das Leben: Mythen werden antrainiert, bestimmte Verhaltensweisen und Ängste produziert, falsches Wissen wird vermittelt. Diese Prägung steht in ihrer Vielschichtigkeit der weiblichen Sex-Biographie in nichts nach.

Die Entwicklung der weiblichen Sexualität ist nicht zu trennen von der gesellschaftlichen, religiösen und erzieherischen Umwelt – und genauso verhält es sich auch bei der männlichen Sexualität. Männer müssen sich gegen die allgemeinen Plattheiten wehren, dass die männliche Sexualität gewaltbereit sei, eindimensional, mit Egoismus,

Pornographie, Prostitution und Lieblosigkeit einhergehe und alle Männer immer potenzielle Fremdgeher, Spanner, Grabbler und sprachlose Gefühlsklötze seien, die bei jeder starken Frau zusammenzucken.

Pornos zum Beispiel reduzieren die maskuline Erotik auf das Minimum, die Anzahl der verlegten Meter in diversen Körperöffnungen. Wäre es nicht so absurd, würde ich von einer männerverachtenden Sichtweise auf maskuline Sexualität sprechen, die den Mann zu einem hirnlosen Rammel-Idioten degradiert, der erst dann kann, wenn eine Frau ihm nichts bedeutet oder, besser noch, er sie als Fickstück unterwirft.

Zum Schluss glauben die Kerle da noch dran, dass genitale Fixierung die einzige Facette ihrer erotischen Innenwelt darstellen darf!

Doch diese intelligenzbeleidigende Propaganda hat in der allgemeinen Einstellung gegenüber dem Männlichen gewirkt: *Seiner* Sexualität wird jeglicher Tiefgang abgesprochen.

Stellen Sie sich mal vor, es gäbe eine *Cosmopolitan* für Männer. Oder eine *Brigitte for men*. Mit Artikeln überschrieben wie: »Trauen Sie Ihren Körpergefühlen«, »Entdecken Sie spielerisch Ihre zärtliche Seite«, »Keine Angst vor der Versagensangst«, »Welcher Liebestyp sind Sie?«, »Weicher Sex mit hartem Schwanz – geht das?«, »Lassen Sie sich erobern« oder »Die erste Liebe vergisst Mann nie«.

Mutet Sie das seltsam an? Dann sind Sie infiltriert: von der stereotypen Meinung, Männer »sind so«, nämlich insgesamt etwas härter, schlichter, grobkörniger gebaut; oder, wenn nicht, dann unerträglich weicheiige Metrosexuelle in pastellfarbenen Hemden. Ähnlich wie die meisten Zeitschriften das Klischee von der schönheitssüchtigen Frau bedienen, werden die Klischeemänner auf Leistung getrimmt.

Doch den realen Männern ist der klassische Akt mit finalem Schuss zu wenig, um Sex als ausreichend zu bezeichnen. Sex, das ist für Männer Vergnügen, Überbrückung der Einsamkeit, ein Luxus, ein Genuss, Sinnlichkeit, eine Ware, eine Kunst; Sex ist Liebe, er ist der vorweggenommene Todeswunsch, er ist ein Hobby, ein Lieblingszustand, er ist Pflicht, er ist Freiheit, er ist Strafe, er ist Ärger, er ist eine Sünde, eine Möglichkeit, eine Flucht, Ekstase, ein Egokick, die Sprache ihrer Gefühle – all das und noch viel mehr ist Sex für Männer.

In erster Linie sind Männer Menschen. Dass sie sich im Job, in der Freizeit und im Bett aufführen, als seien sie im Krieg, mit Verbissenheit und einer selbstblinden, auslaugenden Zähigkeit, ist ihnen nicht zu verübeln. Als Alternative wird ihnen höchstens angeboten, mehr »soft skills« zu zeigen oder sensibel zuzuhören oder öffentlich zu weinen (aber nicht zu sehr). Zimperlich sein ist nicht in.

Es wurden viele amüsante, hauptsächlich amerikanische Bücher geschrieben, um auf die angeblichen Unterschiede von Männern und Frauen hinzuweisen. Wir sind inzwischen so sehr an die Trennung von typisch Mann, typisch Frau gewöhnt, dass wir sie gar nicht mehr in Frage stellen; tickt mal ein Mann »untypisch« und behauptet etwa, ohne Liebe könne er keinen hochkriegen, trauen wir ihm gleich gar nicht mehr über den Weg.

Carl Gustav Jung, der Begründer der Analytischen Psychologie, entwickelte einen sehr einfachen Ansatz, um einander zu verstehen und sich in das andere Geschlecht einzufühlen: indem man in sich selbst schaut. Wir besitzen bipolare Fähigkeiten, jeder von uns hat eine männliche und eine weibliche Seite. Jungs Animus/Anima-Theorie könnte viel leichter zu einem gegenseitigen Verständnis führen, als ständig zu schauen, welches Geschlecht nun besser einparkt oder welches untreuer ist.

Denn alles, was Frauen an Ängsten, Hoffnungen, Trotzigkeiten, Sehnsüchten, Schmerzen, Romantik in sich herumtragen – alles das treibt auch Männer um: Bin ich gewollt? Bin ich schön? Funktioniere ich richtig? Werde ich geliebt? Bin ich normal? Genügen meine Talente? Will er/sie mich oder nur meinen Körper? Wird die Nähe mich abhängig machen? Wird sie/er mich verstehen? Mag sie, was ich tue? Liebt sie mich?

Aber wie wächst unser Romeo eigentlich auf, bis er so ist, wie er heute vor Ihnen steht?

## Hurra, es ist ein Junge!
## Nur schade, dass er kein Mädchen ist

»Schade«, denkt die Mutter, »kein Mädchen, das mir vielleicht geähnelt hätte …«

»Toll«, denkt der Vater, »ein Junge! Hoppla, das darf ich ja gar nicht denken, wegen der Gleichberechtigung und so.«

»Uuuähh«, schreit der Kleine und weiß noch nicht, was alles von ihm erwartet wird.

Das kindliche sinnliche Erleben ist auch bei einem männlichen Baby mit Körperlichkeit verknüpft. Mama lässt ihn allerdings eher am Minipenis herumspielen, während sie der Tochter das Erkunden der Genitalien meistens versagt. Der kleine Mann darf und muss stolz auf seinen kleinen Mann sein.

Natürlich reagiert Romeos Umwelt auf die Existenz eines Penis anders als auf das Vorhandensein einer Muschel: Es gibt Mütter, die berühren beim Windelwechseln das Dingelchen mit spitzen Fingern, andere äußern in übertriebener Weise Begeisterung, und der Wochenendpapa bringt dem Lütten bei, was am Pinkeln im Stehen das Beste ist: ein Ding zu haben.

Klein Romeo lernt: Oha, irgendwas Besonderes ist da unten an mir dran. Vielleicht beruhigt es ihn oder macht ihn zufrieden – aber weil so ein Buhei darum gemacht wird, fragt er sich schon, warum dieser elfte Finger jetzt eigentlich so wichtig ist.

Spätestens mit einem Jahr weiß Romeo, was so wichtig ist – in dem Alter können Kinder Menschen einem Geschlecht zuordnen, mit drei Jahren kennen sie die geschlechtstypischen Verhaltensweisen, sie ordnen sich selbst einem Geschlecht und dem entsprechenden Verhalten zu und erforschen bei Doktorspielchen die Unterschiede – wobei er natürlich den Doktor mimt, sie ist da bereits die »Schwester«. Das ist erschreckend für moderne Forscher, die Genderrollen bisher für »anerzogen« hielten und nicht für angeboren, dass die Kleinen die Geschlechtsunterschiede offenbar ganz früh von selbst ausleben. Das liegt unter anderem an ihrem Gehirn, das in unterschiedlichem Maß von Hormonen geflutet wird.

Romeo ist erst mal demonstrativ ein Junge – das muss er sein, um sich seiner als Kleinkerl gewahr zu werden: Denn Kinder werden immer noch von Frauen erzogen, zu

Hause, im Kindergarten, in der Grundschule. Um sich von diesen weisungsbefugten, weiblichen Wesen abzugrenzen, benimmt sich Romeo supermännlich: raufend, herumbellend, bewegungsfreudig.

Manche Psychoanalytiker sind der Meinung, dass den Männern in spe bereits in der Wiege klarwird, dass alles Weibliche der gefühligen Fürsorge, dem Nährenden, aber auch dem Bevormunden und der Abhängigkeit zugeordnet wird – während das Männliche, das Rationale, der Spaß, die Härte sich außerhalb dieses weiblichen Kosmos befindet.

Nun ja, das spräche jedenfalls für das Vaterschaftsjahr, damit Klein Romeo bemerkt, dass männliche Bezugspersonen sehr wohl auch zur Fürsorge und Zärtlichkeit fähig und deshalb keineswegs unmännlich sind.

Doch Romeo hat bereits für sich erkannt: Männlich sein heißt Nicht-Frau sein. Der Mangel an männlichen Vorbildern in Romeos Leben führt dazu, dass er sich über-männlich aufführt, um sich als eigenständige Jungsperson wahrzunehmen.

Dumm nur: Zu gern wird ihm dieses identitätsstiftende Verhalten als wahlweise böse, unerzogen, behandlungsreif oder als Zappelphilippsyndrom vorgeworfen. Klein Romeo lernt, dass es nicht normal ist, ein normaler Junge zu sein. Dennoch beißt er sich durch und will sich umso mehr behaupten – will nicht kuscheln, will nicht als Mamas Knuddeltier herhalten, will nicht reden, er will *er selbst* sein. Oft diktiert ihm sein Trotz viele Reaktionen, obgleich er zu gern doch auch kuscheln möchte …

Ein bisschen neidisch ist Romeo auf Mädchen: Die dürfen mit Autos spielen und werden dafür noch gelobt, er soll aber lieber doch nicht mit Puppen spielen. Später wird er sich fragen, warum Klein Julia bewundert wird, wenn sie mit vier Jahren kräht, Pilotin werden zu wollen, während er bei seinem Berufswunsch *Balletttanzlehrer* betretenes Schweigen erntet. Für Julias, so scheint Romeo, gibt es zwei Wege: den mädchenhaften und den jungenhaften. Sie kann Fußball spielen, wenn sie will, oder Bongos oder mit Barbies, aber darf auch mit Wasserfarben malen und sich Mamas hohe Schuhe anziehen. Würde er rosa Lippenstiftbilder zeichnen und dabei Mamas Stöckelschuhe tragen, würde man Romeo höflich bis panisch an den örtlichen Kinderpsychologen verweisen.

Ihm bleibt gezwungenermaßen nur ein Weg: der der eindimensionalen Männlichkeit. Aber bitte nicht zu männlich, das ist anstrengend. Und auf keinen Fall nicht zu unmännlich, die Puppen und so – das ist unheimlich. All diese miserablen Null-Optionen sind eher unbefriedigend, aber wenigstens ist Muttilein stolz auf ihren »kleinen Mann«, der dann munter seine Umgebung tyrannisiert und in der Schule vorgehalten bekommt, dass Mädchen viel toller sind.

Noch weiß der kleine Romeo nicht, dass er sich durch diverse, sich widersprechende soziale Instanzen kämpfen wird: Ihm werden eine Menge Schlagwörter entgegengespült, die ihm vorgeben, was einen Jungen, einen Mann ausmacht. Man wird ihm einerseits die patriarchalische Vormachtsrolle vorleben und sie andererseits auch als ein Übel darstellen. Er wird hineingestoßen in eine Sozialisation, die ihn von außen zu einem »harten« Mann machen wird, aber seine Liebesbedürftigkeit gleichzeitig verleugnet.

Weggeschaut wird übrigens bei beiden Geschlechtern, was die aktive Entwicklung der frühkindlichen Sinnlichkeit angeht – immer noch scheinen Erzieher/innen nervös zu hoffen, Kinder seien asexuelle, unschuldige Wesen. Werden in Kitas dann fröhliche Doktorspielchen beobachtet oder Jungs bei den selbstvergessenen Versuchen der Masturbation gesehen – wird weggeschaut. Nicht hinsehen, nicht darüber sprechen, nicht reagieren oder im Zweifelsfall ablenken und ein anderes Spiel (mit hochgezogenen Hosen!) vorschlagen: Auf das sinnliche, aber harmlose Gebaren von Jungen wird deshalb häufig nicht eingegangen, weil man befürchtet, sie dadurch erst recht zu einem sexuell völlig enthemmten Verhalten zu ermuntern.

Aber auch das ist Unfug. Natürlich empfinden Jungs (wie Mädchen) einen entspannenden, ekstatischen Spaß, wenn sie an ihren Genitalien herumspielen, reiben, fummeln, stoßen. Aber: Diese »Spiele« erleben Kinder *nicht* mit denselben Gefühlen, die Erwachsene bei sexuellen Handlungen empfinden – sprich: Leidenschaft, Wollust, Schuld – und die vor allem bewusst auf Erotik ausgerichtet sind. Wenn Sie als Erwachsener mit den Aktivitäten Ihres Jungen konfrontiert sind, ob allein oder mit Julia zusammen: Sorgen Sie sich nicht, das ist kein Sex, wie wir ihn als Erwachsene wahrnehmen und fühlen. Das ist eine kindliche, spielerische Art, sich selbst kennenzulernen, wahrzunehmen und den Körper zu erforschen.

Natürlich reagieren Erwachsene oft überfordert – weil sie ihre eigene Haltung zur Sexualität überprüfen müssen.

Aber so ist das eben: Über Kinder lernen wir Dinge über uns, die wir gern verdrängt hätten …

## Dauerwettstreit in der Pubertät

*Die nackten Beine meiner Englischlehrerin*

Die Faszination, die von erwachsenen Frauen ausgeht, wirkt schon vor dem Einsetzen der Pubertät auf das heranwachsende männliche Wesen. Die Ausstrahlung von Frauen bezaubert Romeo, ob es die schlanken Fesseln der Englischlehrerin sind, die duftigen, weichen Haare der Nachbarin, der Gang einer Studentin. Das ist nicht mit sexueller Lust gleichzusetzen, mit genitalem Begehren: Aber es vermittelt eine erste Ahnung, was Frauen eines Tages im Leben des Mannes in spe bedeuten werden. Romeo beginnt, die ersten Flügelschläge der Liebe zu spüren. Voller Ernsthaftigkeit und entfernt von Geilheit.

Doch über diese Empfindungen muss er schweigen. Ein verdrucktes Hihi, laute Witze oder lärmendes Verhöhnen wären die Folge, wenn er offen über seine Gefühle reden würde.

Irgendwann zwischen elf und dreizehn wird Romeo zum ersten Mal onanieren, nachdem er den nächtlichen Samenerguss erlebt hat: Urgs – Kindheit passé, jetzt bin ich nicht mehr nur ein Kind?! Er sieht sich einer Vielfalt widersprüchlicher Gefühle ausgesetzt: Er spürt Zärtlichkeit, aber auch die ersten handfesten Gelüste und fragt sich, wie er gleichzeitig so zartfühlend-sehnsüchtig und so triebhaft-geil sein kann – und was die Erotik von Räuberin-und-Gendarm-Spielen damit zu tun hat. Er produziert große Mengen Testosteron, zwischen zehn- bis tageweise sogar hundertfach mehr als ein Mädchen! Stellen Sie sich seine Dauerbereitschaft ungefähr so vor wie die einer Frau an ihren lustvollsten (Eisprung-)Tagen. Die würde am liebsten jeden Kerl anspringen, und so geht es Jung Romeo die ganze Zeit. Gut findet er das selber nicht.

96 Prozent aller Jungen onanieren etwa drei- bis viermal die Woche; in Hochphasen manchmal auch zwei- bis dreimal am Tag oder zum Einschlafen. Bis er die Möglichkeit hat, dabei die Phantasie mit auf die Reise zu schicken, wird es noch einige Zeit dauern, denn die entsprechenden Vorlagen fehlen. Bisher hatte er keinen oder kaum Zugriff auf Bilder, Geschichten oder intimere Einblicke in ein weibliches Wesen; doch oft bleiben die sehr wenigen Bilder, die er in dieser Zeit aufschnappt, sein halbes Leben als Antörner erhalten.

Doch nach und nach erschließt er sich diverse Möglichkeiten – 37 Prozent der Pubertierenden wählen Wichsvorlagen aus Heftchen, Bildersammlungen und dem Internet. Andere denken an ihre Freundin, jeder Fünfte zieht einen weiblichen Star vor oder die schöne Fremde.

Ob er sich schämt? Natürlich! Vor allem, wenn er bestimmte Phantasien hat, etwa an die Wäsche der Nachbarin denkt, und die ist schon sechsunddreißig! Uralt! Oder wenn er sich die Punkerin aus der Klasse drüber vorstellt. Oder wie aufregend neulich das Blinde-Kuh-Spielen war und Nachbars Töchterlein an seine versehentliche Erektion patschte. Oder eben die Englischlehrerin. Diese Beine – rumms, kaum berührt, schießt ihm der Schaum um die errötenden Ohren. Und kaum siebeneinhalb Minuten später könnte er schon wieder. Oh, Gott, wenn das Mama wüsste.

Was Romeo bei alldem denkt, fühlt und tut, kann und wird er kaum jemandem erzählen, um herauszufinden, ob er dabei zufällig allein dasteht. Stattdessen diagnostiziert er sich selbst vorauseilend als krank oder pervers. Auch für die berüchtigten Wichsstuhlkreise ist die Zeit noch nicht reif. Dennoch hofft er, dass es seinen Kumpeln ähnlich ergeht. Aber ist man sich wirklich derartig nah, um darüber zu sprechen, was die Romeos mit der Bettritze, der Socke, dem rauhen Waschlappen, Mamas Handschuhen machen? 90 Prozent aller Jungen halten schön die Klappe über ihr Tun und ihre Gefühle dabei – Gefühle, das ist eh Weiberkram.

Romeo hat also den Penis als Quell der Freude und Scham entdeckt. Was er noch nicht entdeckt hat: Er hat sich weder seine Eier genau angeschaut, noch weiß er, wie empfindsam der Rest vom Schützenfest ist, sprich: Damm, Hoden, Steiß, Lenden und all die Feinheiten des Geschlechts. Steht sein Schwanz, wird er beherzt am Übergang von Eichel zu Schaft gegriffen – und Action. Jung Romeo beginnt, den Penis zu personalisieren: »Er« ist von nun an ein anderer. Romeo trennt sich zum Selbstschutz emotional von ihm ab – um weniger Scham auf sich zu laden. Und um es vor allem zu verkraften, dass dieses »Ding« sich ständig selbständig macht. Diese Trennung von Penis und Ich wird Romeo im Zweifel bis zu seinem Lebensende beibehalten. Um sich nicht zu schämen, dass er ist, wie er ist.

In Sachen Selbsterforschung sind Jungs schüchtern wie Mädchen, obgleich sie den Vorteil haben, sich ihr Geschlecht bequemer ansehen zu können. Romeo hat schon gehört, dass die Größe seines Pimmels – wie der jugendliche Penis als Arbeitstitel benannt wird – etwas mit gutem Sex zu tun haben soll. Er misst nach, aber weiß nicht genau, ob er im Stehen oder Liegen messen soll, von unten, oben, ob schlaff oder nicht, und ist in allen Fällen gründlich beunruhigt. Denn er weiß: Handys können kaum klein genug sein, bei Pimmeln sieht das anders aus. Willkommen, Vergleichsangst, ewiger Männerbegleiter.

In den nächsten Jahren werden hauptsächlich falsche Infos auf ihn einprasseln, die ihn noch Jahre später in Zweifel stürzen – so was wie »Du musst zwanzig Minuten durchhalten, damit eine Frau was davon hat«, »Je länger oder dicker, desto besser«, »Frauen sind nicht so triebhaft wie Männer«, »Rechtzeitig rausziehen geht auch«, »Mädchen tut Sex immer weh«, »Petting ist Sex ohne Orgasmus«, »Petting wollen nur die Mädchen, weil sie dann glauben, du liebst sie«, »Es kommt auf die dritte Faust an« … und weiteres Halbwissen. Nichts Genaues weiß Mann nicht.

*Mädchen sind blöd, Mädchen sind wunderbar*

Jungen erleben die Pubertät als einzigen Krieg, in dem es darum geht, wer was leistet oder hat. Wer hat einen Bart, wer hat eine Freundin, wer hat eine Lederjacke, wer hat das Sagen? Wer leistet sich dumme Sprüche, wer erzielt den größten sportlichen Erfolg? Wer kann es sich leisten, auf andere herabzusehen?

Romeos sind ständig dabei, irgendwem und sich selbst was zu beweisen: In ihrer Peergroup kämpfen sie um sportliche und schulische Leistung, um Anerkennung: Wer hört coole Musik, wer ist stark, wer sieht gut aus? Wer hat 'nen langen Schwanz, wer zeigt ihn gar nicht? Wer hat schon mal geraucht, wer hat die schnellsten Finger am PC? Und später geht es dann auch darum, wer bei den Mädels gut ankommt.

Es ist ein Dauerwettstreit – an fast jedem Ort ist Selbstdarstellung angesagt, und wer da nicht mitmachen will, versauert mit Übergewicht vor dem Computer und spielt World of Warcraft, wo er wenigstens als Magier etwas zählt. Auf diese Weise lernt Romeo intuitiv, wie seine männliche Rolle zu sein hat: hart, stark, cool und gern auch ein bisschen frauen- und schwulenverachtend. Scheinbar »unmännliche« Verhaltensweisen wie Ängstlichkeit, Einfühlung, Verständnis, Zärtlichkeit, Unsicherheit – werden abgelehnt, oft sogar vernichtet oder als »schwul« bezeichnet, die Homophobie hat dort ihren Anfang.

Was Romeo als künftigem, ordentlich auf hart dressiertem Mann eine Lehre sein wird: Dominanz und Unterwerfung sind die Eckpfeiler, zwischen denen er eine Beziehung knüpft. Seine echte oder vorgetäuschte jugendliche Xenophobie (Angst vor dem Andersartigen, in dem Fall: vor der Frau oder weiblichen Eigenschaften) wird es ihm nicht gerade leichter machen, sich selbst zu finden und seine femininen Seiten zu akzeptieren.

Einen Vorteil hat er: Im Gegensatz zum Mädchen, das sich mehr über sein Äußeres definiert, um Anerkennung zu erfahren, kann Romeo sich auf seine Talente als Kicker, Computergott oder – leider – Schläger und Klassenclown zurückziehen. Richtig blöde findet er nur: Die gleichaltrigen Mädchen stehen nicht auf ihn. Er ist ihnen zu »kindisch«, obwohl sie beide fünfzehn sind. Während Mädchen damit zu kämpfen haben, angestarrt und begehrt zu werden (und es beängstigend finden – gestern noch Kind, heute Lustobjekt), muss Romeo damit fertig werden, seine Blicke nicht beherrschen zu können und belächelt zu werden.

Das Phänomen seines scheinbar autonom handelnden Genitales, das zu den unmöglichsten Zeitpunkten aufsteht, um besser gucken zu können, bringt Romeo von einer Peinlichkeit in die nächste. Er schämt sich seiner Reaktion, er schämt sich seines lästigen, renitenten Penis und befürchtet, dass alle ihn für notgeil halten, auch wenn keiner so genau weiß, was das ist. Er fühlt sich schuldig, auf subtile Weise schuldig, ein Mann zu sein und einen Penis zu haben.

Bald fühlt er diese Schuld auch heftiger: Ein paar männerhassende Kommentare genügen, um ihn glauben zu machen, dass alle Männer potenzielle Vergewaltiger sind, dass ein Mann aber auch nur dann ein Mann ist, wenn er aktiv und triebhaft ist, und dass Sex, den Männer wollen, schmutzig ist.

Und bald fühlt er sich auch noch schuldig, weil er bislang noch unberührt ist (seine eigenen Hände ausgenommen), sein ganzer, tapfer erarbeiteter Status der letzten Jahre ist nichts mehr wert, wenn er mit siebzehn noch eine männliche Jungfrau ist, die noch keine »rangelassen« hat. Er weiß ja nicht mal, wie der Schmutzkram geht.

Leider weiß Jung Romeo auch nicht, wie er da rankommen soll! Und er weiß auch nicht, dass es eh erst 42 Prozent der Sechzehnjährigen getan haben und mit siebzehn immer noch die Hälfte seiner Kumpels ungevögelt ist.

Es gibt zu viel falsch zu machen, zu viel falsch zu berühren, und nie hat Romeo jemand en detail irgendetwas gesagt – zu fragen traut er sich nicht, dann würden ja die anderen Jungs wissen, dass er es noch nie getan hat! Ein Drittel der Jungen hat Sorge, sich beim ersten Mal zu blamieren und ihn einfach nicht reinzukriegen – die anderen zwei Drittel sind entsetzlich nervös und wollen es hinter sich bringen, aber schnell! Das Vorspiel oder Petting lassen bibbrige Jungs am Stichtag meist ganz aus; trotzdem haben sie Angst, zu früh zu kommen, alles falsch zu machen, weh zu tun, das Kondom, sofern sie es gekauft haben, nicht richtig benutzen zu können, weil sie damit immer nur Wasserbomben gebastelt haben – also, Augen zu und durch!

Ein Mann stellt keine Fragen, ein Mann tut es oder schweigt. Doch wie für Mädchen das Passivgebot gilt, gilt für ihn das Aktivgesetz: Mann muss ran. Vielleicht fällt es deshalb später so vielen Männern schwer, sich hinzugeben, verführt zu werden, nichts zu tun? Vielleicht sind Männer deshalb so tollpatschig brünstig in der Annäherung, weil sie denken, das muss so sein, um als Mann zu gelten?

Doch auch ohne entsprechende Praxis redet Romeo über Sex, als seien die Halbstarken alle durchweg Pornostars, die es auf sämtliche Arten getrieben haben, selbstverständlich ohne dabei so etwas Schwachsinniges wie Liebe zu empfinden: Nein, reingesteckt und abgespritzt, und weil sie so hässlich war, hab ich sie umgedreht und ihr auf den Rücken gewichst.

Das ist die Sprache der völlig von der Pubertät traumatisierten Romeos; es ist ähnlich wie mit dem lauten Singen im Keller, um die Angst zu vertreiben; der Rückenspritzer wird kaum zugeben, dass er die Scheide nicht gefunden hat.

Um an notwendige Informationen über Sex zu kommen, halten die Jungs die Klappe, anstatt jemanden zu fragen, der sich damit auskennt – und weichen auf Zeitschriften, Internet, Pornos oder Werbebotschaften aus. Dumm nur: Als Vorbild taugt das Zeug wenig, sondern vermittelt eine auf den Schwanz, die Potenz und Stellungen verengte männliche Sexualität.

Die Realität schockiert Romeo: Da schreien die Mädchen gar nicht so hingebungsvoll. Die sagen nicht mal, was ihnen gefällt. Und sie bewegen sich auch gar nicht! Romeo ist gefrustet, jetzt weiß er immer noch nicht, wo er diesen Kitzler findet und ob so ein Penis in so was Kleines wie eine Möse reinpasst, ob man dabei küsst oder laut ist oder besser still. Oder ob er »Ich liebe dich« sagen soll? Er hat schweißnasse Hände und befürchtet, dass sie sich ekelt; ihm ist unklar, ob erogene Zonen ein anderes Wort für Bordell oder Schamhaar ist … Im schlimmsten Fall treffen eine unwissende Julia und ein tapsiger Romeo aufeinander und spielen Mangaporno.

Ein bisschen neidisch auf Romeo ist Julia trotzdem: Während sie sich mit Angst vor einer Schwangerschaft herumplagt und vor den Konsequenzen für ihren Ruf, mit Schmerzen der Periode und Orgasmusschwierigkeiten, scheint für ihn alles einzig nur mit Lust verbunden zu sein; hat er einmal Sex genossen, will er ihn immer wieder, und kriegt er ihn nicht dort, so nimmt er sich ihn woanders und braucht keine Furcht vor gesellschaftlichem Missfallen oder Unlust zu haben. Oder?

Jein: Einerseits können sich Jungen – oder Männer –

leichter von Lust aufsaugen und davontragen lassen, weil ihre Konsequenzen weniger bedrohlich sind als in der weiblichen Normen- und Schmerzwelt. Keiner wird einem Jungen nachsagen: Der tut's doch mit jeder, dieser Schlamper. Andererseits haben sie Sehnsüchte nach Nähe, wollen ihre sensiblen Seiten ausleben, wollen mit ihrem Gewissen im Reinen sein, wollen ihre Phantasien überprüfen – aber sie bleiben allein, weil es an Austausch fehlt. Sie werden beklatscht, wenn sie Erfolg bei Mädchen haben. Ihren Liebeskummer, wenn das eine Mädel, auf das es ankam, sie verlässt, scheint ihnen keiner abzunehmen.

Romeo »lernt« jetzt auch, dass eine Frau über Sex entscheidet: Ergreift er nicht die Initiative, passiert nichts; beginnt er, sie zu verführen, ist sie es, die ja oder nein sagt (Sie wissen schon, das Passivgebot der Teenjulia, um sich vor dem Ruf als Schlampe zu schützen). Was gäbe Romeo darum, wenn es einmal andersherum wäre und sie Sex will, aber er ihr sagen könnte: Nee, ich mag jetzt nicht … Auf der anderen Seite: Was ist, wenn sie ihn Schlappschwanz ruft und es in der Schule rumerzählt?!

Seine Schlussfolgerung: Männer wollen immer, Frauen selten. Umso erschrockener wird Romeo später von einer aktiven Frau sein, die sich wild vor Lust auf ihn stürzt.

## Die heißen Zwanziger:
## Sex, Drugs and Rock 'n' Roll

Boah, sind junge Männer cool! Zumindest im Rudel: Sie reden wie eine Horde bekiffter Hardcorerapper über Frauen und machen auf dicke Hose. Natürlich, es gibt auch die anderen, die uncoolen und deswegen nicht weniger selbstbewussten Jungs, die sagen: Na und, ich hab halt auf die Liebe gewartet, ich habe es erst mit achtzehn getan, und ich habe durch Petting viel über mich und Frauen gelernt – vor allem, dass ich Sex mit Liebe geiler finde. Und natürlich gibt es auch die Gruppe wacher junger Männer, die es geschafft haben, sich dem Ganzen zu widersetzen, und die smart und intelligent sind.

Und doch.

Und doch heißt, dass die testosteronberauschten Romeos sich mit Anfang zwanzig merkwürdige Dinge ausdenken, um weiterhin in die Rolle des männlichen, coolen, lustorientierten Mannes zu passen. Sie verteilen zum Beispiel Noten für Frauen: Aussehen, Aktivität im Bett, kurz: der Fickfaktor. Da stehen sie gut vor den Kumpeln da, die sich hochfrotzeln mit möglichst derben, ausufernden Übertreibungen – aber das ist ein Spiel.

Das gehört immer noch zur Mannwerdung, nur einige nehmen das äußerst ernst und haben überhaupt keine Lust, jetzt einen auf sensibel und Tiefgang zu machen. Es kommt nur darauf an: Wo bringe ich meinen Dosenöffner möglichst kräfteschonend unter, und wem erzähle ich davon in triefend bunten Farben?

*Auf einer Skala von eins bis zehn erreichte sie achteinhalb*

Wenn wir mal ein klitzekleines bisschen ehrlich sind, so als Frau, dann ist das beneidenswert: dieses Bekenntnis zur Lust. Wenn wir mal das ganze Danach wegstreichen, das Prahlen, das Kerbe-in-die-Bettkante-Hauen, das Notenverteilen: Männer haben recht. Auch ich will Sex, will begehrt werden, will viele, viele Erfahrungen sammeln und am liebsten damit durchkommen, ohne dass mir jemand eine Verbindlichkeit aufzwängt.

Ich kenne einige Frauen, die genau das getan haben, aber brav den Mund halten, bevor sie es zugeben würden: Oh! Noten habe ich auch verteilt. Schön 'ne Liste gemacht, wer wie gut küssen konnte, wer welchen Schwanz hatte, wer wie geleckt hat, und wer mehr Schein als Sein mitgebracht hat.

Das Problem ist ja nur: Frauen sind, wenn sie sich so verhalten, Luder, Männer sind tolle Hechte oder Arschlöcher.

So kriegt unser Twenromeo in seiner etwas prahlerischen Art zumindest mit: Lust zu haben und folgenlosen Sex zu suchen, das ist politisch inkorrekt und chauvihaft. Frauenverachtend. Er wird unsicher. Lust auf Frauen haben und Frauen verachten, wie geht das zusammen? Er möchte kein Frauenverächter sein, Frauen sind toll, und zwar alle, deswegen möchte er sie ja alle gern näher kennenlernen.

Wenn Romeo selbstkritisch ist, wird er weiter erfahren, dass männlicher Appetit verwerflich ist oder einem Leistungsanspruch genügen muss. Und dass Frauen wohl ganz anders ticken – sie sind die Beute, er ist der Täter. Damit wird die männliche Lust ein weiteres Mal verleumdet.

Zum ersten Mal fühlt Romeo deutlich, dass mit zweierlei Maß gemessen wird. Während eine Serie wie *Sex and The City* zeigt, dass Frauen sich sehr wohl augenrollend über männliche erotische Wünsche äußern dürfen, ist er gleich ein Widerling, wenn er mal leise anmerkt, dass die Frauen immer nur daliegen, als seien sie halbtot, er die Arbeit macht und sich danach auch noch sagen lassen muss, dass seine Performance nicht wirklich überzeugend gewesen sei. Er beobachtet, wie Frauen die Männer nach deren Gesicht, Gewicht und knackigem Hintern einteilen – sagt er aber mal geile Titten, ist er gleich ein Macho. Das führt zu grober Verunsicherung.

Unser vielleicht studierender Romeo entdeckt in seiner Not neue Vorlieben: etwa die ältere Frau, die ihm was zeigt. Hatte er zuvor die Erfahrung gemacht, wie sehr es ihn abtörnte, wenn seine siebzehnjährige Freundin beim Petting stöhnte: »Boah, mein Mathelehrer ist so was von superknackig«, so sehnt er sich nun danach, dass eine Siebenundzwanzigjährige – oder, oh, là, là, eine Siebenunddreißigjährige – wollüstig stöhnt, dass er dieses Fingerkreiseln noch mal machen soll. Dadurch gewinnt er einen neuen, wenn auch ziemlich verstörenden Einblick seiner selbst. Die kundige Liebhaberin, die ihn einführt, ist ein geheimer Traum der jungen Männer – an dieser Stelle sei allen Mittdreißigerinnen geraten: Schnappen Sie sich ihn. Er kann oft und ist begeistert von Ihren Hinweisen; und Sie können sie ja endlich aussprechen … Fast ein Drittel der jungen Männer will, dass die Frau ihnen beim Sex zeigt, was ihr Spaß macht.

Allerdings hält kein junger Mann die Leidenschaft lange durch – ältere Paare haben in ihren Beziehungsjahren mehr Spaß im Bett als junge Liebende. So lässt bei Zwanzig- bis Neunundzwanzigjährigen die Lust in der Partnerschaft rasch nach, während Fünfzig- bis Neunundfünfzigjährige die sexuelle Spannung in Beziehungen fast doppelt so lange erhalten, verriet eine Göttinger Studie mit 60 000 Befragten! Die Gründe? Noch ahnen Romeo und Julia nicht, dass es viel mehr sinnliches Erleben gibt, als sich mit Posing, Dessous und Marathonficken ausfüllen lässt.

Der Leiter der Göttinger Studie, Ragnar Beer, erklärte den sexuellen Frust der Jungen dagegen mit ihrer Unerfahrenheit. In der Regel hegten Zwanzigjährige beim Sex »unrealistisch hohe Erwartungen«. Gemeinsames Kommen zum Beispiel, der Heiligste aller Grale – so selten wie ein Einhorn und völlig überschätzt. Wie Romeo leider erst später erfahren wird, kann auch er Orgasmen haben (und seine Julia auch), die mehr sind als nur zeitgleich: große und kleine, tiefe und seelenberührende, flache und unerfüllte, sehnsüchtige, bewegende, banale.

In Sachen Liebe ist Romeo dagegen beweglich: 76 Prozent würden für die Liebe in eine andere Stadt ziehen! So hoffnungsvoll sind Männer in keinem anderen Lebensabschnitt mehr, dass die Liebe auch hält, was sie verspricht. Da sag noch mal einer, junge Männer seien nicht romantisch!

Die Anzahl der Studien über die Entwicklung der männlichen Sexualität zwischen zwanzig und vierzig ist mau. So als ob auch die Wissenschaft davon ausgeht, dass die Penisspitze den Männern schon den Weg weist, bevor es dann ins männliche Klimakterium geht.

Doch Gott sei Dank gibt es ja Männer, die das Leben selbst in jenem Alter ausführlich studierten – und sich einig sind: Bis Ende zwanzig versucht ein Mann, sich in Schablonen zu pressen. Der Coole, der Frauenflüsterer, das Genie, der Geldscheffler: Er eifert Mustern nach, anstatt sich selbst zu erkennen. Erst später, ab Mitte dreißig, wird er der Mann, der er ist. Ohne Etikett.

Was dazu führt, dass er aber mit Mitte zwanzig nach

Muster bumst. Es kommt Romeo auf den Schwanz an: Was leistet er – bringt er sie zum Orgasmus? Wie viel Eindruck macht er – begeistert er mehrere Frauen? Was hat er davon – fühlt er sich erotisch ausgelastet? Wie zuverlässig ist er?

Alles kreist um den Erfüllungsauftrag, den sein Genital zu stemmen hat. Purer Stress, Mann denkt, es käme auf den Fleiß seiner Erektion an, um gewollt zu werden, er macht sich selbst verantwortlich für den Orgasmus der Frau und für seinen. Deswegen bleibt er auch vorsichtshalber bei denselben Handgriffen, die neulich noch Erfolg hatten – zwar vorhersehbar wie eine schnurgerade Straße, aber wenn's funktioniert? Romeo ist wie ein Fummelroboter. Es sagt ihm ja auch keiner oder keine, dass es mehr Anschalter gibt als Mund, Zunge, Busen, Hintern und Venushalle und dass, mit Verlaub, sein Schwanz nicht der Mittelpunkt des gemeinsamen sexuellen Universums ist.

*Mein Schwanz und ich: Ist mein Penis gut genug?*

Neulich in einer feuchtfröhlichen Runde sagt Peter mitten in die Gesprächspause hinein den schönen Satz: »Ich glaube, mein Penis ist zu klein.«

Alle Männer gucken ihn an, als ob er ein Vaterlandsverräter sei. Frauen beginnen gleichzeitig zu reden – »Ist noch Wein da?« – »Es kommt auf den Mann, nicht die Größe an.« – »Also, das ist nie so, wie man denkt, man hat ein völlig falsches Bild von sich.« – »Ich glaub, mein Bus fährt gleich.«

»Wie klein ist er denn?«, fragt eine, und jetzt gucken alle panisch zu ihr. Wahnsinnige, halt den Mund!

Der Penis des Mannes, so das Gerücht, will immer größer sein, als er ist. Ist er im erigierten Zustand 14 Zentimeter lang, wünscht der Halter, dass er 18 Zentimeter lang wäre; ist er 18 Zentimeter lang, wünscht er, es wären 25.

Aber eigentlich wird ihm kein Maßband der Welt verraten, ob er einen angemessenen Penis für genau jene Frau hat, die er will und liebt und begehrt. Wenn ein Mann sich still fragt: Reiche ich, genüge ich, sind Länge mal Breite mal Härte mal Steherqualitäten über Stunden auch wirklich genug?, wird ihn die Antwort: 14, 3, Härtegrad 2 und 45 Minuten, nicht wirklich beruhigen.

Überhaupt, die Diskussion, dass es natürlich nicht auf die Außenformate einer Erektion ankäme, die findet ein Mann im Grunde suspekt. Wieso sind alle nur so schnell dabei und beruhigen einen, nur weil man die simple Befürchtung ausspricht: Ich glaube, mein Penis ist zu klein? Ist die Beruhigung nicht der Beweis, dass die Größe wirklich von Belang ist?

Frauen reden ständig über ihre Brüste. Sie finden sie zu klein, zu groß, zu schlaff, zu schielend, die Nippel zu weich, zu rosa, zu dunkel, zu albern. Frauen reden über die Konfektionsgröße, die Schuhgröße, den Hintern; sie fragen sich, ob sie eng genug sind, ob er ihre Vagina schön findet, ob sie nass genug werden oder zu nass sind.

Mann wird untersagt, zu sehr über seinen Penis zu sprechen, vor allem, wenn er mit ihm hadert. Seinen eigenen Penis zu beurteilen heißt außerdem, sich selbst zu beurteilen und zu fürchten, auch als Mensch nicht zu reichen. Es wird Männer nie beruhigen, wenn sie sich untereinander vergleichen, oder wenn eine Frau ihnen tausendmal schriftlich bestätigt, dass es auf den Penis nicht ankommt – es kommt darauf an, und das weiß er. So genau wie er weiß, dass es auch auf den Menschen ankommt, auf den Charakter, und dazu gehört für ihn auch die Erektion. Peinlich berührt ist er, wenn seine Liebste ihn schlaff und im Normalzustand sieht. Sie könnte ja heimlich doch denken: Och, schau, wie faltig und nichtssagend er da aussieht, tja, wie der ganze Mann.

Ein Mann wird selten auf die Idee kommen, seine Geliebte zu fragen, ob sein Penis ihr wirklich reiche, wenn er das sichere Gefühl hätte, von ihr ganz und gar begehrt zu werden. Der Schwanz des Mannes ist stets mehr eine psychische als eine körperlich-mechanische Angelegenheit: Und er will geliebt und begehrt werden von der Frau, die er ebenso begehrt. Immer wieder. Deutlich.

Ich habe beobachtet, dass sinnliche Männer auch ihren Penis als sinnlich empfinden, während Männer unter Druck ihn als Ärgernis sehen, der nicht leistet, was er soll. Je entspannter ein Mann sein Leben lebt, desto zufriedener ist er auch mit seinem Lieblingsorgan, und je mehr auf ihn einstürzt, desto unzufriedener ist er auch. Fast wie eine Frau, die aufzählt, was alles im Leben Mist ist: im Job keine Perspektive, Mutter nervt, ich bin hässlich und doof, und mein Hintern ist zu dick.

Das Äquivalent zu Hintern und hässlich ist für Männer der Penis. Dieses geplagte Organ soll für einen Mann die absolute Erfüllung seiner Träume bringen: Unabhängig soll er sein, der Phallus, auch in Krisenzeiten verlässlich und prachtvoll seinen Dienst leisten. Mächtig und kraftvoll soll er sein und sich Stoß für Stoß seinen Weg bahnen und zeigen, wo es langgeht. Vorlaut, mit eigener Meinung und verführerisch außerdem, er soll gefallen, jeder

Frau. Und *riesengroß* sein. Eigentlich so, wie Romeo selbst gern wäre.

Machen wir uns bewusst, dass *alle* Organe des Menschen auf Stress, auf Liebe, auf Begehrtwerden, auf Einsamkeit, auf Krankheit, auf Angst, auf Geborgenheit, auf Zurückweisung, auf Leidenschaft reagieren – und wieso sollte ausgerechnet der Penis es nicht tun? Nur weil er als einziges Körperteil veränderbar ist? Weil er wächst und schrumpft und spritzt und schwillt und abschwillt – ein Penis ist deshalb nicht unbeeinflusster von Stimmungen als der Mann selbst.

Er ist auch nicht der einzige Beteiligte an der männlichen Sexualität. Ein Mann hat so viel mehr als phallische Potenz; Potenz sitzt in mehr als nur dem Penis. Sie wartet unter der Haut, dem Po, der Brust, im Nacken, im Mund, unter den Füßen, im Kopf – der Mann ist von Kopf bis Fuß ein sexuelles Wesen. Weshalb Romeo aufhören darf, den Schwanz als einzigen Leistungsträger zu sehen.

Vielleicht ist es Zeit, die männliche Sexualität zu erwecken – ähnlich wie wir es in den vergangenen Jahrzehnten bei der weiblichen gehalten haben. Vielleicht wird es Zeit, sich das männliche Geschlecht und die Empfindsamkeit seines Körpers näher anzusehen – um den Männern von morgen zu sagen: Hey, ihr habt auch die Prostata, so was wie den männlichen G-Punkt, er lässt sich von außen, aber auch von innen liebkosen. Schau mal, Hoden sind verletzlich, aber auch verführbar. Schau, Orgasmen bestehen nicht nur im Abspritzen, sie sind auch nach innen fühlbar und können sogar trocken richtig geil sein. Oh, là, là, ist eine Zunge an deinem Anus nicht ziemlich sexy? Und was passiert eigentlich, wenn du zwischendurch schlaff wirst und dann wieder hart? Wie gut ist es, zu vögeln, aber dann dem Impuls nachzugeben und zuzugeben: Liebes, ich kann nicht kommen, muss ich aber auch nicht, wollen wir kuscheln, und ich mache es dir mit der Hand? Lieber mit der Zunge? Oh ja, komm her, lass dich auslecken …

Fazit: Allein über Größe zu sprechen heißt zu verkennen, was dahintersteckt. Die Frage müsste nicht lauten: Ist er groß/dick/fest/ausdauernd genug? Sondern: Mag *sie* ihn? Werde ich begehrt, freut sie sich über ihn, findet sie ihn von Farbe, Form und Geruch her schön? Oh, wenn Frauen wüssten, wie sie ihre Männer beglücken könnten mit: Ich liebe deinen Schwanz. Er ist wunderschön. Komm schon. Steck ihn mir rein.

*Frauen wollen doch nur das eine: Heiraten.*
*Seine Don-Juan-Phase*

Jung Romeo ähnelt einem Don Juan – dem Mann, der die Frauen weniger liebt als sich selbst; seine Bewunderung gehört nicht der Frau, sondern sich selbst im Bewundertwerden. Romeo Juan spricht von Frauen in seinen späten Zwanzigern stets im Vergleich: Sie sieht aus wie J. Lo, sie hat was von einem Playboy Bunny, sie ist ein Typ wie Lara Croft. Er sieht Frauen nicht so, wie sie sind, sondern versucht sie immer noch Mustern anzupassen. Er liebt das Ideal – kommt eine Frau an das nicht heran, wird er weiterziehen.

So geistert bei ihm auch noch das vorsintflutliche Vorurteil herum, Frauen suchen reiche Männer, Männer zum Heiraten, Männer zum Kindermachen, Männer zum Vorzeigen, Männer zum Zähmen. Gezähmt zu werden, hält Romeo für keine besonders prickelnde Aussicht.

Bis etwa Mitte dreißig sind die Romeos vorzugsweise unentschlossen – weshalb man sie auch als Mister No Commitment tituliert. Sie können nicht ohne diese eine Frau, wollen sich aber auch nicht festlegen; ein Bein auf der Flucht, das andere unter der Bettdecke ihrer Spielfrauen. Sie würden sich eher die Hand abbeißen als zugeben: Ich bin vergeben, ich habe eine Freundin, oder, oh Graus, ich will heiraten. Herr Unverbindlich führt ein ewiges Vielleicht im Munde und laviert schlüpfrig um klare Bekenntnisse herum – »ich« und »aber« gehören zur ständigen Defensivausstattung: »Ich liebe dich, aber du engst mich ein.« »Ich will mit dir leben, aber ich kann nicht.« »Ich will dich, aber ich muss mit anderen Frauen schlafen, weil …« – Weil er Angst hat, verlassen zu werden, und sich lieber nicht zu intensiv einlässt? Weil die Bindung zu seiner Mutter so erstickend war oder er als Kind vom Nachttopf gefallen ist?

Nein, die Wahrheit ist vielmehr: Er fürchtet, ein »Wir« würde direkt ins Reihenendhaus und zu Elternabenden führen und er vegetiere fortan als Präriewolf im Lebensknast dahin. Und verpasse womöglich die optimale Superfrau! Der Unentschlossene bürdet diese Angst der verliebten Frau auf: »Nimm mich, wie ich bin, anders geht's nicht.« Mr. Hintertür kommt damit durch, das arme Ding sagt ja, denn oft sind die Entscheidungsträger gut im Bett (solange Sex nicht durch Verbindlichkeit getrübt wird) und kennen sich aus mit dramatischen Schwüren, wo das Wort die Tat ersetzt.

Ich nenne diese Mitläufer, die eine Frau ständig um sie

kämpfen lassen: feige. Wenn er sich lieber frei bewegen will, kann er das nicht bitte allein tun, anstatt Seelenwunden zu reißen?! Ich plädiere an Mr. Unverbindlich: Bewahren Sie Respekt vor dem Geschenk Liebe. Sie können es annehmen oder ablehnen. Aber nicht nur mit dem Schleifchen herumspielen.

Ich glaube, was Frauen verstimmt, ist das Warmhalteplatten-Verhalten, das klassische Mister Unentschieden an den Tag legen: Ist Ihnen nach drei Monaten immer noch nicht klar, ob Sie in der Frau jenes Gesicht gefunden haben, das Sie als letztes sehen wollen, bevor Sie sterben, oder geht es Ihnen nur um ein bisschen Vögelei? In drei Monaten haben Sie beide alle wesentlichen Eckdaten beieinander und können wieder klar sehen nach der ersten Verliebtheit – seien Sie ehrlich und mutig, sich ohne jegliches Vielleicht zu trennen, falls Ihre Partnerin mehr will, Sie aber nicht. Denn die Gefühle werden sich von nun wenig ändern, aus einem lauen Gefühl wird kein heißes mehr.

## Mit vierzig ein guter Liebhaber

*Ist das gut für sie? Das Casanova-Zeitalter*

Warum die meisten Männer erst ab vierzig gute Liebhaber werden?

Sie haben inzwischen oft genug mitgekriegt, dass ihr Penis nicht mehr so ohne weiteres steht – und sie haben es überlebt. Die Fixierung auf Leistung bröckelt, und die Erfahrungen mit unterschiedlichen Frauen haben dem Mann gezeigt, dass nicht nur er ein lasterhaftes Wesen ist, sondern dass die Damenwelt auch lustbetont sein kann. Seine Versagensangst wurde von der einen oder anderen Frau kundig weggestreichelt oder -gelacht, und er kommt immer mehr in seinem Körper an, der ihm verrät: Schau mal, wir beide, wir werden alt, aber wir werden auch empfindsamer. Diese schönen Massagen! Diese herrlichen Küsse! Und wie geil es ist, wenn sie geil ist, weil wir etwas Besonderes tun mit den Händen, der Zunge, der Sprache, unserem Blick ... meine Güte, wir haben ja sogar im kleinen Finger Sex! Sex kann auch essen sein, lachen, miteinander tanzen, nur darüber reden, wild flirten, wow, Sex ist echt mehr als nur reinstecken. Und selbst das ist ausbaufähig.

Personalisiert und entfremdet ist der Penis immer noch, aber einige Männer haben ihren Frieden mit ihm geschlossen. Sie verlassen sich auf das Einverständnis und die Reaktion ihres Geschlechts, um sich in der Entscheidungsphase näher auf eine Frau einzulassen. »Die ist gut für dich«, scheint der Kollege im Erdgeschoss mit zutraulich praller Eichel zu murmeln, bevor er zum Heiratsantrag rät. Oder eben auch: Nee. Ich will nicht. Ich will *die* nicht. Die ist nicht gut für uns. Riecht auch nicht so, wie wir es gern hätten. Gehen wir ein Bier trinken.

Der Mann hat zweifellos den mühsameren Job beim Sex abbekommen: den Actionpart, bei dem das Organ sicht- und haltbar mitmachen muss. Und das reagiert: auf den Träger, auf das Leben und auf die Frau, mit der er sich einlässt. Es gibt Penisse, die werden dicker, fester und größer bei der einen, und bei der anderen ist derselbe Penis auf der Flucht.

Dass es auch anders geht, weiß der Mann in den allerbesten Jahren zwar, aber er trennt sich nur mit leisem Bedauern von der Sorglosigkeit der Jugend, als Romeos Pimmel öfter stand, als er ihn gebrauchen konnte. Und so einfach will und kann er Sex und Männlichkeit nicht von seinem festen Mitarbeiter trennen. Seine Prinzenrolle ist sein Schatz, und ihr Verhältnis wird umso unverkrampfter, ehrlicher und aufmerksamer, je länger Mann und Penis sich kennen – und inzwischen hört Romeo mehr und mehr auf ihn und seine Signale (ja, eine Art Penissprache, lachen Sie nicht, wir Damen nennen es Bauchgefühl), anstatt ihn mit Flüchen und Forderungen zu belegen.

Was Romeo als jungen Mann betört und geängstigt hat – nämlich die Vereinigung mit einer Frau und sich in ihr zu verlieren, sich aufzulösen und sein *Ich* auch nach dem Akt nicht mehr wiederzufinden –, hat für ihn inzwischen eine neue Qualität gewonnen: Wie nah können wir uns beim Sex sein, wie sehr sind wir ein Wir? Wo es früher hieß: »Wie gut bin ich?«, heißt es jetzt eher: »Wie fühlt sich das für uns an?« – und schließlich: Ich will genau rausfinden, wie *sie* es will.

Denn nun kann er auch Frauen besser wahrnehmen. Er ist fähig, eine Frau so zu sehen, wie sie ist. Fab-Forty-Romeo zieht die Wirklichkeit dem Ideal vor. Er will nicht mehr alle, sondern die eine, die gerade vor ihm steht. Und genau das macht ihn zu einem betörenden Verführer: der versteht, der wahrnimmt, der eine Frau um ihretwillen begehrt – nicht um seines Ego willen, das sich an der Anzahl der Eroberungen misst. Der ihre Stärken sieht und ihr das Gefühl vermittelt, einzigartig zu sein.

Über vierzig beginnen Männer, sich ebenso essenzielle Lebensfragen zu stellen wie Frauen, sie bemerken die ersten Anzeichen des Älterwerdens (sieben Tage Erholung nach einer durchgemachten Nacht), plagen sich mit den Folgen von Nikotin, Alkohol, Drogen, Medikamenten, Bandscheibenvorfällen und verschleppten Erkrankungen herum. Alles das kann ihre Sexualität gegen Ende der Vierziger fast genauso aus der Bahn hauen, wie es die Wechseljahre bezüglich der weiblichen Sexualität tun können. Es fließt weniger Testosteron durch die Adern, und merkwürdige Dinge wie Durchblutungsstörungen, Diabetes oder anderer überflüssiger Kram des voranschreitenden Lebens schlagen Midlife-Romeo auf die Libido. Während Julia ungebrochen und voll sinnlichen Begehrens ist, schwimmt er paddelnd in Zeitnot, Platznot, Geldnot vor sich hin.

Der feige Mann wird in solchen Momenten in die berühmte Midlife-Crisis flüchten, der mutigere wird in die Offensive gehen. Manchmal resultieren aus der Torschlusspanik – etwa nicht alle Reizbarkeiten der Sexualität erlebt zu haben – solche merkwürdigen Geschenkattacken wie neonrote Strapse, Wellness-Wochenenden in Paris, herdenartiger Einfall in Pornoschuppen. Dabei wäre es einfacher, Mann würde reden: über die Bequemlichkeit, die sich im Laufe der Jahre oder Jahrzehnte in das gemeinsame Doppelbett geschlichen hat.

Am besten wäre dem Mann in seinen besten Jahren zu raten: Sprich darüber, was du willst, sei kein Hasenfuß, der Angst vor Zurückweisung hat (du bist keine siebzehn mehr!), und hab Sex mit deiner Frau, sooft du kannst, um die Lust am Leben zu halten – denn die Zeit beginnt, wo Sex den Sex erhält und kein Sex die Lust auf ihn noch seltener macht.

Nähere Hinweise zur Frage, ob Ehe die Leidenschaft killt oder man selbst nur der Mörder ist, gibt es im vierten Kapitel.

### *Ich könnte mir eine Jüngere nehmen ...*

Männer sind bis ins hohe Alter zeugungsfähig. Aber wollen sie es sein? Während bei den Frauen die fruchtbare Zeit mit circa fünfundvierzig zu Ende geht, kann Mann theoretisch bis an sein Lebensende zeugen. Dauert vielleicht ein bisschen länger, aber er kriegt's vermutlich noch hin (noch weiß der Mann, der irgendwann über siebzig sein wird, nicht, dass in dem Alter zwei Drittel der Männer auf Sex gern ganz verzichten würden und er vielleicht dazugehören wird).

Mann wird auch eitel. Besonders im Alter zwischen fünfzig und neunundfünfzig Jahren wird mit dem schlanken Gewicht Schönheit verbunden. Dabei spielt die Figur für Männer generell eine größere Rolle für die Beurteilung der Schönheit eines Menschen als für Frauen im selben Alter – so als ob Frauen sich mit sich selbst arrangiert haben, während Männer plötzlich durchdrehen und in Damen mit Größe 38 und Jahrgang 1985 das Heil des Lebens sehen und sich selbst mit Marathons quälen.

Nach der Figur ist die Stimme ein weiteres Kriterium für Schönheit. So sind 68 Prozent der »best agers« (blödes Wort – blöder ist nur noch empty nesters) der Meinung, dass eine angenehme Stimme zur Schönheit eines Menschen beiträgt. Das letzte Kriterium, das mehr als die Hälfte der Befragten Ü50-Master Consumer als wichtig für die Attraktivität ansehen, ist die Gesundheit. Suche gesunde junge Frau mit toller Stimme zum lustvollen Sex – Erfahrung bevorzugt!

Zurück zum Silver Sex: Seit Mitte vierzig baut Mann gesundheitsmäßig rasch ab und findet sich in der Blüte seiner Charakterjahre – mit sechzig – plötzlich mit einem wesentlichen Bruch konfrontiert: Die Libido, die Lust und das Begehren sind zwar da, aber die Organe ticken ein wenig unzuverlässiger. Er braucht mehr Zeit, um erregt zu werden und Kopf mit Körper kurzzuschließen. Auch der Liebesakt dauert länger, das ist immerhin eine Entlastung: endlich nicht mehr immer der frühe Erstling sein. Zwischendurch sackt die Erektion aber schon mal weg.

Fakt ist: Wer stets eine starke Libido hat, wird sie auch im Alter nicht verlieren – weder Mann noch Frau. Alter schützt weder vor Lust noch vor Angst. Wohl dem, der eine Partnerin hat, die sich über die Jahre nicht angewöhnt hat, einen Mann alles im Bett und davor machen zu lassen, und nun hilflos der renitenten Erektion gegenübersteht, mit der sie wenig anzufangen weiß. Hier sind beiderseitiger Humor, Zärtlichkeit und der Mut, sich auch auf das Älterwerden der Sexualität einzustellen, gefragt. Neue Stellungen, neue Spiele, neue Prioritäten: Das Leben ist erst am letzten Tag zu Ende!

Und was die jüngere Frau angeht: Bevor ich Ihnen jetzt mit vermeintlichen Vaterkomplexen der jungen Frau (blabla) komme oder dem Mutterkomplex des alten Mannes, sehen wir das Ganze doch einfach, wie es ist: Er hat eben

Lust drauf. Er gefällt sich so, und die junge Frau gefällt ihm auch. Dafür psychologische Gründe zu suchen wäre ebenso zeitschindend wie für die Lust der Frauen auf einen jüngeren Mann: Man kann sich die Liebe nicht aussuchen. Nur weiterhin genau hinschauen, was man von ihr verlangt, egal mit welchem Altersunterschied.

# Kapitel 3

## MACKEN UND NARBEN

Antonius musste neununddreißig werden, bis er sich bei einem Blowjob entspannen konnte. Bis dahin hatte er sich dabei schuldig gefühlt: schuldig, dass es ihm gefiel, schuldig, dass er passiv blieb, schuldig, weil er doch von anderen Frauen oder in belauschten Gesprächen »gelernt« hatte, dass Blasen eine Demütigung der Frau bedeute. »Ich bin ein Schwein«, dachte er, sein Penis schämte sich weg, als sich der warme, feuchte Atem einer Frau seiner Eichel näherte.

Ein simpler Satz war es, der ihn zum Nachdenken brachte. »Bist du noch nie auf die Idee gekommen, dass Blasen einer Frau Spaß machen könnte?«, fragte ihn eine Frau, mit der er eine Drei-Tages-Affäre hatte. Nein, das hatte er nie in Erwägung gezogen. Sie ging, aber dieser Satz blieb hängen. Im Nachhinein ärgerten ihn all die verpassten Genüsse, ihn ärgerte, dass er anderen das Recht eingeräumt hatte, seine Gelüste zu bewerten.

Und am allermeisten ärgerte es ihn, dass er den Kritikern immer mehr geglaubt hatte als jenen Frauen, die lobten.

Martin, achtunddreißig, erzählt:

»Manchmal fällt mir plötzlich, während ich mir ganz langsam und genüsslich unter der Dusche mit Seife

99

einen runterhole, meine Großmutter ein. Ich sehe einfach nur ihren Gesichtsausdruck, als sie meinen Kinder-Schwengel in der Badewanne betrachtete. Streng. Verbittert. Enttäuscht. Und dann frage ich mich, wie kann es sein, dass so ein winziger Augenblick im Leben Jahrzehnte nachwirkt – so sehr, dass ich noch mal neu anfangen muss mit der Konzentration unter der Dusche.«

»Vorsicht vor zu gutem Sex – das hat mir eine Freundin meiner Mutter mal gesagt«, erinnert sich auch Brigitte, einundsechzig. »Ein guter Liebhaber ist kein Mann zum Heiraten.« Sie lachte und sagte, das sei immer ihr Gradmesser gewesen, vierzig Jahre lang: Sie misstraute gutem Sex und heiratete einen Mann, der ihre Klitoris weder im Dunkeln noch im Hellen fand. Wegen der Aussage einer Fremden. Zum Weinen.

Und die Liste der Altlasten aller könnte lang, lang, lang so weitergehen:

Frauen, die in Spitzenunterwäsche ihrem Mann die Tür öffnen, von ihm verlegen-unsicher ausgelacht werden und sich nie wieder trauen, mit Dessous aufzuwarten; Männer, denen nach dem Cunnilingus der Kuss verweigert wird und die immer weniger Lust darauf haben, eine Frau zu lecken, wenn sie ihren eigenen Geschmack offenbar so sehr ablehnt; Frauen, denen vorgehalten wurde, sie seien im Bett zu laut/zu leise; Männer, die ihre kleineren (»behalt die Lackstilettos im Bett an und piks mich in den Oberarm«) und größeren Lustbarkeiten (»lass mich dich fesseln«) für sich behalten, weil ihre Gefährtin ihnen bei jeder Spielidee abseits des angeblich Normalen Vorhaltungen macht oder mit rollenden Augen angeödet seufzt: »Na, gut, wenn's dir so sehr gefällt, dann machen wir's halt …«

Was Menschen einander im Bett alles so antun können, ist ein weites Feld der gegenseitigen Verunsicherung, Ablehnung und Kränkung.

Und die wenigsten von uns sind so selbstbewusst konstruiert, dass sie über all die kleineren und größeren Peitschenhiebe hinweggehen können.

Im Gegenteil: Jede sexuelle Begegnung prägt. Jede Beziehung, die Sie bisher hatten, hat Sie zu dem Menschen gemacht, der Sie heute sind, und beeinflusst Ihre sexuellen Verhaltensweisen – genauso wie Sätze, ablehnende Gesten, kleine Momente der Zurückweisung wie auch des Begehrens. Ein Sammelbecken unzähliger Augenblicke – und zum Schluss liegen nicht nur Sie und Ihr Partner im Bett, sondern auch der überzärtliche Ex mit der weinerlichen Stimme, der Kollege, mit dem fast mal was gelaufen wäre, der spanische Kellner, der so schön gucken konnte, die verführerische Nachbarin, die erste Liebe mit acht, der betrunkene One-Night-Stand mit der frustrierten Hausfrau, der entspannte Flirt mit einem Model, Oma mit dem strengen Blick – und Alice Schwarzer.

Diese Emotionen und Erfahrungen prägen sich in Ihre erotische Persönlichkeit wie Brandnarben eines Funkenflugs.

Im schlechtesten Fall werden Sie im Laufe eines sexuellen Lebens verzagter. Ist ein bisschen wie die Nachwirkung von Liebeskummer – Sexkummer sorgt dafür, dass man sich auch im Bett nicht mehr so ungezwungen verhält, um nicht gleich schon wieder eins auf die Nase zu kriegen.

Es gibt wenig, was so groß ist wie die Angst vor sexueller

Ablehnung und Zurechtweisung. Mehr noch: All das, was Sie sich nicht trauen auszusprechen, sich offen zu wünschen oder einfach zu tun – all das wird diszipliniert durch Ihren inneren Pessimisten. Er ist wie ein Souffleur, der Ihnen diktiert: Obacht! Das hat schon mal jemand nicht dolle gefunden, was du willst. Gleich knallt's, halt die Klappe!

Leiden Sie noch unter nicht ausgeheiltem Sexkummer? Nach was sehnen Sie sich, behalten es aber für sich? Halten Sie vielleicht deswegen heute den Mund, anstatt auszusprechen, was Ihnen auf der Zunge liegt: Komm schon. Zieh dich aus. Ich will dich ficken, du kleines geiles Miststück – weil Ihnen jemand mal vorhielt, schmutzige Worte seien lieblos?

Oder es fällt Ihnen schwer, on top zu klettern, weil irgendwann mal ein ungeschickter Liebhaber fragte, ob Ihr Bauch noch abnehme und Ihr Busen zu?

Machen Sie deshalb selten den ersten Schritt beim Verführen, weil alle Vorgängerinnen Ihrer Frau Sie so oft abwiesen, dass Sie keine Lust mehr auf einen Korb haben? Und müssen sich dafür Vorwürfe anhören, warum Sie nie die Initiative übernehmen – eben weil es in Ihnen so stockt und bibbert?

Um Ihre Sexualität zu entfalten, müssen Sie sich an die Auslöser dieser Ängste erinnern. Wenn Sie mal im Fotoalbum Ihrer sexuellen Erlebnisse blättern, werden Sie Situationen finden, die Ihnen im Nachhinein noch eine lustvolle Gänsehaut bescheren oder aber die Fußnägel durch die Schuhe schießen lassen vor Peinlichkeit, Scham, Ärger oder dem Echo einer seelischen Verletzung. Tun Sie es trotzdem, und halten Sie Kleenex nebst Wein bereit. Es wird Zeit, dem Pessimisten den Mund zu verbieten und all den Mist abzutragen, den andere in Ihnen aufgehäuft haben!

Erotische Bilanz, die Fortsetzung, Abteilung: Pleitensex. Erinnern Sie sich an das kehlige Lachen einer Frau, als Ihr Penis den Dienst verweigerte? Denken Sie an das abfällig verzogene Gesicht eines Mannes, der sich weigerte, Sie zu lecken, mit der kategorischen Ansage: Da unten riecht es nach Toilette?! Lassen Sie die stillen Nachmittage am Meer mit der Geliebten Revue passieren: Sand im Haar, Herz in Aufruhr, es war so schön, bis Sie sie in den Dünen mit dem Surflehrer erwischten. – All das sind die Bojen im Meer Ihrer Sexualität, an denen Sie sich unbewusst orientieren.

»Lass uns über meinen Sex reden«, könnten Sie sich selbst nach dieser Katharsis beispielsweise anbieten! Gehen Sie erst alles durch, was Sie beschämte, und danach, was Sie begeisterte – und Sie werden nach und nach verstehen, aus welchen Ängsten und welchen Schönheiten Ihr sexuelles Ich besteht.

Denn wenn Sie erst mal ganz genau wissen, warum Sie heute so oder so reagieren und welches sexuelle Erlebnis der Anfang der pessimistischen Verklemmtheit war, dann ist es nicht mehr weit zu dem Entschluss: Davon lass ich mir das Leben nicht mehr verderben, erst recht nicht, wenn der Auslöser schon zwanzig Jahre zurückliegt!

Lassen Sie weder sich selbst für die Gemeinheiten anderer bezahlen, noch lassen Sie Ihre heutigen Partner für die Verfehlungen der Verflossenen büßen.

Denn das in die Länge gezogene Leid verhindert so manche tolle Nacht:

Verklemmte Vorgängerinnen unserer heutigen Partner machen es uns schwer: Kaum kommt man ihm mit einer hübschen Idee an – wie seine Hoden zu lecken, ihn zu blasen, bis er kommt, und die Pracht nicht auf seinen Bauch zu spucken, sondern herunterzuschlucken und verschwörerisch zu lächeln, oder ihn ans Bett zu fesseln und mit dem Busen eine reizende Kokosölmassage zu geben – da zwackt er erst mal seinen Po zusammen und sperrt sich. Kennt er nicht, das ist seltsam, was soll das; er ist ein wenig gehemmt. Geben Sie nicht auf, wenn Sie das kleine Zusammenzucken bemerken, wenn Sie erst mal eine No-go-Area betreten und in seinem Gesicht die Mischung aus Überraschung, Irritation und leiser Scheu sehen. Denn nur so kommen Sie an das zuckersüße Kompliment:

Das hat noch nie eine Frau bei mir gemacht.

Großartig, irgendwo mal die Erste zu sein, oder?

… doch manchmal muss man sich ja als Frau schon fragen: Was war denn in all den Jahren vorher los? Der Kerl kommt doch nicht direkt aus der Jungfräulichkeit, der ist auch schon über dreißig oder vierzig: Wie kann es sein, dass er noch nie in den Genuss eines Blowjobs bis zum Schluss kam? Niemals die Freude einer Eiermassage genossen hat, während er sie von hinten bestieg? Dass er nie im Wagen rumgemacht hat, nie schmutzige Worte zu hören bekam, nie eine halbstündige Rückenmassage bekam, niemals an den Fingern gelutscht wurde, sich niemals wirklich enthemmt gefühlt hat und nie gelernt hat zu sagen, was er will?! Und sich heute noch sträubt, seine Wünsche zu äußern mit der faden Begründung: »Das magst du sowieso nicht.«

Weil unser/e Vorgänger/in es auch nicht mochte – und das ausnehmend deutlich.

Alles, was mit Zeit, Aufwand, Selbstlosigkeit oder dem Wunsch, dem anderen schlicht eine schöne Zeit zu bereiten, zu tun hat, wurde den meisten von unseren VorgängerInnen vorenthalten. Oder verboten. Oder mit bitteren Vorwürfen (»Du bist ja wohl nicht normal!«) vom Tisch gefegt.

Ich finde, es wird Zeit, unsere Vorgänger zu vergessen und endlich alles das zu tun, was wir einem geliebten Menschen Gutes angedeihen lassen können.

Hier ein paar sachdienliche Vorschläge:

- Ihn bitten, seinen Penis kurz vor dem O rauszuziehen und auf Ihre Brüste oder Ihre Lippen zu ejakulieren
- Sie bitten, Ihnen zu zeigen, wie Sie mit der Eichel so über ihre Klitoris schubbern können, bis sie wohlig kommt
- Den Damm massieren, mit dem feuchten Finger, der Zunge, einem süßen kleinen Vibrator …
- Ihr oder ihm in die Augen sehen, wenn Sie kommen und dabei ihren/seinen Namen schreien, rufen, keuchen, lächeln
- Oralverkehr bis zum schönen Schluss
- Fragen: Was wünschst du dir? Und es dann auch tun – ob Sie die roten Stiefel dabei tragen, ihn fesseln, ihm eine scheuern; oder für sie strippen, ein Gedicht rezitieren, den Slip vom Körper reißen, seine Phantasie von der Einbrecherin erfüllen, die den schlafenden Mann verführt.

- Ihm oder ihr einen kleinen Spiegel reichen, um zu sehen, wie gut es aussieht, wenn sich Ihre herrlichen Geschlechter in Lust vereinigen
- Ihm oder ihr in der Badewanne erotische Literatur vorlesen und dabei Champagner trinken – Whisky geht auch
- Den ganzen Körper des anderen ablecken, drüberpusten, beißen, küssen und streicheln
- Eine Massage vom Scheitel bis zu den Sohlen in einem extra schön dafür hergerichteten Schlafzimmer, mit Kerzen, Wärme, Musik, duftendem Öl, Decken zum Wärmen des Körperabschnitts, der gerade nicht massiert wird
- »Ich liebe dich« beim Sex sagen
- Sich gegenseitig mit den Fingern füttern und dann von Mund zu Mund, so oft es geht
- Dem Penis, der Vagina des anderen einen schönen neuen Namen verleihen und mit ihr/ihm über seine Vorzüge und Vorlieben diskutieren
- Sich gemeinsam überlegen, wo man es noch überall treiben könnte
- Es tun
- Sich eine halbe Stunde lang in Ruhe mit dem Geschlecht des anderen beschäftigen, ohne auf den Orgasmus zu drängen – streicheln, ansehen, liebkosen, küssen, kneten, schütteln, waschen, salben, trocken föhnen, nass machen, groß machen, rasieren …
- … und herausfinden, für was genau Brausepulver oder Nutella oder auch aufgeschnittene Fruchthälften so gut sind.
- Und: Immer wieder und wieder fragen und sich mit Begeisterung darauf stürzen, zu begeistern, so wie der Geliebte oder die Liebste es sich ausmalen

Was immer Sie auch einander tun wollen: Es sind die Aufmerksamkeit, das Interesse und das Gespür, die Ihren geliebten Partner so unendlich beschenken, dass er danach dankbar seufzt: So was hat noch nie jemand bei mir gemacht.

Ja, Zeit wurde es!

Erstaunlicherweise bereitet selten die Gegenwart die meisten Beziehungs- oder Sexprobleme. Der Grund ist oft in der Vergangenheit zu suchen: bei den VorgängerInnen, die eine Wunde geschlagen haben, die heute noch eine Art Alarmknopf darstellt: Kommt man da versehentlich dran, kreischen die Sirenen.

Laetizia zum Beispiel litt in ihren letzten drei Beziehungen darunter, dass sie der sexuell aktivere Part war (was daran liegen mochte, dass ihre Gefährten fünfzehn bis fünfundzwanzig Jahre älter waren) und sich oft abgelehnt oder nicht begehrenswert fühlte. Als ihr heutiger Mann Jean Anzeichen von Unlust zeigte – nach einem langen Tag, nach einer zu kurzen Nacht –, da brach sie in Tränen aus: Sie befürchtete, das Elend würde sich wiederholen. Rational »wusste« sie, dass Jean alles andere als ein Lustmuffel ist, dass er sie begehrte wie verrückt, und der Sex war bis dato wunderbar. Doch ihr Alarmknopf sprang an, ohne dass Jean wirklich etwas damit zu tun hatte. Bis sie das allerdings rausgefunden hatte, verbrachten die beiden einige Nächte mit hitzigen Diskussionen.

Ähnlich Timo. Bei ihm sprang der Alarmknopf an, wenn er mit Tränen erpresst werden sollte. Seine letzte Freundin beherrschte dieses Spiel ganz besonders – er fühlte sich dann immer wie ein Schwein und ziemlich hilflos. Als seine jetzige Freundin mal in Tränen ausbrach, aus einem völlig anderen Grund – Überforderung, das Leben, die Periode –, machte er ihr bittere Vorwürfe, ihn drangsalieren und manipulieren zu wollen. Sie wollte dagegen nur starke Arme, Trost und ein Taschentuch. Auch hier dauerte es lang, bis Timo erkannte, dass nicht sie es war, die ihn auf die Palme brachte, sondern dass seine Ängste einfach nur »klick« gemacht haben: Das kennen wir doch, da rasten wir mal aus.

Es gehören eine Menge Ruhe und offene Gespräche dazu, sich gegenseitig klarzumachen: Du bist ja zum Glück nicht er und du nicht sie. Ich habe aber noch diese seltsamen Ängste in mir, die sofort mobilisiert werden, wenn auch nur ansatzweise passiert, was mich damals so gekränkt und verletzt hat. Vielleicht helfen Ihnen die Gespräche oder die Überlegungen aus den ersten drei Kapiteln, um sich selbst auf die Spur zu kommen und differenzieren zu können, ob Sie aus alter Angst oder neuer Wut reagieren. Je mehr Fortschritte Sie diesbezüglich machen, umso besser. Denn dann können Sie im Laufe der nächsten ein, zwei Jahre darangehen, die Sirene abzustellen – und das Heute nicht mehr für gestern bluten zu lassen.

## Finden Frauen das nicht eklig?
## Die Ängste der Männer

Wir Frauen geben es ungern zu: Manchmal sind Männer ein Mysterium. Wir tun zwar so, als ob wir sie durchschaut hätten. Haben wir aber nicht, weil sie sich bei vielen Dingen nicht in die Karten schauen lassen. Schon mal gar nicht von jemandem, der ihnen nah ist.

Wir könnten mit ihm drüber reden – das will er aber

nicht. Er will abwarten, dass sich der Misthaufen von selber auflöst. Oder er ihn wenigstens vergisst. Gerade die Sache mit dem Sex, der in der Vergangenheit nicht so prächtig gelaufen ist. Außerdem will er seine Geliebte nicht belasten. Das machen »richtige« Männer ja nicht. Männer schweigen vor sich hin, so dass wir fast vergessen, dass sie ebenso ein Universum an Sinnlichkeit, Hoffnungen und Ängsten beherbergen.

Wenn Männer reden könnten, was würden sie sagen? Ein offener Brief der Innung Mann, zusammengestellt aus Leserbriefen und Interviews, gibt uns eine Vorstellung:

»Liebste. Manchmal schäme ich mich meiner Bedürfnisse. Im Laufe eines Männerlebens habe ich oft gehört, gesehen, erzählt bekommen, dass Männer Schweine sind. Ja, ich gebe zu: Ich liebe es, wenn du ihn in den Mund nimmst. Und fühle mich schuldig, weil ich es liebe. Sie hat doch nichts davon, opfert sie sich? Bin ich ein Macho, gefällt es ihr, dass es mir gefällt? Es wäre zu kompliziert, dir all das zu erklären; es ist Lust und Furcht zugleich. Was du nicht weißt: Ich bin dir dankbar, wenn es dir leichtfällt, und ich spüre es, wenn du es aus Berechnung tust.

Das gilt übrigens nicht nur für das Blasen. Wenn du wüsstest, wie geil ich es finde, dich von hinten zu nehmen, meine Hand an deiner Schulter, um dich noch fester und schneller an mich heranzuziehen. Normalerweise verliere ich mich in dem Gefühl, werde aufgesaugt von dem Kick, einfach nur zu ficken. Ab und an tauche ich dann auf und sehe uns von oben, von außen. Und mich, wie ich da hinter dir knie oder stehe oder

hocke und mein Schwanz einfach nur rein- und raus-
stößt, rein und raus und peng: ›Egoist!‹, donnert es
durch meinen Kopf, hirnloser Bumser, du reduzierst
deine Frau auf ein feuchtes Loch und ihren Arsch.
Manchmal ist sogar genau das geil. Und manchmal
muss ich aufhören, weil ich mich selbst nicht ertragen
kann. Und da heißt es doch, Männer denken dabei
nicht … tun wir aber. Leider.«

»Liebste. Ich weiß, für Frauen ist es absurd, dass ich
um meinen Schwanz so einen Affentanz veranstalte.
Ihr würdet euch kaum über die Talente eures Geschlechts identifizieren – ich schon. Neben Erfolg und
Lebenscourage sind sein Format und seine Funktiona-
lität mein Egofaktor. Ja, es ist diese ›Männlichkeit‹, die
mein Ich mitbestimmt; wird ›er‹ ignoriert – nicht berührt, nicht liebkost, nicht schön gefunden –, fühle ich
mich als Mann abgelehnt. Lach nicht. Ich lache auch
nicht über deinen Diätfimmel, deine Push-Ups oder
deine Sorge, nur noch asexuelles Muttertier zu sein.
Weißt du, was ich mir wünsche? Spiel mehr mit ihm.
Gib mir nicht das Gefühl, dass es die Pest ist oder unpassend oder unerzogen, wenn mein Penis auf Reize
reagiert. Manchmal habe ich das Gefühl, er stört dich
irgendwie. Und dann wieder, er reicht dir nicht. Nein,
natürlich will ich nicht jammern. Deswegen sage ich
dir solche Dinge ja auch nicht. Ich will mich selbst
nicht jammern hören. Manchmal träume ich davon,
einfach auf den Tisch zu hauen und dir zu befehlen:
Verdammt! Du willst mich? Du kriegst mich nur mit
ihm; nein, nicht nur mit *ihm*, denn *ihm* oder *er*, das bin

ich. Hör auf, meinen Schwanz von mir abzukoppeln, oder wäre es dir eine Freude, wenn ich deine Muschi von dir trennte und mir ihre Reaktionen peinlich wären? Oder ich sie einfach nicht mehr berühren oder küssen würde, weil ich dich damit bewusst kurzhalten, erziehen will? Oder weil es mir gleichgültig wäre?«

»Liebste. Ich liebe Sex mit dir. Ja, mit *dir*! Was ist daran so seltsam? Glaubst du etwa, wir Männer befriedigen uns einfach nur so? Da hätten wir es mit einer feuchten Socke viel einfacher. Wir wollen es aber nicht einfach haben. Sex mit dir ist unschlagbar. Er ist warm und vertraut, ich kann mich fallen lassen. Ich gebe mich für einen Moment auf, wenn ich komme. Ich nehme dich wahr, wenn ich mit dir schlafe; ich kann spüren, ob du mich willst oder ob du einfach nur die Beine breit machst – aber selbst da gibst du mir manchmal sogar das gute Gefühl, dass es okay ist, dass ich dich beschlafen darf.
Umso schlimmer, wenn du Sex- und Zärtlichkeitsentzug als Strafe nutzt. Dieses demonstrative Wegdrehen! Wenn du dich in die Decke einrollst, Schlüpfer trägst beim Schlafen im Hochsommer. Wenn du total erstarrst, wenn ich dich umarme. Du kannst das tagelang, wochenlang, monatelang! Weil ich nicht funktioniert habe. Weil ich etwas Dummes gesagt habe.
Schrei mich an, wirf mit Dingen, sag, wie du es anders haben willst – aber lass mich nicht in der eisigen Gefühlskälte zurück. Das macht mich hilflos und wütend. Probleme löst es nicht. Sexentzug ist Liebesentzug. Weißt du, was das mit erwachsenen Männern macht?

Nein? Ich sage es dir: Es macht sie einsam. Es degradiert sie zum Knaben. Erwarte nicht, dass ein Knabe sich erwachsen verhält! Ja, manche macht es auch abhängig von dir. Und andere verwelken, bis sie genug davon haben, zum Spielball deiner Muschi zu werden. Und suchen sich eine Frau, die aussprechen kann, was ihr nicht passt.«

»Liebste. Sprich mit mir! Manchmal komme ich mir wie der Einzige vor, der wilde Wünsche hat. Zeig dich, bekenne dich, wenn nicht jetzt, wann dann? Ich weiß, dass du Sehnsüchte hast. Es ist ganz einfach: Sag es mir. Damit auch ich den Mut habe, den Mund aufzumachen.
Wenn du weiterhin rumdrückst, schweigst, abwartest – meinst du, es wird sich irgendwas bewegen? Ein Traum wahr werden? Ich fühle mich dann wie ein Täter, ein triebgesteuertes Monster, wenn ich einfach nur mit dir schlafen will. Es wäre so unendlich schön, wenn du mir ein wenig zeigen könntest, dass du auch ein erotisches Wesen bist.«

»Liebste. Wusstest du, dass ich dich für all die tausend Kleinigkeiten bewundere, die du so stemmst? Vielleicht zeige ich es dir zu selten – keine Ahnung, woran es liegt. Vielleicht an dem dummen Spruch, den wir alle seit Kindertagen im Ohr haben: Nachher hebt sie/er noch ab. Zu viel Lob ist nicht gesund. Und nachher nutzt der andere das noch aus.
Ja, vielleicht sind es diese künstlich geschürten Ängste: Wer lobt, verliert den anderen. Wer gelobt wird, fühlt

sich dann so unwiderstehlich, dass er/sie garantiert jemand Besseren oder anderen haben möchte.

Was für ein grandioser Quatsch! Ich glaube, wir können einander gar nicht genug sagen und zeigen, was wir wundervoll aneinander finden. Ein geliebtes Leben führen. Deswegen: Ich schweige zu oft – übrigens genau wie du. Es hört sich simpel an, aber: Sei nett zu mir. Lobe mich, nimm mich nicht für selbstverständlich. Liebe mich offen, und ich befürchte, dann kannst du alles von mir haben.

In Liebe: der Deine.«

*Ich habe immer ein schlechtes Gewissen, wenn …*

Wenn sie ihn in den Mund nimmt; wenn sie sich um mich kümmert; wenn ich nur genießen durfte; wenn sie nicht gekommen ist; wenn ich ihre Umarmung abgebrochen habe; wenn er nicht steht und ich falle, falle, falle.

Das schlechte Gewissen scheint bei Männern stets mitzuvögeln – und bitte, denken Sie jetzt nicht an die scheinbar alles flachlegenden und nie zurückrufenden Exemplare Mann, die alles haben, aber bestimmt keine Spur von Gewissen – bei jenen Schurken ist der Schweinehund nur anders an die Kette gelegt.

Die Gewissensbisse eines Mannes sind vielfältig und kreativ: Er sorgt sich, wenn er kommt, dass er zu früh ist. Dass er gar nicht kommt, weil er ihr dann das Gefühl geben könnte, dass sie ungenügend ist. Er fühlt sich schlecht, weil er danach gern ein wenig schlafen möchte, aber jeder ihm erzählte, Nachspiel muss sein. Er fühlt sich unsicher, ob er ihr weh tut, und reagiert schockiert, wenn sie genau das will – ist das nicht vielleicht eine Falle?! Er hat ein schlechtes Gewissen, dass er sauer ist, weil sie sich einfach nur hinlegt, er hat aber auch eins, wenn er sich hinlegt und genießt.

Es ist wirklich ein Kreuz: Männern wird Zärtlichkeit als unmännlich ausgelegt, bei Frauen soll rauhe Wollust eine Ausnahmeerscheinung sein. Ich halte es sogar für ein Vorurteil, das *alle* Frauen *immer* erst ein Vorspiel brauchen, um sich auf den Akt einzulassen – damit wird uns Frauen frech abgesprochen, einfach jetzt und sofort geil zu sein, uns den herrlichen Mann zu schnappen und ihn aufzufordern: Red nicht, hör auf zu tätscheln, ich will dich jetzt.

Was Sie als seine Liebste gegen seine Unsicherheit tun können? Ihm sagen, was Sie geil finden. Immer wieder. Was großartig an ihm ist. Immer wieder. Das ist ein Liebesdienst, der die Grundlage für jedes erotische Vertrauen legt. Und erst im Vertrauen beginnt die Hemmungslosigkeit.


*Will ich immer, bin ich ein Sexist.*
*Will ich nicht, bin ich ein Versager*

Die perfekte Balz sieht so aus: Er soll Interesse zeigen. Aber nicht zu sehr. Und doch offensiv. Aber nicht bedrängend. Umwerbend, aber listig. Er soll einer Frau das Gefühl geben, sexy zu sein. Aber auch mehr als das. Wie er es macht, es ist ein unlösbares Dilemma, denn er soll gleichzeitig initiativ und zurückhaltend, begehrend und abwartend sein; nicht schleimen, aber Komplimente machen, unaufdringlich, aber betörend.

Und zu allem Überfluss hätte jede Frau es gern anders.

Weltretten hört sich einfacher an.

Es scheint eine Laune der Natur zu sein, dass Frauen zwar gut kommunizieren können, dabei aber leider besser sagen können, was sie *nicht* wollen, als deutlich, schamfrei und ohne Widersprüche zu formulieren, *was* sie wollen! Sie können sagen: Ich will jetzt nicht, ich will es nicht auf diese Art, ich will vielleicht später, ich will, dass du dich mehr anstrengst, ich will nicht, dass es draußen so laut ist, das stört, ich will die Sendung mit Jauch nicht verpassen, versuch's später noch mal. Ach, mach du doch, du bist doch der, der immer nur an das eine denkt.

Was für Männer dabei übrig bleibt? Das Gefühl, ganz gleich, was sie tun, sei falsch.

Es ist für niemanden einfach, seine eingefahrenen Rollenmuster zu überprüfen und loszuwerden; aber ein guter Anfang ist ein Gespräch. Ein Austausch darüber, ob beide sich nicht vielleicht zu sehr im Laufe der Jahre angewöhnt haben, übertrieben »typisch männlich« oder »typisch weiblich« zu agieren: der eine aktiv, der andere passiv; der eine gefangen in der Täterrolle, ohne sich entspannt verführen zu lassen, die andere in der Opferrolle ohne Mut zur Initiative. Frauen fällt es sowieso schwer, »ich will« zu sagen – aber Sie haben nicht nur das Recht, beim Sex genau das zu tun, sondern in der Partnerschaft die Pflicht, Ihren Lebensgefährten in Ihr Wollen einzuweihen.

Frauen mögen es auch, gefickt zu werden. Sie wollen nicht grundsätzlich *immer* gefickt werden, doch der Sinn steht ihnen durchaus danach; Männer müssen sich jetzt bitte nicht zum Tantravollprofi mit sanfter Stimme verwandeln auf der Suche nach ihrer weiblichen Rolle; und Frauen müssen sich jetzt auch nicht betont chauvihaft auf ihn stürzen und dreckig zischen: Mistkerl, dir besorg ich's. Aber Sie können die Möglichkeiten ausweiten, die über die Stereotypen Tarzan und Jane hinausgehen. Switchen Sie, um im Jargon der BDSM-Szene zu reden. Etwa beim heiteren Liebesspiel, beim Sex die Rollen zu tauschen und dem anderen zu zeigen: Schau mal, so hätte ich gern mal, dass du dich bewegst. Es wird Sie überraschen, welche Bewegungen und Handgriffe sie als »er« ausführt, die sie insgeheim gern hätte – und für sie wird es spannend, ihn als »sie« zu beobachten. Er wird einiges davon offenbaren, wie er sich die mutige Lust seiner Geliebten vorstellt.

Zum Schluss werden Sie beide daliegen und sich fragen: Warum haben wir nicht schon früher Klartext gesprochen – es ist viel einfacher und aufregender, als den anderen jahrelang rausfinden zu lassen, was alles gehen könnte.

Aber gerade Klartext fällt beiden Geschlechtern schwer.


*Meine Wünsche sind doch pervers!*
*Oder bin ich nur feige und faul?*

Was sich Männer wünschen? Die Deutschen wären gern bessere Handwerker, die Spanier wünschen sich mehr Musikalität, und die Franzosen interessieren sich für mehr Umweltschutz. Ein besserer Liebhaber zu werden, das traute sich keiner zu sagen, und über ihre erotischen Wünsche sprechen Männer sowieso selten und auf Nachfrage häufig verlegen bis unvollständig.

Warum? »Weil ihnen nichts einfällt«, lästern jene Frauen, die sich über phantasielosen Sex mit der Leidenschaft eines Gummibärchens beklagen, anstatt den Mann zu wechseln, ihre Bedürfnisse zu formulieren oder den Anfang zu machen, etwas im Bett zu bewegen.

»Weil sie gelernt haben, die Klappe zu halten und Frauen zu gehorchen, wollen sie in dieser aggressiven postfeministischen Zeit überleben, die Männern nur die Wahl zwischen Traumprinz und Schwachkopf lässt«, meinen andere, etwa einer meiner Journalistenkollegen, der Frauen für infantile, verwöhnte Zicken hält, die sich für was Besseres halten – nur weil sie eine Frau sind.

Unsere Wünsche aussprechen fällt uns allen schwer – wir wollen dem anderen nicht das Gefühl geben, alles, was er sonst tut, sei verblüffend misslungen. Oder wir wollen keinen Korb oder einen Schenkelklopfer riskieren: »Was willst du, eine Reitgerte … wo?? Boah, nee, lass mal, so pervers bin ich nicht.«

Und erst recht nicht wollen wir die Reaktion: »Hmm … na, jaa … also … wenn's dir Spaß macht …« Nein. Dann nicht mehr. Am liebsten wäre es uns, dass der andere entweder genau dasselbe zur selben Zeit ohne großes Gerede auch will – oder wenigstens den tiefen Wunsch hegt, alle Gelüste zu erfüllen. Ohne Augenrollen. Frei nach dem Motto: Wenn's dich geil macht, Liebling, sehr gerne, es macht mich nämlich an, dich geil zu machen. Egal ob mit Fesseln, Fingerhakeln oder Fellstiefeln.

Aber diese Haltung ist selten geworden. Wie mein Lieblingsitaliener Piero zu sagen pflegte: »Das Wichtigste im Leben ist Gesundheit und einer Frau alle Perversionen zu geben, die sie haben will. Sonst ist sie unzufrieden und macht dir das Leben zur Hölle.« Jawohl, und ich dumme Nuss war leider immer zu feige, um mit ihm ein Verhältnis anzufangen …

Zurück zu den männlichen Wünschen. Auch hier hat die Vereinfachungspropaganda der Geschlechter den Mann dazu verdonnert, dass seine erotischen Wünsche auf zwei, drei Seiten zusammengefasst werden könnten, während bei Frauen ganze Bücher notwendig seien; Mann gebe sich ja schon mit weniger zufrieden, generell mit dem immer willigen Vonhintenmiezchen, gern auch im Doppelpack. Zack, wieder was für die Verachtung getan: Mann habe ja schlichte Wünsche, und wenn es mehr sind, müssten sie bestimmt pervers sein.

Beides ist falsch. Männer haben so unterschiedliche Wünsche wie Frauen – und sind dabei kaum perverser als Frauen. Das bisschen an Perversion, das Männer panisch an sich vermuten, ist denkbar harmlos im Vergleich zu dem, was Paraphilisten* bevorzugen.

Doch bevor Männer ihre Wünsche aussprechen, zensieren sie sich selbst. Was manche nicht zu sagen wagten und was passierte, als sie es doch taten, steht in den folgenden Beichten.

Stephan, achtunddreißig: Ich wünsche mir meinen Namen auf ihren Lippen

»Es gibt typische Männerrunden: Wenn man nicht bei faden Witzchen mitlacht, gehört man nicht mehr dazu. Also lache ich mit, selbst wenn es mir an die Nieren

---

* *Perversion*: die Umkehrung, Verdrehung; läuft inzwischen als extravagante Eigenheiten der Lust; dagegen die *Paraphilie*: nur noch mit Hilfe einer bizarren Phantasie, komplizierter Praktiken wie Selbststrangulation oder Streckbankfesseln oder Fetischismus des obersten Grades ist sexuelle Erregung zu spüren – Paraphilie trifft zum Beispiel auf Kinderschänder, Nekrophile, Exhibitionisten zu.

geht wie dieser Witz, welche Sorte weiblicher Höhepunkte es gibt: den echten – wenn sie nur noch ›Ja, ja‹ von sich geben kann; den frommen, der mit ›Oh, mein Gott‹ eingeleitet wird; und der vorgetäuschte, wenn sie seinen Namen hinausstöhnt.

Na prima. Dabei wünsche ich mir nichts dringender, als dass meine Traumfrau meinen Namen ruft, wenn es bei ihr so weit ist. Schon in meinen Phantasien baue ich Wiederholungsschleifen ein, lasse Frauen, die ich mir vorstelle, meinen Namen keuchen, rufen, stöhnen, wimmern – als sei ich der einzige Mann, den sie begehren.

Warum ich darauf fixiert bin? Wäre ich jetzt hier nicht halbwegs anonym, würde ich sagen, dass sich das alle Männer wünschen, um stolz auf sich zu sein. Es geschafft zu haben, sie bis zum Äußersten zu verwöhnen.

Aber ich gebe zu, bei mir steckt mehr dahinter als nur ein Leistungsbeweis. Ich möchte meinen Namen hören, damit ich mir sicher bin, dass sie nicht nur Lust auf Sex hat, sondern auf Sex mit *mir!* Dass ich nicht irgendein One-Night-Stand bin, sondern genau der Mann, auf den sie gewartet hat. Ich will das gute Gefühl, dass nur ich und kein anderer sie in den Wahnsinn treibt. Ich bin ein eifersüchtiger Mann, und sie gäbe mir im Bett die Bestätigung, niemand anderen zu wollen. Ist das selbstsüchtig und weltfremd?

Ob ich einer Frau all das gestehen würde? Bestimmt nicht, dann hätte sie mich ja völlig in der Hand! In meinen Beziehungen habe ich oft probiert, meine Mädels zu animieren, ›Stephan!‹ zu schreien – indem ich ihren

Namen wiederholte und hoffte, sie würden es nachmachen. Aber keine ließ sich richtig darauf ein, schon gar nicht beim Orgasmus.

Nadja* fragte mich mal, was ich mir im Bett wünsche. Sie war eine sehr liebe Frau, mutig und natürlich, aber selbst bei ihr brachte ich es nicht, zu gestehen: Sag meinen Namen. Komisch, ich halte das für exzentrischer und irgendwie … merkwürdiger, als meinetwegen mit Lack und Leder herumzuspielen! Ich befürchte, ich werde die erste Frau, die ganz von selbst auf die Idee kommt, mich mit meinem Namen anzufeuern, vom Fleck weg heiraten – denn lösen kann ich mich von diesem Kick nie …«

Jörg, 44: Sie soll wieder fremd sein

»Ich weiß nicht ihren Namen, ich weiß nicht, ob ich sie je wiedersehen werde. Ich weiß nur, dass diese Frau am anderen Ende des Tresens mir einen Blick schenkt, der alles bedeuten kann: ›Komm mit und ich zeige dir die Geheimnisse einer blauschwarzen Nacht der Tabus.‹ Oder auch: ›Nimm mich hier, nimm mich jetzt.‹

Wir reden nicht viel, aber bald ist klar: Unsere Körper sprechen bereits ihre eigene Sprache, verständigen sich über eine lustvolle Begegnung ohne Konsequenzen.

Das Dumme ist: Ich kenne diese Frau bereits, denn ich bin seit sechs Jahren mit Cora zusammen. Wir kennen uns in- und auswendig, sie weiß, dass ich es mag, am Rücken gekrault zu werden, ich weiß, dass sie es nicht

---

*   Name geändert

mag, Strings zu tragen, die zwischen dem Popo klemmen, und wir sind ein eingespieltes Team im Schlafzimmer. Ab und an ein Löffelchen oder ein bequemer Missionar, vorher noch Kino und Sekt. Das war's.

Ich will aber nicht, dass es das schon gewesen sein soll, möchte Neuland entdecken. Andere gehen fremd, um den Kitzel des Unbekannten zu spüren: Das will ich nicht. Das ist mir zu mühsam, eine Affäre kann ich mir weder zeitlich noch emotional leisten. Aber ich habe auch den Horror davor, dass das alles an Lust in meinem Leben gewesen sein soll.

Meine Wiederbelebungsmaßnahme: Wir denken uns zwei andere Identitäten aus. Vielleicht ist sie eine Geheimagentin auf der Flucht und ich ein geschasster Zollfahnder? Bin ich ein Juwelendieb und sie eine Millionärin? Wir lernen uns kennen, siezen uns und kommen rasch zur Sache. Wir tragen beide Kleidung, die wir sonst nie tragen, Cora schwarze Dessous und einen Rock, den ich ihr sofort in einer Ecke hochschieben kann. Dieses Spiel würde mir gefallen, wir würden aus dem Käfig des Alltags herausschlüpfen, uns eine bunte Welt kreieren.

Cora ist skeptisch. ›Gerade in Vertrautheit ist Liebe erst möglich‹, sagt sie, ›ich kann nicht alles für dich sein, schon gar nicht mehrere Personen.‹

Ich schlug sie mit ihrem eigenen Argument: ›Aber eben weil wir uns kennen, können wir es wagen, uns etwas vorzuspielen!‹

Sie blieb ablehnend, es fiele ihr eh nichts ein, wer sie sein könnte, ein Wellness-Wochenende sei ihr lieber. Ich konterte beleidigt, dass sie gefälligst froh sein solle, dass ich nicht fremdgehe, aber wenn sie sich so zickig anstelle … Ich sah's an ihrem Gesicht: Sie war verletzt. Ich war mit der Drohung zu weit gegangen. Bevor wir uns weiter stritten, machte ich mich lieber in meine Stammkneipe auf, um nachzudenken.

Umso erstaunter war ich, als nach dem dritten Bier eine Stimme neben mir sagte: ›Hallo, schöner Fremder, Lust auf Schweigen zu zweit?‹

Es war Cora. Und auch wenn wir das Spiel nach fünf Minuten aufgaben, so törnte es mich an, sie leidenschaftlich zu küssen …«

Holger, zweiundvierzig: Sie soll meine Hure sein
»Ich meine, die meisten Männer lügen sich selbst etwas vor, wenn sie behaupten, durch und durch für die Gleichberechtigung zu sein. Die davon überzeugt sind, dass Liebe und eine Beziehung auf gegenseitigem Respekt basieren, und das zu jeder Tages- und Nachtzeit. Und für die vor allem Sex als Tauschwährung nicht existiert, sondern die meinen, dieser Bereich sollte frei von Machtspielen sein.

Deswegen kann ich mit meinen Freunden auch nicht darüber reden, dass ich diese Auffassung nicht teile. Denn ich spüre ein Verlangen in mir, einen Trieb, den ich mit meinem Selbstbild kaum vereinbaren kann: Ich wünsche mir, dass meine Frau für mich eine Käufliche spielt. Wenigstens nur einmal – ich hoffe, so das wilde Tier in mir zu bändigen, das wilde Tier Mann, das trotz aller Zivilisation und meiner Anzüge und Krawatten und Bausparvertrag zu existieren scheint. Dieser Schatten in mir sehnt sich danach, für Sex zu bezahlen wie

für eine Ware, ihn sich einfach zu nehmen, wortlos –
und damit eine Frau zu unterwerfen.

Warum ausgerechnet meine eigene Frau? Weil ich
gleichzeitig weiß, dass ich sie liebe. Ich könnte nie zu
einer richtigen Professionellen gehen, denn dann wäre
ich wirklich so ein Chauvi. Aber es reizt mich enorm,
meiner Anna* ein Rollenspiel vorzuschlagen: dass sie
sich provokant und gewagt kleidet und zu mir in ein
Hotelzimmer kommen soll. Dass sie sich von mir lieben lässt wie eine Hure und, nachdem ich sie genommen habe, wieder verschwindet. Ich darf derweil alles
mit ihr machen, was ich will, ich benutze ihren Körper
für meine Lust … Natürlich würde ich im Gegenzug,
wenn ich in derselben Nacht wieder nach Hause käme,
es ihr mit Zärtlichkeit und Liebe, Massagen und intensivem Kuscheln zurückgeben, was sie mir damit geschenkt hätte.

Doch ich zögere. Denn ich weiß ja, dass nicht nur erotisches Interesse nach einer harmlosen Spielart der Sexualität dahintersteckt. Jedenfalls nicht für mich. Für
andere mögen Rollenspiele das Salz in der Beziehungs-
suppe sein, aber ich spüre, wie es die dunkle Seite in
mir berühren würde.«

Was wünschen sich Männer sonst noch beim Sex? Wenn
Sie Zeit haben für alle drei Milliarden Antworten, fange ich
hier schon mal an: große Brüste, kleine Brüste, derbe Worte, zarte Worte, Kerzenlicht, Spiegel, schwarze Bettwäsche,
Dessous, bloß keine Dessous, rote Lackkleider, Humor

---

* Name geändert

und wehe, einer lacht; Sex haben, während man tanzt, 'ne 69, vorher 'ne Massage, hinterher was trinken, dazwischen gefüttert werden; in die Augen sehen, 'nen Porno dabei hören, wenn sie Pelz trägt und sonst nichts, halterlose Strümpfe, Wollsocken, sie ist Schülerin, er Lehrer und umgekehrt, von ihren hohen Hacken in die Pobacken gepikst werden, dass sie einmal sagt: komm, fick mich, ihn im Flur erwartet mit nichts als einer Augenbinde und Handschellen, auf ihren Lippen kommen oder im Gesicht, es auf der Straße tun und alle sehen zu, rote Fingernägel über seine Haut ritzen …

Ist es nicht zum Wahnsinnigwerden: All diese geilen Ideen, und kaum einer tut's! Es ist erstaunlich, wie wenig Paare einander glauben, dass ihre Wünsche gut beieinander aufgehoben sind. Pervers finde ich es, für immer zu schweigen, aber mit dem Gedanken zu sterben: Ach, hätte ich doch wenigstens einmal gesagt, was ich gern ausprobieren möchte …

Und alles nur aus der Sorge, nicht normal zu sein.

Normalität als Absolution? Wer will schon normal – also »der Norm gehorchend« sein?!

Die meisten. Am häufigsten werde ich in Leserbriefen gefragt: »Ist das normal, wenn …« Auf welche sexuelle Spielart sich diese Frage auch bezieht – ob es normal sei, sich nur im Dunkeln zu küssen, mit zweiundsiebzig noch Lust auf Sex zu haben, auf Klapse zu stehen oder auf Heino mit erotischen Phantasien zu reagieren –, so lässt sich darauf nur eine Antwort geben: Klar ist das normal. Jeder Mensch hütet mindestens eine sehnsüchtige Vorliebe, die so speziell wie sein Fingerabdruck ist. Es gibt also so viele stille Wünsche, wie es Menschen gibt, und das sind inzwischen rund 6,7 Milliarden.

Ich kenne ein Paar, deren Lieblingsvorspiel darin besteht, sich nur mit schwarzen Skistiefeln bekleidet juchzend um den Küchentisch zu scheuchen. Ich weiß von einem Duo, das sich im Bett siezt, und einem Lehrerehepaar, das sich freudig auf blauen Müllsäcken wälzt: weil's so schön knistert, einem Mann, der auf Boxershorts am Frauenleib steht, und einer Frau, die es toll findet, wenn er ihr mit einem schwarzen Lederhandschuh sacht den Mund zuhält.

Alles, was den Beteiligten Spaß macht und keinem schadet, ist erlaubt. Ist normal. Ist wundervoll!

Und doch ist die Sorge groß, wegen ein paar kreativer Wünsche aus der angeblichen Norm herauszufallen. Als pervers und nicht gesund an Geist und Moral zu gelten, nur weil man sich nicht von Brad Pitt in Jeans angetörnt fühlt, sondern von Oliver Pocher in Gummischlappen.

Die Angst, deswegen abgelehnt zu werden, ist der größte Verhinderer unserer Sexualität. Einerseits.

Andererseits ist nichts ein so kraftvoller Motor der Lust wie das Gefühl, etwas Verbotenes, Verrücktes, nicht ganz Konformes zu tun! Ein bisschen zu sündigen ist spannender, als regulierter Durchschnitt zu sein.

Also: Fragen Sie nicht nach normal. Sondern tun es!

*Ich schaff das einfach nicht!*
*Die Angst vor der weiblichen Lust*

Die Ängste des Mannes vor der weiblichen Lust werden oft mit Hilfe von Mythen dargestellt: Da vermutet man beim Manne die Furcht vor der Vagina Dentata, der alles verschlingenden Vulva, die den Mann kastriert. Oder es besteht die irrige Annahme, an eine Nymphomanin zu geraten, die tagelangen Sexmarathon haben will mit unzähligen Spermaduschen und die hinterher noch fragt: »War das alles, Schlappohr?«

Oder noch schöner: Die Angst vor der weiblichen, hungrigen Sexualität sei in Wahrheit die Furcht vor der verschlingenden Mutter, die den Jungen davon abhält, frei in die Welt zu gehen und ein Mann zu werden. Ach so. Klemmt er wohl emotional noch im Gebärmutterhals fest.

Ach, arme Vagina! Wurdest bewundert und bekämpft, gemalt und bedichtet, politisiert und für therapeutische Mutter-Kind-Erklärungen missbraucht. Und nur langsam setzt sich die Wahrheit über die Angst vor der weiblichen Lust durch: Es ist nicht allein die Furcht, potenzial zu versagen oder hinweggeschwemmt zu werden. Es ist die Furcht, die Kontrolle zu verlieren. Nicht die züchtigende – nein, die Selbstkontrolle, die doch stets diktiert: Ich mache den ersten Schritt, ziehe sie aus, bespiele sie, küss sie ab. Ich nehme ihr die Verantwortung ab, Sex zu haben, bin aktiv und sorge für unser Vergnügen, sie zuerst. Wenn das nicht geht, liefere ich das Nachspiel. Ich bin ein Duracell-Hase, der sich wie verrückt einen abtrommelt.

Mit einer erotisch enthemmten Frau – sprich, eine, die sich weder an das Passivgebot hält noch sittsam darauf wartet, dass er die feindlichen Linien Stück für Stück mit Worten und Taten erobert – ist alles anders. Vielleicht greift sie sich den Schwanz und zieht den Herrn am Genital ins Boudoir. Berauscht sich an seiner Haut, seinem Geruch, hält seine Handgelenke fest, damit seine Finger nicht im

Weg sind, wenn sie an ihm leckt, ihren Körper über seinen reibt, sich an seinem Oberschenkel rubbelt, oder seinem Hintern, wenn ihre Klitoris die Freuden seines Oberarms entdeckt hat …

Bei so viel Aktivität ist Mann erst mal schockiert. Was ist denn das jetzt?! Bin ich da noch der Mann oder sie?! Sämtliche Unzulänglichkeiten seines Körpers werden ihm bewusst, da nicht mehr er sie ablenkt mit Fingern und Mund, nein, sie ist überall an ihm dran! Hu! Flusen im Nabel! Schweiß unter den Hoden! Fußnägel ungerade geschnitten! Bizeps seit vier Monaten nicht mehr trainiert! Ah! Schön! Au, schön, au, Hilfe.

Anstatt sich ihrer Begeisterung freudig hinzugeben und auf eine gute Gelegenheit zu warten, Madame auf den Bauch zu drehen und sein Geschlecht überall dort zu reiben, wo er will, nur nicht in ihrem Nest – ist er gehemmt! Seine Aufgabe ist fort, er fühlt sich unwohl, devot, passiv, er fühlt sich unzulänglich, wo er doch grad nix beweisen muss, nur sein. So einfach da sein und sich anhimmeln lassen.

Das Unbehagen steigt. Sie spielt an seinem kostbaren Stück, sie hat Freude daran, sie macht ihn groß, macht ihn klein, und der Verräter hört auch noch auf sie! Und was sie redet, unglaublich, eine Schwanzflüsterin! Hat der Eigner denn da gar nichts mehr mit zu tun, wenn sie die Regie über seine Männlichkeit, sein Ich übernimmt!? Er war doch immer der Lusterzeuger! Wo kommt ihre Lust nur her – ist die etwa unabhängig von ihm?! Wo kommt seine Lust her – ist die nur etwas durch sie? Wenn sie nicht mehr da ist, kann er dann noch selber bei sich Lust entfachen …

Dann gibt es auch noch das Gerücht, dass Männer Angst vor der Tiefe der Lust der Frau hätten. Streichen Sie einfach »der Frau« – denn er wird ja gleichzeitig konfrontiert mit seiner eigenen bodenlosen Lust. Er schrickt zurück – vor sich selbst. Vor seinem Lusterleben. Vor der Welt in sich, die mehr ist als nur männlich. Er sieht, dass er beides ist, männlich und weiblich. Aktiv und passiv. Devot und dominant. Schockierend! Und jetzt kommt sie auch noch mit dem winzigen Vibrator an und will ihn an seinen Anus führen, während sie seine Eichel leckt, oh Teufel, es ist so schön.

Mein Herr: Werfen Sie sich hinein! Lassen Sie sich mitreißen! Machen Sie nicht den Fehler, sich wie ein verschreckter Haubentaucher zu benehmen, der stocksteif daliegt und nicht mehr ein noch aus weiß vor lauter Scham über so viel Wollust. Lassen Sie Ihrer Geliebten die Freude, Ihnen gutzutun – Sie freuen sich doch auch, wenn sie unter Ihnen bebt, schreit und fleht und lacht und sich wohlig windet.

Liebe, Lust, Begehren – das sind drei Dinge, die mehr werden, wenn wir sie verschwenden. Es gibt also keinen Grund, Angst vor der weiblichen und der eigenen Lust zu haben.

»… ähem …«, hüstelt da jemand aus der hinteren Reihe. »Aber … was ist, wenn ich eine Frau treffe, die seit einem Jahr keinen Sex mehr hatte … Weil ihr Kerl sie nicht mehr anfasst. Was weiß ich, warum, er tut's nicht. Vielleicht bin ich ihr Liebhaber, vielleicht bin ich aber einfach der Mann, der sie liebt. Sie ist aber erst Mitte dreißig oder Mitte vierzig und hat keine Lust, ohne Grund das Keuschheitsgelübde abzulegen. Stattdessen legt sie sich in mein Bett. Und es geht los. Und wie! Nach zwei Stunden ist sie immer noch wie eine Ausgehungerte, die grad mal ein Amuse-Gueule verspeist hat. Sie saugt jede Berührung auf wie ein Schwamm, kann kaum genug davon kriegen, gestreichelt, gefickt, geleckt, geküsst, gehalten zu werden. Und ich lieg da und denk mir: Boah, geil – aber ich glaub, ich schaff das nicht!«

Chronisch untervögelte Frauen sind die stille Epidemie. Und dann liegt die fast verwelkte Blume in seinem Bett und will begossen werden; im wortwörtlichen Sinn: mit Zuneigung, Aufmerksamkeit, Berührung.

Meine Erfahrungen mit durstigen Blüten dieser Art sagen: Nach etwa drei bis zehn Nächten (mit Pausentagen dazwischen) wird es ruhiger; das werden Sie als Kerl überleben, ohne dass Ihre lebenserhaltenden Organe vor Erschöpfung den Betrieb einstellen. Sie müssen nicht die ganze Zeit mit Dauererektion durchstochern – es gibt noch tausendundeine Variante, zu verführen, von der Fußmassage bis zum liebevollen Waschen beim gemeinsamen Bad oder der Zuhilfenahme von Spielzeug. Und bitte nicht die Orgasmen zählen, von denen Sie meinen, dass sie das Einzige sind, was zählt. Was zählt, ist die Körperlichkeit, das braucht die Blume in jeder Form, ohne dass es immer gleich ums Reinstecken geht. Sie schaffen das. Und fangen Sie bloß nicht an, Ihre Furcht, nicht zu genügen, zu beichten – denn die Blume ist gerade so frustriert, so verunsichert, so dünnhäutig: Sie würden genau in die Wunde treffen, die Ihr Vorgänger Ihrer Freundin mit seiner Verweigerung und Ablehnung zugefügt hat.

*Das Altarprinzip: Ich gehe lieber zu einer Hure,*
*als meine heilige Frau »umzupolen«*

Männliche Bequemlichkeit oder nett gemeinte Schonung: Den Gang zu einer Hure damit zu rechtfertigen, er könne für »gewisse Dinge« doch nicht seine Frau belästigen. Also geht er lieber zu einer, die dafür zuständig ist, alle Wünsche zu erfüllen, ohne dafür etwas anderes als Geld zu fordern. Der Subtext lautet für mich allerdings: keine Diskussionen, kein: »Liebt sie mich noch, was denkt sie jetzt von mir, was wird sie dafür von mir wollen?!« Und vor allem kein: »Ich muss mich schämen.« Schön, so weit, so bequem, da lassen wir daheim die Ehefrau die Heilige bleiben, während die Hure für das Leibliche sorgt.

Aber im Grunde genommen verstehe ich es immer noch nicht. Bitte erklären Sie sich, die Herren! Ist es die Lust daran, »Frauen zu kaufen, zu objektivieren, als Mensch zu unterdrücken«, wie manche Frauenrechtlerinnen vermuten? Die Lust an folgenlosem Sex, ohne dass einem die Telefonnummer aufgedrängt wird? Neugier? Ersatz oder Überbrückung zwischen zwei Beziehungen? Ist es leichter, einer Fremden Phantasien zu verraten als der Partnerin? Oder sind Huren die letzte Möglichkeit alleinstehender Männer außerhalb der Attraktivitätsnorm oder müder Familienväter, die zu Hause eine bettlägerige Frau pflegen?! Oder haben Sie einfach keine Lust mehr, Ihre angeheiratete Haushaltshilfe noch groß zu bebalzen?!

Erstaunlich wenige Männer wollten mir Auskunft über ihre Motivation geben, warum sie eine professionelle Horizontalkraft aufsuchten. Ziemlich viele behaupteten, noch nie bei einer Hure gewesen zu sein, und andere, dass sie keinen hochkriegten so ohne Flirt und Sympathie.

»Die haben sich ihre Hure nicht selber ausgesucht, die wurde ihnen aufgedrückt, sonst wär's schon gegangen«, sagt Gerald. Gerald berichtete mir ausführlicher, und vor allem verriet er, was Männer über ihre Lust auf käufliche Sexdienstleistung zugeben, wenn sie unter sich sind. Er ist Mitte vierzig, selbständig, seit neun Jahren fest liiert und hat mir das Versprechen abgenommen, es weder seinen Kumpeln zu sagen, dass er sie verraten hat, noch seiner Freundin. Ich werde mich hüten, und er heißt natürlich nicht Gerald und ist nicht Mitte vierzig. Aber er sieht gut aus, er könnte an einer Bar mit ein wenig Charme und tiefen Blicken eine abenteuerlustige Frau betören. Er könnte auch einfach seiner Freundin sagen, wie er es gern hätte. Apropos, wie hätte er es denn gern?

»Es ist ein Gerücht«, beginnt Gerald, der nicht Gerald heißt, »dass Huren etwas anderes, etwas Besonderes machen, was die anderen Frauen nicht können oder beherrschen. Exotische Stellungen, Praktiken – sie blasen genauso, sie tun es anal oder auch nicht, sie strippen mal schlecht, mal gut, sie sind schlau oder auch nicht, schön oder oft genug auch nicht, es sei denn, Mann hat das Geld, sich eine schöne, schlaue und sinnliche Hure zu gönnen. Ja, sinnlich – oft genug haben Huren, die freiwillig Huren sind, auch kein sonderliches Berufsethos mehr, das so etwas wie, verzeih den Ausdruck, Qualität befürwortet. Da läuft der Fernseher überlaut, brennt die Kippe im Aschenbecher, sie schaut gelangweilt auf das leere Aquarium und schmiert sich ein bisschen Gleitgel rein, damit's überhaupt rein-rutscht. Nach ein paar unmotivierten Worten wie ›Na, komm schon, Süßer‹ wird sie auch schon knurrig, dass man es nicht schnell genug erledigt. Das ist nicht schön, und so was findest du zum Beispiel in Hamburg ohne Ende.«

*Aber was ist es, das dich zu Huren treibt?*

»Es treibt mich nichts. Es ist ein bisschen wie eine Aus-zeit. Nach der Arbeit noch eine halbe Stunde bei einer Hure vorbeischauen. In einer anderen Stadt ein wenig Sex haben, bevor es in ein Restaurant zum Essen mit Bekannten geht. Mache ich zwei-, dreimal im Jahr.

Ich mag es, wenn ich mich nicht für Lust entschuldigen muss. Ich muss mich um eine Hure nicht kümmern, kein Vorspiel, kein Nachspiel, und währenddessen darf es mir auch egal sein, ob sie was davon hat. Ich kann mich auf meine Bedürfnisse konzentrieren. Das ist eine schöne Abwechslung. Das ist auch ziemlich erleich-ternd. Es ist gewissenlos, es ist unbelasteter.«

*Aber das kannst du doch zu Hause auch haben. Es könnte ein Spiel sein: Nimm mich, eine Hure, bedien dich, ich halt einfach nur hin.*

»Das ist nicht dasselbe. Natürlich nicht! Ich vergesse doch nicht, dass es die Frau ist, die ich liebe. Mit der ich mein Leben teile. Die ich bewundere, für tausend Klei-nigkeiten. Das käme mir fast wie eine Beschmutzung vor. Ich meine, sie kann doch nicht wollen, dass ich vergesse, dass sie es ist, mit der ich schlafe! Sie will viel-leicht, dass ich so tue, als ob sie eine Hure ist, aber nicht, dass ich es meine!«

*Was für Frauen sind es, die du auswählst?*

»Meist habe ich einen bestimmten Frauentyp. Meine körperliche Reaktion entscheidet. Bei anderen Männern ist es das Gesicht: Sie sehen darin etwas, was sie antörnt. Andere kaufen Frauen, die sie im normalen Leben nie, niemals kriegen würden: die mit den perfekten Formen, die Asiatin, die Schwarze, die Hochintelligente. Ja, intelligent dürfen sie gern sein – denn nichts ist schlimmer, als wenn dir eine gefällt, du gehst mit, und dann macht sie den Mund auf, und es kommen eine Stimme und eine Schlichtheit dabei heraus, die dir leiernd erklärt, was sie alles tut und wie toll, und du denkst dir nur: Halt die Klappe und dreh dich um, damit ich noch ein bisschen an die Illusion glauben kann, die ich eben noch von dir hatte.«

*Hört sich ziemlich nach Ware an. Dabei sind es Menschen.*

»Stell's dir einfach andersherum vor. Stell dir nur einmal vor, du hast da eine Phalanx an Männern. Alles ist dabei, der Bruce-Willis-Typ, der Antonio-Banderas oder einer, der aussieht wie dein Mann, nur mit zehn Zentimetern mehr Schwanz. Du sagst ihm, hör mal, erst lecken, dann schlimme Worte und bis zum Gipfel vögeln, von vorn, sieh mir dabei in die Augen. Wäre das gut?«

*Es wäre gut. Und ich würde mich mies fühlen, Sex wie eine Dienstleistung zu verhandeln. Es wäre auch um einiges aufwendiger, mit Reinstecken allein ist es ja bei Frauen nicht getan!*

»Aber zu Hause schweigst du, obgleich du genau weißt, wie du es gerne hättest?«

*Du ja auch.*

»Ich auch, ja. Aber nur ab einem gewissen Punkt. Natürlich habe ich mit meiner Freundin Sex, und natürlich bitte ich sie auch um Dinge genauso wie sie mich. Aber es gibt eine Grauzone und schließlich ein Dunkelfeld: Da ist der Bereich von käuflichem Sex. Er ist so gut, weil er nur Sex ist.«

*Eine hübsche tautologische Ansicht. Sie ist wahr, aber sie ist nicht die absolute, die einzige Wahrheit.*

»Für jeden Mann bedeutet Sex mit einer Hure seine eigene Wahrheit, und das ist vielleicht die einzige Wahrheit über käuflichen Sex. Meine ist eben die, dass ich mich weder dafür rechtfertigen muss, auf eine bestimmte Frau scharf zu sein, und auch dafür nicht, dass ich einfach nur darauf scharf bin, genau sie zu ficken und nicht mehr. Für andere mag es das Hure-Heilige-Prinzip sein: Bevor sie zu Hause den Mund aufmachen und Dresche riskieren, gehen sie lieber zu einer Hure. Bevor sie zu ihrer Frau sagen, ich will Analsex und dass du mich beschimpfst – sagen sie es lieber einer Hure. Bevor sie gar keine Frau kriegen, gehen sie zu einer Prostituierten. Bevor sie so was wie Liebe riskieren, haben sie nur Sex.«

Mir fiel keine kluge Antwort ein, da ich damit beschäftigt war, mich zu fragen, ob es bei vergebenen Frauen nicht auch das Nur-Sex-Fluchtverhalten gibt – allerdings realisieren sie das »nur« in Seitensprüngen …

*Sie ist mir einfach über*

»Männer haben Angst vor starken Frauen.« Dieser Satz ist mein Begleiter seit den achtziger Jahren gewesen, und ich wollte partout nicht an ihn glauben. Denn das hieße nämlich, nicht stark sein zu dürfen, um Männer nicht zu verschrecken und damit gar keine Beziehung zu haben. Und das hieße, dass Männer Angst vor mir haben könnten. Stark sein hieße dann wohl, die Liebe zu gefährden. Manchen von uns Mädchen wurde damit eine Verachtung des männlichen Geschlechts mitgegeben, den anderen die perfide Überzeugung, bloß nicht einem Mann über zu sein, will frau geheiratet werden.

Inzwischen hat sich der Satz verkürzt – im 21. Jahrhundert lautet die Mär: Männer haben Angst vor Frauen. Also, mein Vater hat Angst vor dem Zahnarzt, mein Mann vor versteckten Elektroleitungen in der Wand, die er anbohren könnte. Und auch tropfende Wasserhähne, dumme Politiker, Dengue-Fieber, Windhosen sowie die Betriebsprüfung gehören auf männliche Angstlisten – von Frau ist da nichts zu lesen. Manchmal frage ich mich, ob Frauen nur denken, dass Männer Angst vor Frauen haben – oder ob Frauen es hoffen?

Denn die Realität sieht anders aus: Oft ist ein Mann froh und erleichtert, eine eigenständige, lebenstüchtige Partnerin zu haben, für deren Glück und Zufriedenheit nicht allein er zuständig ist. Augenhöhe nennt er das und fühlt sich wohl dabei, wenn ihre Stärken und seine Schwächen einander ergänzen. Und umgekehrt. Einige Männer genießen an der Stärke der Frau, dass sie sich ebenso fallen lassen oder auch das Leben von ihr dirigieren lassen können. Wenn es funktioniert – warum nicht?

Problematisch wird es, wenn ein Mann die Stärke der Frau als übermächtig wahrnimmt – er fühlt sich nahezu kastriert, weil sie in bestimmten Bereichen etwas stemmt, wofür er nicht die Eier hat. Weil sie mehr Geld verdient als er, weil sie erotisch selbstbewusster ist, mehr Freunde, mehr Optimismus, mehr Persönlichkeit besitzt oder durch ihre Stärke in einem Teilbereich sein Defizit besonders sichtbar macht. Dann entwickelt ein Mann aus diesem Sich-kleiner-Fühlen oftmals Wut auf jene Person, die dieses Gefühl hervorruft.

Und dann stehen sie da, die starken, schönen, lebensbejahenden Frauen und haben den Feind in ihrem Bett. Denn der sich unterlegen fühlende Mann wird sich rächen, manchmal ohne es zu merken. Indem er sie bei Dingen piesackt, die eben nicht ihre Stärke sind. Indem er sie kleinmacht in Bereichen, bei denen er sich überlegen fühlt. Sex zum Beispiel, ohne Erektion kein Koitus. Oder indem er Kritik an ihr übt, am liebsten an Dingen, die emotional stark besetzt sind: etwa das Aussehen, das Gewicht, die Art, wie sie mit Menschen umgeht.

Ein sich unterlegen fühlender Mann ist das größte Unglück, das einer starken Frau passieren kann. Denn es wird ein ewiges Gezerre und Getrieze um die Vormachtstellung geben, und sie wird absolut daran scheitern, ihm seine Komplexe zu nehmen – denn sogar für Hilfe rächt er sich. Mitleid ist für ihn eine Beleidigung, und wer Hilfe annimmt, ist doch schon wieder der Unterlegene!

So schilderte es Lars, dreiundvierzig:

»Der Arbeitsmarkt ist mau. Auch mich hatte es erwischt: In der Gebäudesicherungsfirma, wo ich seit zehn Jahren arbeite, wurden Jobs wie Wochenendarbeit geknickt. Bisher war ich in unserer Beziehung der Mehrverdiener gewesen, ich war ›ihr Held‹, doch die

Goodies fielen weg – und mein Heldenstatus gleich mit. Heike bewarb sich bei einem pharmazeutischen Vertrieb, der Teilzeit-Außendienstler suchte. Als ehemalige MTA wurde sie mit Kusshand genommen. Zuerst freute ich mich – aber mit ihrem Erfolgsschub verwandelte sich meine Zuckerschnute, die sich an mich lehnte, in eine Business-Stute. Ihr Outfit, bis dahin feminin, wurde anzugmäßig durchgestylt, ganz abgesehen davon, war sie oft samstags unterwegs oder hatte Abendtermine. Wir hatten keine Zeit mehr für uns, und als sie noch anfing, zu ihren kleinen Liebesbriefen Geld zu legen, wurde mein Neid zu Groll.

Musste Heike mir auf die Nase binden, dass sie quasi ›der Mann‹ in unserer Beziehung war, mehr Geld hatte, während ich mich kastriert fühlte? Denn für Sex blieb wenig Zeit. Als wir dazu kamen, flüsterte sie: ›Los, Schätzchen, ich hab Lust, ich will alles von dir …‹ Früher hab ich sie verführt, und jetzt sollte ich anspringen wie ihr schicker Dienstwagen? Anstatt mich für ihre Initiative zu begeistern, ließ ich sie abblitzen. Wie unweiblich ich ihre Anmache fände. Dass ich keine Lust hätte, ihr den Hengst zu geben, nur weil sie mir mal Kohle hingelegt habe. Und dass sie routiniert im Bett sei, gar nicht mehr sinnlich.

Das war meine Rache, weil sie ihren Erfolg genoss. Blöd, ja, aber hätte sie nicht auch sensibler sein können? Ich wollte Mann sein, nicht Vibrator auf zwei Beinen, den sie sich greifen konnte, wann es *ihrem* Terminkalender passte. Sie wird merken: Wenn sie von ihrem Karrieretrip runterkommt, werde ich im Bett wieder zum leidenschaftlichen Liebhaber. Ich fühle mich so mies dabei, dass mir Sex als Einziges bleibt. Ich weiß nicht, wie wir sonst aus der Misere rauskommen, denn soll ich etwa gestehen, dass ich mich in meinem Mannsein beschnitten fühle?«

Eine verfahrene Situation. Sie wird nicht gelöst, indem sie den Job kündigt, ihn fortan – bitte, bitte – um Haushaltsgeld anfleht, ihn immer oben liegen lässt und ihn mit gesenktem Blick und »ja, Meister« auf den Lippen beim Fernsehgucken mit Schnittchen, kaltem Bier und Fellatio bedient.

Wenn sie das Vertrauen in sich – und vor allem das Wissen, dass sie sich nicht ändern muss, um geliebt und gut behandelt zu werden – nicht verlieren will, sollte sie den Herrn Rächer aller Matriarchatsopfer für zwei Jahre auf die Sommerweide schicken. Da kann er sich mal überlegen, was er wert ist und ob er nur was wert ist, wenn er stärker ist als andere, ganz gleich in welchen Bereichen.

Doch was ist, wenn Sie gar nicht wissen, dass er sich unterlegen fühlt wegen etwas so Banalem wie Geld? Und er Sie auch nicht aus seinem Gefühl der Minderwertigkeit heraus triezt? Dann leidet er einsam. Wie Bernd, siebenunddreißig, der die sexuelle Stärke seiner Frau am bedrohlichsten empfindet:

»Etwas nach drei Uhr in der Früh ist es am stillsten in der Stadt. Oft liege ich da, die Fenster weit geöffnet, und lausche der Stille nach. Keine Vögel, keine Autos, kaum Wind, und selbst das Atmen meiner Geliebten ist so schwach wie ein Flüstern aus einer fernen Welt. Ich komme mir dann manchmal wie ein Verschwörer vor;

während für alle anderen die Zeit rasend schnell vergeht – sie schlafen ein, sie wachen auf, von den sieben, acht Stunden dazwischen bekommen sie nichts mit –, geht sie für mich ganz langsam.

Genau aus dieser Stimmung heraus, diesem Gefühl, dass alle Zeit der Welt mir gehört, beginne ich oft, meine Freundin Sabina zu verführen. Ihr Körper ist entspannt, warm, schwer, sie liegt in der Decke wie ein Murmeltier und reagiert, ohne es zu wissen, auf leise Berührungen. Ausgeliefert ist sie mir, schutzlos im Schlaf, aber ich würde nie etwas tun, was ihr auch nicht im Wachzustand gefallen würde. Es ist wunderbar, zu spüren, wie sie sich meinen Händen und meinem Körper entgegenstreckt. Ich kann mir sicher sein, dass sie ihre Lust nicht vorspielt, und ich kann sie in aller Ruhe betasten. Im Sommer habe ich oft vorsichtig die Decke weggezogen, um sie zu betrachten; wäre sie wach, wäre sie zu schamhaft dafür. Wenn ich dann sachte ihren Schoß erkunde, sie vorsichtig so hindrehe, dass ich zu ihr kommen kann, achte ich darauf, dass sie trotzdem nicht aufwacht. Ich stelle mir vor, dass sie in dem Moment, wo ich ganz nah bei ihr bin, beginnt zu träumen, dass sie in erotische Bilderstürme eintaucht. Ich bewege mich in Slow Motion, halte inne, wenn sie aufzuwachen droht.

Manchmal ist sie dann so herrlich schlaftrunken, zwar wach, aber hat die Augen geschlossen und lässt mich einfach machen. Ich liebe diesen Moment, wenn ich, nur von ihrem undeutlichen Seufzen begleitet, abhebe. ›Warum verführst du mich nie, wenn ich es mitkriegen kann?‹, maulte sie aber letztens, als ich sie wieder mal in der Früh heimlich hernahm. Was soll ich ihr sagen? Dass es gerade die Ruhe ihres Körpers ist, die mich erregt? Dass ich mir wie ein Dieb vorkomme, der in der Nacht ihr Geheimnis stiehlt? Der nimmt, ohne zu fragen? Ich fürchte, das würde sie nicht verstehen. Lieber warte ich, bis sie wieder tief und fest schläft ..., sonst ist sie mir einfach über. Und ich habe Angst, mehr falsch als richtig zu machen.«

Wenn Männer sich wie Schuljungs vorkommen und ständig fürchten, etwas falsch zu machen (und es Ihnen bei jedem Keks vorhalten, dass Sie ihm das Gefühl vermitteln), können Sie als Frau dagegen wenig tun – außer zu einer Paartherapie zu gehen. Dort müssen Sie damit rechnen, dass entdeckt wird, dass nicht seine Komplexe allein schuld sind: Es kann sich herausstellen, dass Sie tatsächlich einen Hang zum dominanten Erziehungsstil haben, dass Sie – aus vermeintlich gutem Willen – alles in der Beziehung an sich gerissen haben und Kassenwart, Sexratgeberin, Übermutter, Haushaltsorganisierer und allseits cool bleibende Taktikerin in einem sind. Und er lernte, dass nur einer weiß, was richtig ist: Sie.

## Bin ich jetzt eine Schlampe?
## Die Ängste der Frauen

Wenn wir alle wüssten, was richtig ist, hätten wir keine Angst vor dem Leben, der Liebe oder dem Sex. Viele Ängste der Frauen resultieren aber aus dem ewigen Hin und Her, was eine gute Frau, eine perfekte Frau, eine tolle Frau ausmacht. Die einen sagen, eine gute Frau ist anständig, die anderen, sie ist selbstbewusst genug, um unanständig zu sein. Die einen sagen, Attraktivität und flirten können sind alles, die nächsten meinen, Natürlichkeit ist Trumpf, und es irritiert Männer beim Flirt, wenn sie zu sehr rangeht. Sie muss im Bett aktiv sein, aber nicht zu sehr, sonst fühlt der Mann sich überfordert. Ja, was denn nun!?

*Habe ich zu schnell ja gesagt?*
*Das Gute-Mädchen-Syndrom*

Meine Freundin Karin ist der Typ Frau, die sich die Liebe am Anfang nicht allzu schwer macht: Sie nimmt einfach den Mann, der neben ihr zu lang am Tresen sitzt und ihr ein Kompliment reicht. Mehr oder weniger bald landen die beiden bei ihm oder bei ihr, und sie nimmt sich fest vor, die Sache nicht allzu ernst zu nehmen. Sondern mal ganz modern auf Sex und hopp zu machen.

So weit, so lobenswert. Haben wir ja alle eifrig gelernt, tough zu sein. Nach verbrachter Nacht allerdings ist alles anders. Was gestern nur Versuchung war, ist heute Verantwortung. Sie wacht auf, hat rosarollige Plüschherzen in den Augen und will für ihn fortan die eine sein. Als ob ein echter oder bühnenreif vorgetragener Orgasmus sie auf wundersame Weise dazu verpflichten würde, sich in ihn zu verlieben. Dabei weiß sie noch nicht mal seinen Nachnamen.

Die gute Nachricht: Das gibt sich. Etwa nach drei Wochen, wenn er immer noch nicht angerufen hat und selbst der besten Freundin keine Ausrede mehr einfällt, warum er Karin trotzdem noch lieben könnte, aber nur leider gerade mit einer Totalamnesie durch die Innenstadt

141

von Peking torkelt oder sein Hund das Handy gefressen hat.

Die schlechte Nachricht: Karin wird auch beim nächsten Tresenmann der irrigen Annahme aufsitzen, der erste Sex, gleich welcher Qualität, unterliege irgendeiner vertraglichen Klausel. Sie geht als böses Mädchen in die Nacht und wacht als potenzielle Ehefrau auf. Er weiß davon noch nichts.

Karin ist vom »Gute-Mädchen-Syndrom«, kurz GMS, befallen. Die Symptome: hastige Gefühlsinvestition nach ein wenig halbherzigem Gefummel, hochgradige Schamattacken mit Doris-Day-Ansatz: »Wird er mich für eine Schlampe halten, weil ich ihm nachgab?« Und hoffnungsbesoffene Behauptungen wie: »Ich weiß, er ist es, aber er hat irgendwie Angst vor einer Beziehung.« Mit Verlaub, Ladys: Männer haben weder vor einer Beziehung mit der Richtigen noch vor dem Telefonhörer Angst – sondern nur vor der falschen Frau, die ihm so was unterstellt und transusig nachläuft.

Für viele Männer läuft Sex meist unter »Kennenlernen«, nicht unter »Beziehungsstart« oder gar »Heiratsantrag«. Die wenigsten denken *vor* dem ersten Mal darüber nach, ob eine Beziehung in Frage käme – sondern erst hinterher, wenn die Hormone ihr Sichtfeld nicht mehr trüben. Die meisten Frauen machen sich vorher, nachher und währenddessen Gedanken, wie's denn nun weitergeht mit »uns«. Denn es gehört sich offenbar selbst im dritten Jahrtausend immer noch nicht, dass eine Frau mit einem Mann schläft, ohne sich hinterher vorzumachen, dass sie ihn doch ein bisschen geliebt habe!

Die Therapie bei GMS? Kurzfristig: Betten neu bezie-

142

hen. Langfristig: eine andere gesellschaftliche Erziehung, damit Frauen nicht länger verheimlichen müssen, Sex sehr wohl von Liebe trennen zu können. Damit Frauen keine Lust mehr haben, sich für den Mann pseudoschwach zu geben. Und damit Männer genug Stil haben, sich nach einem One-Night-Stand mit Rosen für die schöne, kurze Zeit zu bedanken, ohne gleich zu befürchten, sie nimmt das als Lebensversprechen.

### Ich glaub, ich bin frigide

Ernst Gräfenberg, was haben Sie uns nur angetan! Seit Sie 1950 den G-Punkt in den Tiefen des weiblichen Universums lokalisierten, gelten Sie als der erste und letzte Mann, der diesen ominösen Anlasser je finden konnte. Alle anderen suchen sich krumm, probieren es per Budapester Beinschere, Doggy-Style mit Schubkarre oder systematischem Handbetrieb, der eher an eine gynäkologische Vorsorgeuntersuchung erinnert. Aber: Kein Kickstarter weit und breit. Nur gelegentlich ein genervtes Seufzen: »Liebling, gleich muss ich mal.« Von wegen multiple Orgasmen, eher multiple Verzweiflung. Männer fühlen sich doof, weil sie Gräfenbergs Sensation nicht finden und auch nicht nach dem Weg fragen wollen. Und Frauen fühlen sich blöd, weil sie offenbar unvollständig gebaut sind. Oder wer fragt die beste Freundin: Du, wo geht's denn hier zum G-Punkt? Und wer bekommt schon zu hören: Du, ich find's auch nicht so spannend?

Stattdessen bleibt das diffuse Gefühl zurück: Ich funktionier nicht richtig. Vielleicht ist da doch was dran, an diesem blöden Wort »frigide«.

143

Der »G« ist im Prinzip eine hübsche Idee: Bitte hier drücken, los geht's. Keine Diskussion um Migräne, was sollen die Nachbarn denken, oder war's schön für dich?

Computer besitzen diesen »An«-Schalter. Kaltstart ohne Mucken. Aber ich möchte diese weibliche Powerzone, die sich in circa fünf Zentimetern Tiefe an der vorderen Scheideninnenwand befinden soll, als Legende betrachten. So wie die Spinne in der Yuccapalme. Kann vorkommen, muss aber nicht. Um genau zu sein: Bei 4 Prozent der Frauen lässt sich so etwas wie eine durchschlagende Wirkung bei dem G-Zonen-Zauber feststellen: Sie kommen. Stark, wobei es durchaus sein kann, dass die inneren, wie ein Y geformten Ausläufer der Klitoris, die sich mehrere Zentimeter in die Scheidentube hinein verzweigen, mitbeteiligt sind an der Freude.

Doch die Vermessung der weiblichen Welt hat kein Ende. Nach dem G-Spot-Auftritt lag die Sexualwissenschaft Jahrzehnte in tiefem Frieden da, schließlich hatten Paare genug damit zu tun, das verdammte G-Dings zu suchen und sich darüber zu entzweien. Als sie es nicht fanden, wurden flugs neue Lustkoordinaten er…, pardon, gefunden: die U-Punkte (die einen vermuteten sie am Uterus, die nächsten zwischen Harnausgang und Klitoris – merci, die Suche beschäftigt wieder für ein paar Jahre); die AFE-Zone (ebenso an der vorderen Scheideninnenwand, zwischen G-Punkt und Gebärmutterhals: G-Punkt?! Wollt ihr uns verschaukeln?!); schließlich die Kivin-Spots (0,69 bis 0,91 Zentimeter rechts und links der Klitoris, aha). Connaisseure von »Sex nach Gebrauchsanweisung – klappt bei jeder immer auch ohne Lust!« waren entzückt.

Eins haben diese Hotspots gemein: Sie wurden in nicht-repräsentativen Studien »gefunden«, sprich: Nur eine Handvoll Frauen ließen sich vermessen. Manchmal passiert da was, meist aber nichts. Die, die davon profitieren, sind die Liebesspielzeughersteller, die alberne Gerätschaften anbieten, um diese eingebildeten Ekstaseknöpfchen zu traktieren. Und die Punktemacher bekommen für ihre Pseudoentdeckungen einen Eintrag bei Wikipedia. Glückwunsch. Als letzten Schrei bieten Schönheitschirurgen inzwischen die Aufpolsterung des G-Punkts durch Eigenfett an (2000 Euro), um seine Funktionstüchtigkeit zu erhöhen. Für wie bescheuert halten die uns?!

Hören wir auf, uns verscheißern zu lassen. Erogene Zonen sind Privatsache. Jeder hat seine ganz eigenen Kickstarter. Bei den meisten liegt er übrigens zwischen den Ohren und nennt sich Gehirn!

So, aber wie war das jetzt noch mit frigide:

Es gibt keine frigiden Frauen. Frigide, das hieße, null sexuelle Lust, null Sinnlichkeit zu empfinden, gefühlsarm, gänzlich unempfindlich zu sein – und das über einen Zeitraum von Jahren. Es gibt bei allen Frauen höchstens »frigide Momente« im Leben, an denen nichts mehr geht. Das passiert immer wieder mal und ist so wenig ein Drama oder eine Störung wie ein müder Penis, der auch nicht auf Kommando Stillgestanden macht.

Frigide, das hat auch nichts mit Orgasmusfähigkeit zu tun – das ist nur der Ausruf frustrierter Männer, die bloß keine Schuld daran haben wollen, dass ihre lieblose Art nicht so recht zum Jauchzer führt. Frigidität, das wurde lange als Schimpfwort benutzt, um Frauen zu verunsichern, die bei reinem Koitus nicht kommen (können) –

schon gar nicht in drei Minuten. Dabei haben 95 Prozent aller Frauen, die befürchten, gefühlsarm oder geschlechtskalt zu sein, durch klitorale Onanie erfahren, dass sie sehr wohl fühlen, genießen und kommen können! Das ist der beste Beweis, dass auch sie sinnlich sind. Und dass es ihren bisherigen Liebhabern bloß nie in den Sinn kam, nicht nur Reinraus zu spielen, sondern auch mal Rundrund an der Klitoris.

Vielleicht entdecken Sie bei der Selbstbefriedigung, dass es weder am Liebhaber noch an der Klitoris oder an Ihren lusthemmenden Altlasten liegt, warum die Lust nicht so fließt, wie es sein könnte: Sondern es sind schlicht organische Ursachen. Schmerzen im Bauch, wenn ich einen Dildo benutze. Einen Druck links oder rechts. Es brennt. Ich bin zu trocken. Irgendwas sticht, ich halte die Luft an, ich habe oft kalte Füße.

Lachen Sie nicht: Körper und Seele bedingen einander – eine Frau mit kalten Füßen hat weniger Lust auf Sex als eine mit gewärmten. Und Störer wie eine durch Stress oder weit zurückliegende Verletzung beim Sex verkrampfte Vagina, Gewebsverdichtungen wie Myome am Uterusmund, Infektionen, die brennen, eine Senkung der Gebärmutter, die Schmerz beim Sex verursacht, unbewusst angehaltener Atem – durch alles das wird die Sinnlichkeit auch nicht unbedingt befördert. Zum Glück: Für diese organischen Probleme gibt es Frauenärzte. Sie erklären Beckenbodengymnastik (Kegelübung, PC-Muskeltraining – siehe auch mein *Handbuch für Sexgöttinnen*), um Verkrampfungen zu lösen oder müdes Gewebe zu stärken. Zusätzlich können Sie auch zum Pilates- oder Tai-Chi-Kurs gehen: Hier wird Ihnen über die Atmung gezeigt, wie Sie tief in den Bauch atmen und beginnen, Ihren Körper wieder zu spüren.

Und letztlich: Der Gang in einen Erotikshop von Frauen für Frauen inspiriert Ihren Geist, der sich in den letzten Jahren mit zu viel an Alltag und Arbeit abgemüht hat. Um sich zum Beispiel über Gleitgele zu informieren, über Massageöle, Vibratoren, schmeichelnde Duftessenzen und sonstige Spielereien, die die Angst vor der Prüfung Koitus – Orgasmus nehmen werden.

### Lieber vortäuschen als versagen

80 Prozent aller Frauen haben es schon mindestens einmal getan: und zwar nur so getan, als ob. Meg Ryan hat das ja sehr schön in *Harry und Sally* demonstriert, wie lebensecht ein Fake-Orgasmus zur Aufführung gebracht werden kann. Und Mann liegt dabei in der ersten Reihe und merkt nichts.

Angeblich. Vielleicht merkt er ja doch was, aber geniert sich zu fragen: »Du, Hasi, das war jetzt aber nur Show, oder?« Man fragt ja bei einem »Ich liebe dich« – auch wenn es sich unecht anhört – auch nicht so gern zurück: »Meinst du das wirklich, oder sagst du das nur so?«

Wir Frauen haben vielfältige Gründe, einen Orgasmus vorzutäuschen. Etwa, weil wir vorher nicht schnell genug »nein« gesagt haben und die Sache zu einem baldigen Ende führen wollen. Weil sich der One-Night-Stand als doch nicht so begabt herausstellt und immer knapp an der Klitoris vorbeischwurbelt. Weil wir müde sind oder merken: Das wird so nichts, ich denke an tausend Dinge, den Einkauf, wie geht's Oma, habe ich die Beine rasiert? Huch, er kommt grad, Mist, und Action: *Ja! Du bist so gut! Oh!*

Noch öfter allerdings liegt es daran, dass wir aus Rücksicht lügen – ja, doch – auf ihn: Er könnte sich für einen schlechten Liebhaber halten. Oder sich, Himmel!, eine suchen, die »normal« funktioniert und schreit und ächzt, wenn er sie nur mal scharf anguckt, und ihm so das Gefühl vermittelt, ein toller Kerl zu sein.

Schon führen wir ein Improvisationstheater auf in der irren Hoffnung, ihn damit glücklich zu machen und selbst nicht als kalt und verklemmt abgewertet zu werden. Als ob in einer glücklichen Partnerschaft Sex und Höhepunkte kein Problem sein dürfen.

Die Sache mit dem »normal funktionieren« ist eigentlich der wesentliche Punkt bei Simulantinnen. Seltsam, da haben Frauen und Männer doch etwas gemeinsam: die verzweifelte Hoffnung, das Geschlecht möge effektiv und gut geölt wie eine TÜV-geprüfte Maschine arbeiten.

Die Angst, nicht zu funktionieren, baut auf Unsicherheiten auf wie: Bin ich zu anstrengend? Werde ich auch geliebt, wenn ich nicht ordnungsgemäß reagiere? Bin ich es wert, dass sich jemand Mühe für mich gibt? Darf ich mich überhaupt auf seine Hilfe – seinen Schwanz, seinen Finger, Zunge – stützen, werde ich dann nicht abhängig von ihm und seinen Launen?!

Nicht umsonst haben Simulantinnen leichter einen Orgasmus, wenn sie mit sich und dem Vibrator/Dildo/der Hand allein sind. Während der Onanie müssen wir keinem gefallen, keine Rücksicht nehmen, dürfen denken, was wir wollen, brauchen uns weder vor Nähe noch Verzicht fürchten, nicht ständig auf die Uhr schielen und hoffen, dass er es noch zwei, drei Minuten durchhält. Kurz: All die äußeren wie inneren Blockaden fallen weg, Frau kommt. Und fragt sich umso mehr, was an ihr nicht in Ordnung ist, dass sie das beim Paarverkehr nicht schafft (da kommen 86 Prozent der Männer immer zum Big Bang, aber nur 46 Prozent der Frauen jedes dritte Mal; Tendenz mit dem Alter zum Glück steigend).

Wenn Sie zu den Frauen gehören, die einen Höhepunkt vortäuschen, statt zuzugeben, dass er Ihnen zu schaffen macht, bitte ich Sie, sich folgende Frage zu beantworten:

Was empfinden Sie, wenn Ihr Geliebter sich in oder an Ihnen bewegt? Ist es das Gefühl, er arbeitet sich ab? Er bringt ein Opfer? Er macht es nur, weil es dazugehört? Will er sich etwas beweisen? Oder haben Sie das Gefühl, er will Sie dazu bringen, die Kontrolle zu verlieren und sich damit seinem Goodwill auszuliefern; bringt er Sie zum Kommen, hat er gewonnen? Fühlen Sie sich unterworfen? Gelangweilt?

Nur Sie können wissen, was Ihnen das größte Unbehagen bereitet, während Sie liebkost werden. Und es könnte sein, dass Sie erkennen, dass Sie einen völlig asexuellen Lebenszweifel versehentlich in Ihre Sexualität übertragen haben: Ich bin es nicht wert, dass sich jemand für mich bemüht. Ich kann mich auf andere nicht verlassen, ich muss alles selbst tun – denn Vertrauen ist gut, Kontrolle ist besser. Ich soll anderen nicht zur Last fallen. Ich fühle mich nur geliebt, wenn ich ihn glücklich mache. Ich langweile mich, weil ich auch sonst nie im Leben sage, was ich mir wünsche, sondern lieber unkompliziert und nett bin, damit mich alle liebhaben.

All diese Selbstzweifel können in dem Augenblick, wo

Sie eigentlich, konzentriert auf die guten Gefühle im Unterleib, die ersten lustvollen Wellen spüren, hervorbrechen und den ganzen Liebesakt ad absurdum führen. Doch Faken vertagt die Sache nur unnötig: Ihr Liebhaber denkt, alles ist bestens. Sie wissen, nichts ist bestens. Und es wird auch nicht besser, weil er ja nicht weiß, dass er etwas falsch macht und *was* es ist. Schon während wir vortäuschen, sind wir sauer, dass er es nicht mal merkt. Frechheit! Oder selber schuld? Wer behauptete eigentlich, Orgasmen seien Frauen eh nicht sooo wichtig?!

Oh Gott, wir *lieben* Orgasmen. Wir lieben auch Desserts. Kann man mal weglassen, aber warum eigentlich?

Als Mann werden Sie einen vorgetäuschten Orgasmus nie ganz sicher identifizieren können – da können Sie vergeblich nach steil gespannten Zehen schauen, die roten Flecken auf Hals und Brust zählen oder im Gesicht der Liebsten nach den Anzeichen postorgastischer Gelöstheit und dem Schleier vor den Augen forschen. Vielleicht haben Sie eine Ahnung, dass etwas faul ist, aber trauen Sie sich zu fragen?

Tun Sie es mal. Sie liegen mit Ihrem Gefühl oft richtig, dass Sie einer Show aufgesessen sind – ob nun aus Bequemlichkeit, Rücksicht oder tiefen Ängsten. Machen Sie sich auf eine Lüge gefasst. Und Scham. Und Vorwürfe. Und eine unglaubliche Nähe, wenn Ihre Süße sich ein Herz nimmt und Ihnen unter bitteren Tränen beichtet, dass sie so sehr Angst hat, Sie zu verlieren, dass sie sich lieber nicht an Sie gewöhnen will …

Aber – all das ist besser, als wenn Ihnen was vorgeturnt wird und Ihre Süße ihr Leben sinnlos simulierend verschwendet.

Sind meine Brüste okay, der Bauch flach, der Po stramm, die Haut frei von Cellulitis, die Schenkel schmal mit der ovalen Lücke? Sind die Knie nicht zu faltig, die Kniekehlen nicht zu dünnhäutig, die Fersen nicht zu rauh, das Haar duftend, die Hände frei von Altersflecken? Ist die Achselwulst über dem BH nicht zu eklig, der Hals zu knitterig, meine Vagina hübsch? Oder sollte ich nicht doch eine dieser Rasierschablonen kaufen und mir einen Weihnachtsengel ins Venushaar schnibbeln … kurz: Bin ich schön genug, um Sex zu haben?

Ich könnte ein ganzes Buch mit selbstkritischen Watschen füllen, die sich Frauen permanent selber verpassen, weil sie an ein Schönheitsideal glauben, das ihnen die PR-Macher verkauft haben. Das vermiest das Liebesspiel, bevor es richtig anfängt!

Natürlich – eine Frau mit 138 Kilo geniert sich, berührt zu werden, weil sie weiß, dass sie fett ist. Doch oft lassen Frauen – ob 188, 88 oder 48 Kilo – es nicht zu, begehrt zu werden, weil sie sich zu hässlich für die Lust und das Begehren fühlen. Gleichzeitig sehnen sie sich nach Bewunderung, wollen gewollt werden. Es ist das herrische Verbot, das die innere Scharfrichterin verhängt: »So wie *du* aussiehst?! Vergiss es. Du siehst scheiße aus. Wie seltsam schon die Brüste baumeln, wenn er dich von hinten nimmt! Das kann kein Mann wollen. Und wenn er sagt, er will, dann lügt er. Aus Rücksicht. Jeder will doch eigentlich das Modell Salzstange mit Riesentitten, ewige siebzehn Jahre jung, mit dem Bimsstein poliert und unbehaart.«

Woher diese Besserwisserin ihre falsche Überzeugung

hat? Sie ist seit Jahrzehnten den heimlichen Botschaften ihrer Umwelt ausgeliefert, die alles diktiert: von streichelzarten Kuschelfüßen bis hin zum perfekten Teint. Sie glaubt den Zweiflern stets mehr als den Lobspendern oder gar der eigenen Erfahrung; sie ist anfällig für Einflüsterungen aller Art, bis sie sich zum Schluss selbst nicht mehr traut, sich schön und in Ordnung zu finden – hey, wenn sich sogar *Supermodels* hässlich finden, wie sie immer behaupten, da kann ich mich doch nicht gut finden dürfen.

Aber: Man muss nicht schön sein, um geliebt zu werden, sondern umgekehrt. Wer schön sein will, muss lieben, darf lieben, darf zulassen, gewollt zu werden. Möge es bald jemand schaffen, uns Frauen vor uns selbst zu retten; und uns den Glauben daran zurückgeben, dass erst die authentische, unperfekte, sich zu ihrer Sinnlichkeit bekennende Frau mit Größe 34 bis 54 das Allerschönste ist, was es gibt.

## Masturbation ist nur was für Singles

Erst 1972 wurde Selbstbefriedigung von der American Medical Association großzügig für normal erklärt. Bis dahin war das Solo an und für sich eine schändliche und schädliche Sache, der »Lohn« der sündhaften Handarbeit läge in frühzeitigem Ableben, Haarwuchs auf den Handflächen, Unfruchtbarkeit, Wahnsinn, genitaler Gefühllosigkeit oder himmlischer Bestrafung. Dies galt vor allem für Frauen – die kamen dann in die Klapse oder mussten Cornflakes essen.

Feministinnen befürchten, dass diese Verdammnis der

Onanie nur ein weiteres Instrument zur Unterdrückung der Frau war, um das Ausleben einer autonomen Sexualität zu verhindern, die Freuden auch ganz ohne Mann erlaubt.

So ganz traut man dem eigenhändigen Handeln selbst heute in den gleichberechtigten Zeiten auch wieder nicht: Manch sorgenvoller Soziologe geißelt die Selbstbefriedigung als Verkümmerung der Gesellschaft, in der immer mehr Menschen zu ichbezogenen, unsozialen Selbstbesorgern mutierten, die eine Heirat mit dem Fernseher vorzögen. Ich empfinde diese Haltung als Sexualkatechismus, der Onanie – egal ob weibliche oder männliche – von Sexualität trennt und als Zweite-Klasse-Sex verunglimpft, der nur Beziehungsphobikern vorbehalten sei.

Auch der katholische Katechismus für Erwachsene sieht die fröhliche »Selbstbefleckung«, sagen wir mal, konservativ:

So gehört die Onanie zu »Formen sexuellen Verhaltens, die dem vollen Sinn menschlicher Geschlechtlichkeit nicht entsprechen« (*Katholischer Erwachsenen-Katechismus* II, Seite 378).

Und bei solchen kruden Vorstellungen fragen wir uns noch, warum immer noch so viel Scham herrscht, obgleich wir medial mit sexuellen Reizen überflutet werden?!

Fakt ist, dass 90 Prozent aller Männer und 86 Prozent aller Frauen zugeben, es zu tun (das Dunkelfeld dürfte höher liegen); es ist unsere häufigste Art, Sex zu haben, in jedem Alter, in jeder Beziehung. Wir fangen damit an, sobald unsere Hände zwischen die Schenkel reichen, und hören erst damit auf, wenn wir die Hände nie wieder bewegen.

Scham ist dabei für viele, vor allem für ältere Frauen, ein Dauerbegleiter – irgendetwas fühlt sich »falsch« an, obgleich es so guttut. Falsch ist aber nur das Gefühl, dass daran etwas falsch ist!

Lassen Sie sich als Solitär-Liebhaber/in bitte den Spaß nicht verderben – Masturbation ist zwar ein dummes Wort, aber ein kulturelles, charakterbildendes Ereignis: Sie fördert die Phantasie und Kreativität, schult die Achtsamkeit für den Körper, stärkt die Akzeptanz, ein sinnliches Wesen zu sein – und vor allem: Sie erhält durch die erhöhte Lusthormon-Ausschüttung die Lust an der Lust – ein unschätzbares Gut.

Selbstbefriedigung ist außerdem ein vorzügliches Mittel, um sich selbst kennenzulernen, sich selbst wertzuschätzen. Jeder hat dabei ganz eigene Bedürfnisse: Die eine tut es täglich vor dem Einschlafen, die andere zelebriert zweimal jährlich einen Selbstliebe-Nachmittag.

Masturbation ist Sex. Es ist eine Facette des Sex, und sie ist auch in einer Partnerschaft nicht nur erlaubt, sondern erwünscht. Viele Frauen haben an sich die Beobachtung gemacht, dass sie in einer Beziehung mit ausgefülltem Liebesleben öfter masturbieren als vorher – als ob die Gelüste einander bedingen. Der Akt gestern war so geil, heute will ich noch mal ein ähnliches Gefühl. Auch frisch Verliebte erleben dieses Phänomen: Weil es so erregend ist, an den anderen zu denken und sich all die kommenden Liebesakte auszumalen oder die ersten noch mal nah Revue passieren zu lassen und sich dabei selbst zu berühren.

Selbstbefriedigung ist kein mechanischer Vorgang, um Druck abzulassen; es ist der Ausdruck der Lebensstimmung.

Sie sind also weder beziehungs- noch sonst wie gestört, wenn Sie sich selbst die Hand/den Dildo/die ausgehöhlte

Honigmelone geben; Sie brauchen nicht mal darüber zu reden, wenn Sie es nicht entzaubern wollen. Und bitte: Seien Sie nicht eifersüchtig, dass Ihre große Liebe es auch tut. Tun Sie es einfach und genießen die Freiheit, die Sinnlichkeit, die Lust.

# Kapitel 4

## UND WAS KOMMT
## NACH DEM HAPPY END?

Es ist so weit. Sie haben sich gefunden. Sie sind verliebt, es lässt sich gut an – und der erste Sex hat noch nicht stattgefunden. Gut so! Denn auch wenn Sie bereits die Geigen des Happy Ends erklingen hören, nach einer langen Reise des Suchens endlich beieinander angekommen zu sein – so stehen Sie erst am Anfang.

Am Anfang aller Chancen.

Bereiten Sie der Liebe und der Erotik die Chance, vom ersten bis zum letzten Mal einfach herrlich zu werden.

*Drei Monate Warten für guten Sex ein Leben lang*

Meine Großmutter bleute mir ein: Kind, lass dich nicht so schnell ein mit einem Mann. Was sie meinte, war: Zwing ihm eine Beziehung auf, bevor du Sex hast, sonst verlässt er dich, und die Nachbarinnen tuscheln. Meist fiel das Wort Luder oder Flittchen; was manche Frauen eben so sagen, wenn ihnen die sexuelle Selbstbestimmung einer anderen Frau unheimlich ist.

Ich ignorierte den Ratschlag meiner Großmutter nach Kräften und hatte Sex, wie er sich anbot, und damit unterschiedlichen Erfolg.

Nach zwanzig Jahren aktiven Liebeslebens bin ich nun

zu dem Schluss gekommen: Oma hatte recht. Aber anders, als sie meinte! Ich halte ihre Einstellung nach wie vor für ein Relikt der antifeministischen Vorhölle, auf dass Frauen weiterhin klein gehalten werden und sich züchtig zieren, wenn sie nicht wollen dürfen. Mal abgesehen davon, dass sie Männer zum Triebling degradieren, dessen Liebe nur durch Verweigerung kontrollierbar sei. Aber es gibt einen anderen Sinn, sich einander spielerisch zu verweigern. Den Premierensex mit einem potenziellen Partner hinauszuzögern ist nämlich schamlos sexy, ein Power-Petting, das Wochen oder Monate dauert (mein Rekord liegt bei drei Monaten: nackter Wahnsinn!) und beide so wahnsinnig antörnt, wie es kein Porno dieser Welt schafft.

Doch die Erotik des Nichttuns ist in unseren aktionistischen Zeiten eine unterschätzte Qualität. Stellen Sie sich Verführung als Spiel mit dem Feuer vor – wollen Sie eine kurze Stichflamme oder einen Hochofen? Je öfter Sie *nicht* tun, was Sie begehren, desto mehr Vorfreude- und Glückshormone zünden im Körper Funken an. Gleichzeitig steigt das Level der Sexualhormone, das Strohfeuer der Neugier verwandelt sich in die Glut der Wollust. Nach und nach erkunden Sie all die erogenen Zonen – außer der einen: Aha, da sind die Brandbeschleuniger, entflammbar mit einem Biss. Die Lust steigt. Das Vertrauen auch. Sie verlieren die Angst, etwas falsch zu machen – und fiebern sehnsüchtig dem letzten Geheimnis entgegen. Eines Abends ist es so weit. *Endlich!* Feuerwerk, Vulkanausbruch, Raketenstart – möge der Sex halten, was das Petting versprach; die Chancen stehen gut. Der langfristige Lohn des entschleunigten Anheizens: Sie glühen jahrelang nach.

Es wäre zu schade, wenn Sie die Chance sausen ließen –
nur um der doofen Moral eins auszuwischen!

Also: Lassen Sie sich Zeit. Es lohnt sich.

## Es gibt keine Beziehungsgarantien

Wie ich eine Beziehung anfange, ist einfach. Aber was tue
ich dann mit ihr? Kein Flirttipp dieser Welt kann Sie darauf vorbereiten, was passiert, wenn einer von beiden erst
gesagt hat: »Ich liebe dich«, oder wenn Sie zehn-, zwanzig-
mal miteinander Sex hatten und die Kiste auf was Festes
zusteuert. Sie sausen auf eine Beziehung zu, und für die
gibt es kaum Regeln. Es gibt zwar jede Menge Bücher, die
genau wissen, wie eine Beziehung *nicht* funktioniert. Aber
kaum eines, das erklärt, wie sie funktioniert.

Das mag unter anderem daran liegen, dass jeder Mensch
so einmalig ist, dass es schwierig ist, gültige Regeln für alle
aufzustellen. Was bei Ihnen klappen kann, wird bei anderen nicht funktionieren und umgekehrt.

Eines ist jedenfalls klar: Machen Sie sich erst mal keine
Sorgen, ob Sie überhaupt beziehungsfähig sind. Denn zu
einer Beziehung fähig sind wir alle. Wir haben Beziehungen zu Eltern, Freunden, Kollegen. Das sagt erst mal nichts
über die Qualität der Beziehung aus, aber beweist, dass wir
es können.

Eine Beziehung ist eine sehr dynamische, sich wandeln-
de Angelegenheit, und jede wird anders sein als die vorher-
gehende. Erinnern Sie sich an Ihre verschiedenen Le-
bensbegleiter/innen – hat nicht jeder Einzelne eine andere
Fähigkeit aus Ihnen hervorgelockt? Bei dem einen waren
Sie besonders geduldig, mit dem anderen haben Sie ent-

deckt, wie zärtlich Sie sein können, der Übernächste hat Ihren Stolz provoziert. Sie waren einander der Spiegel, um sich besser sehen zu können. Wenn es zu Ende ging, dann nicht, weil Sie grundsätzlich zu keiner Beziehung fähig waren – sondern nicht fähig zu einer Beziehung mit *ihm* oder mit *ihr*.

Wir können nur so beziehungsfähig sein, wie es uns unsere Beziehung erlaubt: Glücklich sind jene, die einander ermöglichen, das Beste und Großartigste von sich zu zeigen und auszuleben, und dabei ihre Schwächen behutsam behandeln; die das Gefühl haben: Hier kann ich sein, wie ich wirklich bin, hier kann ich alles von mir zeigen. Wir bedingen einander in unserer Teamfähigkeit, es ist ein stetiges Aushandeln der Beziehung, von der Kleinigkeit des »Wer darf ins Bad« bis zum großen Entschluss, wer wessen Namen annimmt.

Ich erwähnte es bereits: Ihre Sexualität entspricht Ihrer Persönlichkeit und Ihrer Lebenserfahrung – und auf welche Weisen Sie Ihre erotische Seite ausleben, entscheidet wiederum über Ihre Beziehung.

*... alles außer Sex:*
*Wie die Beziehung Ihre Sexualität steuert*

»Ich könnte, aber ich will nicht. Keine Lust.«

Keine Lust zu haben ist ein ansteckendes Phänomen im Laufe länger andauernder Partnerschaften. Wir haben weniger Sex als unsere Eltern vor fünfzig Jahren, und trotz Dauerbombardement sinnlich bis schwülstig-dämlicher Erotik an jeder Ecke ist uns die Lust abhandengekommen. Wir lieben uns, ja, aber die Liebesspiele werden weniger und weniger. Und außerdem leidenschaftsloser und so … banal.

Als der häufigste Grund für immer selteneren oder gewöhnlichen Sex unter Paaren gilt der lieblose, frustrierende Alltag. Sex wird darin nicht mehr als aufregende Vergnügung gesehen, sondern als »Och nee, nicht das auch noch!«. Und es fehlt was – dieses federleichte Kribbeln, das wir am Anfang einer Beziehung spürten und man einander schwor, nie, niemals so ein Paar zu werden, das nicht mal merkt, wenn der letzte Sex schon drei Monate her ist.

Ihre Beziehung ist wie ein Ökosystem, dessen Sexualität auf alle Einflüsse reagiert. Vom Umgang miteinander, über Ihre eigene Sinnlichkeit in jeder Stunde, bis zu den Geschehnissen Ihres Alltags.

Um die erotische Paarstimmung zu pflegen, braucht es zunächst mal das Wissen, dass Sex nicht erst im Schlafzimmer beginnt und dass es kein verdammter Job oder gar Maloche ist, die Beziehungsatmosphäre lustfördernd zu gestalten. Sie müssen eben nicht dafür arbeiten und erst recht nicht dauernd Feuerwerke anzünden, um die Leidenschaft zu entflammen.

Um genau zu sein, ist das Bett der letzte Ort, wo Sie die Symptome einer sexuell appetitlos gewordenen Partnerschaft kurieren könnten! Fangen wir strategisch an und erkunden das Netz, das sich um Ihr Leben und Ihre Sexualität spannt. Klassische Killer Ihrer erotischen Paarstimmung, die von außen über Sie hereinbrechen, sind:

- Misserfolge im Beruf und Scheitern jeglicher Art; auch »gefühltes« Scheitern, wie die Diät nicht zu schaffen, nicht schlagfertig genug zu sein, schon seit Jahrhunderten die Badrenovierung vor sich herzuschieben.

- Ihre Zweisamkeit verhindernde Kinder, Freunde, Verwandten, Nachbarn; bei allen müssen Sie sich nämlich anders verhalten und fremdeln erst mal einige Minuten oder Stunden, wenn Sie wieder unter sich und nur zu zweit sind.

- Jeglicher Alltagsfrust, den Sie in sich hineinfressen – die unhöfliche Verkäuferin, der Penner, der Ihnen den Parkplatz neidet, das Kantinengericht, das ausverkauft war, als Sie dran waren ... Ärger produziert Stresshormone und schüchtert sämtliche Lusthormone ziemlich ein.

- Fehlende Freudenmomente, ausbleibende Alltagssinnlichkeit, zu viel Fernsehen und Alkohol – sowie Sportmangel

Meist machen wir uns dann in der Beziehung das Leben gern noch ein klein wenig schwerer. Die beliebtesten Hindernisse, die wir uns gegenseitig in den Weg legen, um das Liebesleben hübsch zu stören, sind:

- Kränkung, gern vor anderen – »Er trinkt immer so viel, mach dir nichts draus, ich musste auch schon einen Kredit aufnehmen ...«

- Maßregelung – »Lach nicht so laut, räum die Spülmaschine doch mal so ein, ich würde da ja einen Untersetzer drunterstellen ...

- Schweigen – besonders gern nach Streits oder als Strafe eingesetzt

- Machtgezerre – den anderen als Punchingball für die eigenen Alltagsfrustrationen missbrauchen ...

- Ein gewisser liebloser Umgang – keine Begrüßungsum-
armungen mehr, sondern sofort der Vorwurf, warum
er/sie nicht das Frühstücksgeschirr in die Maschine ge-
räumt hat; keine Komplimente mehr und letztlich: sich
keine Mühe mehr füreinander geben.

Es ist verrückt, dass wir zu unseren Liebsten manchmal
fieser sind als zu x-beliebigen Fremden. Und so führt das,
was gar nichts mit Sex zu tun hat, schließlich dazu, Sex zu
verhindern.

Auf der anderen Seite sind es ebenso auch die nichtsexu-
ellen Liebesspiele, die unsere Sexualität beleben: miteinander flirten; sich als Team benehmen und nicht als Gegner,
die sich vor anderen Leuten gängeln; Distanz gewähren,
ob im getrennten Schlafzimmer oder bei unterschiedlichen
Hobbys; mit Aktivitäten überraschen; sich so oft wie möglich umarmen; sich nicht gegenseitig selbstverständlich
nehmen; sich gegenseitig auf dem Laufenden halten und
ernst nehmen; sooft es geht, zärtlich berühren.

Es ist diese Wachheit, den anderen auch dann noch als
Mann, als Frau wahrzunehmen, auch wenn man sich schon
Jahrzehnte kennt. Kleine Gesten der Bewunderung, die
einander bestätigen, immer noch gewollt zu sein.

Und am besten: Lebensfreude suchen, finden und teilen:
vom Essen bis zum Lachen. Wäre jedoch gut, wenn diese
Lustpflege in der Beziehung beide übernehmen würden …

## Erzähl mir von dir

Wissen Sie, was die meisten Paare am wenigsten miteinander tun? Nein, nicht Analverkehr oder gemeinsam zum

162

Zahnarzt gehen. Am seltensten verbringen sie Zeit damit, über sich zu reden, über ihre Gedanken und Meinungen. Dabei ist das Bedürfnis nach Kommunikation hoch: Eine Studie der Universität Göttingen und dem Internetportal www.theratalk.de ergab 2006, dass über die Hälfte aller Wünsche unausgesprochen und unerfüllt bleiben (bei Männern: 65 Prozent, bei Frauen: 56 Prozent). Dabei ist gleichzeitig die Bereitschaft, sich die Sehnsüchte des Partners anzuhören und zu erfüllen, genauso hoch. Wieso vergeigen wir diese Chancen?!

Gefürchtet wird vielleicht der Satz »Schatz, wir müssen reden« – das verheißt wenig Gutes. Wer jedoch von Anbeginn sagt: Ich will reden, wir dürfen reden, der entschärft die Mine, dass Diskussionen oder Unterhaltungen etwas Problematisches oder Bedrohliches sein müssen.

Das Schweigegelübde wird von beiden wortlos nach den ersten drei Monaten Dauer einer neuen Liebe übernommen. Handeln ersetzt den verbalen Austausch. Vor allem beim Sex: »Die meisten von uns versuchen, ihre Sehnsüchte und Gefühle durch eine Kombination von Stöhnen, Gesten, unverständlich gemurmelten Worten und heftigen Atemzügen mitzuteilen«, erklärt die US-amerikanische Sexexpertin und Autorin des Buches *Sex Talk*, Barbara Keesling. »Die Folge: Missverständnisse und Enttäuschung.« Alle Fragen können nicht mit Keuchen geklärt werden; drängende Fragen wie: »Gefällt ihr das, was ich mit dem Finger mache? Bin ich gut genug für ihn? Welche Phantasien hat er, welche Techniken würden ihn anmachen? War das schon alles?«

Wartet einer, dass der andere zuerst Klartext redet, Geheimnisse offenbart, die tiefer gehen als das schlimmste

Kindheitserlebnis – so verheddern sich beide in der Falle des Schweigens. Der Münchner Sexualtherapeut Paul Kochenstein, Verfasser von *Ratgeber Sexualität*, warnt davor, sich zurückzuhalten, denn: »Hemmungen verstärken sich gegenseitig. Wenn einer der Partner sich schämt, zieht der andere sich auch oft zurück.« Und zum Schluss klagen sie: Am Anfang konnten wir uns doch alles sagen!

Ja, aber warum haben Sie damit aufgehört??

Mit Freundinnen über Sex zu reden ist eine Sache, aber mit dem Mann, den es angeht, eine Mutprobe: Vielen Frauen bleibt bei der Vorstellung, über erotische Vorlieben zu plaudern, das Wort im Hals stecken. Auch für die restlichen Themen des Lebens haben sie ja ihre Freundinnen – was auch gut ist, alles muss Mann echt nicht abkriegen, würde ja auch keinen Spaß machen. Nur dass er gar nichts mehr mitkriegt, ist doch doof. Und kommen Sie mir nicht mit: Er hört ja nie zu. Das ist ein Vorurteil und war zugleich eine prima Verkaufshilfe für ein gut gelogenes Buch über haltlose Klischees zwischen Männern und Frauen.

Zuhören ist etwas anderes, als sich zu unterhalten, auszutauschen, aufeinander zu hören, sich gegenseitig zu befragen. Die richtigen Worte zu finden – vor allem in Sachen: Und was wollen wir sonst noch vom Leben, zum Beispiel in der Sexualität? – ist für beide eine Herausforderung, vor allem wenn es zur Auswahl nur Begriffe aus der Anatomie oder dem Pornomilieu zu geben scheint.

Die Basis jedes intimen Gesprächs ist Respekt: vor der Vergangenheit des Partners, wenn er es weder in der Familie noch mit den früheren Partnerinnen gewohnt war, über Sexualität zu reden. Er ist kein Spielverderber, wenn er sich ziert, sondern besitzt seine eigene Scham wie Sie auch. Sie müssen ja nicht alles aussprechen, was in Ihrem Kopfkino abläuft – nur das, was Sie gern leben möchten.

Bei konkreten Bedürfnissen, die sich mehr auf die Performance, auf die Art der Berührungen beziehen, ist hemmungslos offene Kommunikation gar nicht so unromantisch oder verunsichernd, wie Sie vielleicht fürchten: Ihr Lover wäre nun mal gern der beste Liebhaber und kann sehr gut damit umgehen, wenn Sie ihm flüstern, was Sie toll finden. Fazit: Reden ist Gold, aufopferungsvolles Schweigen dagegen: Blech.

Es wäre irrsinnig, anzunehmen, man lerne sich genau im ersten halben Jahr kennen. Im Gegenteil: Der aufregendste, unbekannteste Gesprächspartner liegt nächtlich in Ihrem Bett. Der einfachste Beweis dafür? Sie denken, handeln und fühlen doch auch über viele Dinge des Lebens heute anders, als Sie es vor fünf oder fünfzehn Jahren taten. Wieso sollte es bei Ihrem Partner anders sein?

Aber da wir es hassen, wenn sich unsere Freunde oder Geliebten allzu sehr verändern und von dem Bild abweichen, was wir uns so hübsch von ihnen gebastelt haben, um sie besser einzuschätzen – deswegen müssen Sie reden, um jeden Schritt mitzubekommen.

Einmal die Woche reicht dabei übrigens schon. Wie wäre es bei einem Sonntagvormittagsspaziergang im Wald?

*Erzähl mir nicht, was du träumst,*
*aber sag mir, was du willst*

Sie sind das Privateste, was wir besitzen: erotische Phantasien. In Ihrer Phantasie ist alles möglich – schamloser

Sex mit einem Fremden, Überwältigungsvorstellungen, reuelose Lust mit der Chefin, dem besten Freund des Ehemanns oder Angelina Jolie, mit fünf Rugbyspielern, Rosenpeitschen oder heiser geflüsterten Befehlen.

Hartnäckig hält sich die Ansicht, dass Männer sich am liebsten einen Dreier mit zwei willigen Schwedinnen ausmalen, während Frauen auch in ihren Träumen ganz bei ihrem aktuellen Partner verbleiben und so was wie einen gemütlichen Abend ersinnen.

Wenn Sie das immer noch glauben, lesen Sie Nancy Friday. Höchstens jeder dritte Lusttraum bezieht den aktuellen Partner mit ein; und Männer erlauben sich durchaus auch andere Phantasien als den ewigen Dreier. Ah, und natürlich kommt auch seine Gefährtin darin vor!

Selten besitzen erotische Gedankenreisen politisch korrekten Charakter oder beziehen sich ausschließlich auf romantische Zärtlichkeit mit dem Partner. Oft scheinen sie sogar konträr zur Alltagspersönlichkeit zu sein: Da träumt die toughe Anwältin, eine Hure zu sein, oder der sensible Psychologe, als Einbrecher eine Schlafende zu verführen. Ist das normal? Aber ja, und wie! Jede Liebesphantasie muss grenzenlos sein dürfen. Gezähmt wäre sie keine Phantasie mehr.

90 Prozent der Männer und 75 Prozent der Frauen geben zu, sich erotischer Phantasien zu bedienen – um sexlose Zeiten zu überbrücken, sich selbst zu verführen, beim Liebesspiel leichter zu entspannen und den Alltag kraft Kopfkino auszublenden. Die häufigsten Szenarien bei Frauen sind Sex mit einem anderen (43 Prozent denken an einen Ex, 14 Prozent an VIPs), Gruppensex, bei dem sie die einzige Frau sind (36 Prozent), passive Unterwerfung – grob,

aber nicht gemein (32 Prozent), Machtspiele, bei der sie sagt, wo es langgeht, und Sex mit einer Frau.

Männer stellen sich am liebsten vor, eine Frau beim Masturbieren zu beobachten, 39 Prozent denken an eine Triole mit zwei Frauen, ein Drittel erfreut sich an der Idee, dominiert zu werden, 27 Prozent an einer anderen Frau (Kollegin bevorzugt).

Gemerkt? Da ist noch sehr viel Platz für den wirklichen Partner!

Allerdings schweigen die meisten über ihre phantasierten intimen Szenarien – um Eifersucht auf den Gaststar der Phantasie zu vermeiden, einer Verurteilung zu entgehen (Analverkehr mit Zuschauern?! Igitt!) oder um den anderen nicht grundlos zu verunsichern (zwei Blondinen?! Ich bin aber brünett …). Dabei sind Phantasien weder eine Persönlichkeitsstörung noch Hilfeschreie der Frustration! Sie sind unser rezeptfreies Viagra und ein Schaufenster in die innere Welt, die dort bleiben will, wo sie kickt: im Kopf. Komplette Einblicke zu gewähren ist keine Pflicht. Es ist legitim, auch in Sachen Sex etwas Eigenes, Geheimes zu bewahren.

Meine Gedanken sind aber so pervers, denken manche Frauen. Sie vermuten bei sich selbst »Störungen« – dabei haben sogar Wissenschaftler inzwischen davon Abstand genommen, Phantasien und Charakter miteinander zu vergleichen, um Verfehlungen und Defizite aufzuspüren! Doch da ist er wieder, der Zweifel, normal zu sein – denn etwas Besonderes, Einzigartiges wollen wir zwar sein, allerdings auch nicht zu sehr und »krank« schon gar nicht. Aber sind unsere erotischen Gedanken wirklich so lasterhaft?

Zwei Einblicke.

Monika, dreiundvierzig: Er darf mich ansehen, aber nicht berühren

»Seine Augen fliehen von der Straße in den Rückspiegel. Es gefällt ihm, was er sieht. Er kann nicht wegschauen. Er ist Taxifahrer, und ich sehe nur seine Augen im Rückspiegel. Graue Augen. Und ich sehe seinen Nacken. Ein leicht ausrasierter Nacken, ein Hauch von Rasierwasser steigt mir in die Nase. Wie von selbst öffnen sich meine Schenkel, nur ein wenig, einen kostbaren Millimeter. Sieh hin, bitte ich stumm.

Er ist das Publikum. Für das Paar, das sich auf dem Rücksitz einander hingibt. Ich und der Mann. Ich kenne diesen Mann, der neben mir sitzt, wir gehören zueinander. Doch für einen Moment wünschte ich, er wäre ein Fremder, dessen Finger zart den Rock hochschieben. Außer Sichtweite des Chauffeurs. Der vielleicht spürt, was hinter ihm passiert, aber nicht sieht. Meine weiße Haut auf dem schwarzen Ledersitz. Der Ansatz eines halterlosen Strumpfes, der sichtbar wird. Ich greife nach dieser Hand, die mein Delta erobern will; zart nehme ich sie in meine Finger. Massiere den Daumen. Sehe dem Mann tief in die Augen, während sich mein Mund warm und feucht über seine Kuppe stülpt und ich meine Zungenspitze um seinen Daumen wandern lasse.

Ich weiß, an was er jetzt denkt. Wo er sich meine Lippen stattdessen wünscht. Doch er kann den Berührungen an seiner Hand nicht entgehen, denn dort sitzen jene geheimen, erotischen Akupressurpunkte, deren Liebkosung ihm direkt zwischen die Beine fährt: an seinem Daumenballen, zwischen den Fingern, die ich

mit meiner Zunge bespiele. Jeden einzelnen feuchte ich
an und führe dann seine Hand langsam, ganz langsam
zwischen meine blanken Schenkel, genau dorthin, wo
ein Hauch Haut zu sehen ist, und schlage den Saum
meines Mantels darüber.

Die grauen Augen des Taxifahrers suchen meinen
Blick. Ich weiche ihnen nicht aus, als ich meine Hüfte
unmerklich anhebe und mich dem feuchten Spiel der
Finger entgegendrücke, meinem Begleiter den Hals
darbiete, damit er mich beißen kann. Nein, wir werden
nicht zu weit gehen. Und doch. Das Wissen darum,
dass wir nicht allein sind, lässt mich fast laut aufstöh-
nen. Als hätte es unser Chauffeur gespürt, dreht er die
Musik lauter. Ich atme heftiger. Unter dem Mantel-
saum greifen meine Hände fest nach dem Oberschenkel meines Begleiters. Ich flüstere ihm leidenschaftliche
Worte ins Ohr, süßes Flehen, schmutziges Begehren.
Immer wieder, zwei Worte. Die Nacht rauscht vorbei.
Seine Finger erobern den Slip. Dann bremst das Taxi
sanft ab. Wir sind da.

Wieder sehe ich kurz in die Augen des Chauffeurs. Ich
weiß, er wird mich nicht vergessen. Ich liebe es, wenn
mir jemand zuschaut – erzählen würde ich es niemals.«

Romain, fünfunddreißig: Sie sind zu dritt, und sie lieben,
was sie tun

»Ich liebe das türkische Bad. Die Stille, nur unter-
brochen durch leise Wassertropfen. Das Atmen des
Masseurs, der mich wäscht und mit einem Badehand-
schuh abrubbelt, mich mit Veilchenseife und Mandelöl

reinigt, salbt, seine Hände, die zielsicher über meinen Körper gleiten. Ich schließe die Augen und stelle mir etwas anderes vor. Je länger er mich berührt, je mehr er hört, wie ich leise seufze, ich unter seinen Berührungen entspanne und sie genieße, desto härter wird er. Ich spüre seine Erektion an der Hüfte, wenn er sich schräg über mich beugt und massiert. Sein Kollege, dessen Gesicht ich ebenfalls nicht sehen kann, beobachtet ihn, stellt sich dazu. Nun sind es vier Hände, die auf meinem seifigen, glitschigen Körper massieren, liebkosen, berühren.

Sie geraten in einen Rausch, erst zieht einer seine dünne kurze Hose aus, dann der andere, sie entledigen sich ihrer Hemden, sie sind nackt. Ich spüre, wie ihre erigierten Eicheln erst beiläufig an meiner Haut entlangstreichen, an meinen Hüften, den angewinkelten Ellenbogen, an meinen Füßen entlang. Sie beginnen, Küsse und Bisse unter ihre Berührungen zu mischen, sie drehen mich, um mich besser küssen und beißen zu können und um sich mit ihren wunderschönen Schwänzen an mir zu reiben. Mit kundigen Fingern massieren sie meine Lenden, meine Scham, der eine hält sie dem anderen auf, um sanft und dennoch fest dazwischenzugleiten, nicht hinein, nur zwischen den Schamlippen. Sie massieren die Blüten so ernsthaft wie eine verspannte Stelle, massieren den Anus, alles glitscht seifig und sauber, und einer kann es kaum noch ertragen und beginnt, seinen Schwanz in meine Kniekehle gleiten zu lassen, zwischen meiner aufgestellten Wade und dem Oberschenkel. Ich höre ihr Stöhnen, ihre leisen Lustlaute, wie gut es tut, wie geil es ist, wie

170

sehr sie sich an jedem Fleck meines Körpers reiben möchten.

Sie drehen mich auf den Bauch, und vier Hände massieren jetzt meinen Po, und ein drittes Händepaar kommt hinzu, es umfasst meine Füße. Knetet sie, wie ich es mag, bis ich spüre, dass es sie fest umschließt und sich etwas in die Lücke der Fußwölbungen schiebt, es ist noch ein fester, schöner Schwanz. Inzwischen schubbern und reiben sie sich alle, und der Dritte, ich weiß nicht, wer es ist, schiebt sich über mich auf die Marmorbank und gleitet in meinen seifigen Anus, es tut nicht weh, es ist gut, und er stöhnt so tief auf, als hätte er sich nichts sehnlicher gewünscht als das. Langsam bewegt er sich, wie eine Schlange, die hinein- und hinausgleitet. Er fickt mich sehr langsam, sehr keuchend, bis er sich in mir ergießt, er dreht mich um, auf den Rücken, zieht mich auf der Bank näher zu sich, küsst mich, seine Finger spielen mit mir, ein anderer tauscht mit ihm den Platz, steht vor mir, hebt meine Beine an, spreizt sie hoch und sieht auf seinen Schwanz, wie er in meiner warmen, weichen, feuchten Vagina verschwindet. Sein Gesicht ist sehnsüchtig, es ist ihm anzusehen, wie sehr er es gewünscht hat. Die anderen sehen zu, geben ihm Hinweise, wie er mich ficken soll, sie sehen einander an, sie berauschen sich an mir, und es geht reihum, immer wieder, sie tauschen die Plätze und tauschen die Löcher, ich muss nichts tun, mich nur waschen, seifen und vögeln lassen, bis ich komme.«

Manchmal reicht nur ein Augenblick, um in diese sündig-süßen Abgründe zu tauchen: ein Blick zwischen Fremden, der für einen Moment zu lang ist; der Duft eines Parfüms, der an diesen einen Mann erinnert; oder ein Sommertag, der wie Samt und Seide die Haut umschmeichelt und an dem ein Fremder zum Hauptakteur einer schamlosen Träumerei wird.

Anders sieht es allerdings mit konkreten, erotischen Bedürfnissen aus: Küsse meine Brüste fest (statt sie nur zu lecken oder zu streicheln), sieh mir in die Augen, während du kommst (weil ich mich sonst ausgeschlossen fühle), sag nicht nur Liebster zu mir, sondern Mistkerl, Tiger, Bär (oder was auch immer Sie sich en detail wünschen).

Im Gegensatz zu Phantasien kickt die Erfüllung solcher konkreter Bedürfnisse ausschließlich in der Realität. Wenn Sie derartige Wünsche hegen, sollten Sie *keinesfalls* schweigen. Vielleicht nehmen Sie sich mal die Zeit, bei einem Gang in die Sauna, bei einem Glas Wein oder bei einer Stunde auf der Parkbank in der Sonne, um sich selbst zu gestehen, was Sie alles gern hätten, bevor Sie Ihrem Partner die ersten Wünsche unterbreiten.

Bedürfnisse zu formulieren ist Ihre Pflicht für eine selbstverantwortliche, gelebte Sinnlichkeit. Wünsche, wie: Er hält mir die Handgelenke fest. Sie leckt mir ab und an die Eier, richtig schön nass, von vorne nach hinten. Er krallt seine Finger in meinen Po und zieht die Backen auseinander, wenn ich oben auf ihm sitze. Er beißt mich in den Nacken, wenn er von hinten kommt. Sie reibt über meine Brustwarzen, während ich komme.

Seien Sie so ehrlich und so genau wie möglich. Sie können Ihren Partner, Ihre Partnerin, Ihren Liebhaber am besten einschätzen, wie er oder sie auf Ihre Wünsche reagieren wird. Ob Sie Ihre Bedürfnisse eher in Lob verpacken (wow, ich finde es so was von geil, wenn du das und das machst …) oder schlicht sagen: Hmm, ich mag das und das von dir, könnte ich das öfter bekommen?!

Was für den anderen deutlich sein muss: Es geht nicht um Kritik und dass Sie mit Ihrem detailreichen Wunschzettel zum Ausdruck bringen, dass der sonstige Sex reichlich mies war. Es geht darum, Gutes besser zu machen und dem Geliebten, der Geliebten die Chance zu geben, noch genauer zu wissen und zu tun, was gefällt. Das kann weder ich noch ein sonstiger Sexratgeber wissen.

Trauen Sie sich, sich zu erklären! Es ist zwar romantisch, wenn »alles von selbst passiert«, und jeder versteht es, wenn Sie sich sorgen: Hui, was könnte er denken, wenn ich ihm damit komme, dass er meine Muschi doch mal ganz leicht mit der flachen Hand klapsen soll? Oder dass ich mir von ihr wünsche, sie möge sich aufs Bett knien und ihre Schamlippen selber auseinander halten, weil ich es geil finde, zu sehen, wie sie sich anbietet?

Im besten Fall freut sich Ihr Partner, dass er nun mehr darüber weiß, wie er Sie erregen kann. Im schlechtesten Fall macht er ein miesepetriges Gesicht und eine Szene: Wie, was willst du damit sagen? Reicht dir nicht, was wir bisher …, nimm dir doch einen anderen und so weiter. Leider bringen uns Tagesform und Minderwertigkeitskomplexe oft dazu, dass wir mit Abwehr, Angst und Gegenvorwürfen reagieren, wenn uns jemand im sexuellen Bereich etwas Neues vorschlägt. Wir argwöhnen, dass man uns damit durch die Blume sagt: Hey, du bringst es nicht. Du spürst nicht, was ich will.

Deswegen – im Hinblick auf die ängstlichen Gemüter, die wir alle sind – erst loben, dann wünschen, und zwar so genau, wie es geht. So laden Sie den anderen dazu ein, seine Bedürfnisse zu erklären: Was du willst, Geliebter, zeig es mir. Sag es mir. Nimm mich mit, wie ich dich mitnehme. Lass uns nicht still nebeneinanderher träumen, wie es wäre, wenn wir nur wollten – lass es uns tun und sehen, wohin uns das Experiment führt.

*Erzähl mir von dir –*
*aber bitte nicht alles: die Akte Ex*

Man ist verliebt, man will alles voneinander wissen – und da ist sie, die gefährliche Frage: Wie waren die anderen vor mir so, Liebling? Habt ihr dies und das auch gemacht? Oh, nicht nur dies und das? Wie viele waren es doch gleich? Aha!

Plötzlich macht die Vergangenheit der Gegenwart Konkurrenz, aus dem verliebten Paar wird ein misstrauisches. Es entsteht wild lodernde Eifersucht auf alle, die vorher mal dran waren, die diffuse Angst, verglichen zu werden und dabei abzufallen. Was hat er, was hat sie schon erlebt – Dreier, homoerotische Experimente, anale Freuden, es im Flugzeug getan, mit Waldmeisterpudding gespielt?!

Ich persönlich pflegte bei Detailfragen zu lügen oder eine Amnesie vorzutäuschen und – vor allem – mir selbst die masochistische Neugier zu ersparen (wer, wie, wie oft, hat es dir gefallen, wie sehr ...). Ich will es nicht wissen; jedenfalls nicht zu genau. Am liebsten wäre es mir, wenn alle vor mir miserabel im Bett wären und ich die Erleuchtung, die Göttin – was natürlich Quatsch ist. Sogar ich hatte schon mal tollen Sex, bevor mein Mann da war. Sage ich ihm aber nicht. Ich sage ihm lieber, wie toll unser Sex ist und dass ich nie so oft so tollen Sex wie mit ihm hatte. Und dieses Detail stimmt sogar. Über alles andere herrscht Schweigen. Nennen Sie mich einen Feigling, aber was würde uns totale Offenlegung aller pikanten Einzelheiten der letzten zwanzig Jahre bringen – außer jede Menge Zeit mit Reden über die Vergangenheit zu verschwenden, anstatt in der Gegenwart für neue Erinnerungen zu sorgen?

Ansonsten ist ein liebendes Paar nämlich nicht mehr allein im Bett – da sitzt seine Ex auf der Bettkante und höhnt: Meine Brüste sind größer, und er hat Nutella von ihnen genascht. Daneben hockt *ihr* Ex, den imposanten Phallus schwingend, und flüstert tückisch: Ach, wie hat sie den gebraucht! Glaubst du, sie ist treu, wenn sie es doch nie vor dir war?

Ganze Legionen an Vorgängern ziehen am inneren Auge vorbei und stören das Genießen im Hier und Jetzt. Um sich nicht mit übermächtigen und garantiert unzutreffenden Bildern zu zerfleischen, würde ich vorschlagen, bei sexuellen Einzelheiten, vor allem den sehr freudigen, die Akte Ex geschlossen zu halten – oder eine Verjährungsfrist einzubauen: Je länger ein Paar zusammen ist und auf gemeinsame geile Stunden zurückschaut, desto eher verkraftet es die Tatsache, nicht direkt aus dem Kloster gekommen zu sein.

Jeder musste seinen Weg gehen, um bei dem heutigen Partner anzukommen – Umwege über viele Betten eingeschlossen. Bestimmt sind Sie nicht die erste Liebe im Leben des anderen, aber vielleicht die letzte.

»Ich will frei sein«, sprach die Marionette und schnitt sich die Fäden ab: Als eingespieltes Paar im Bett etwas Neues zu starten ist nicht so einfach, wie es sich liest. Man kann es sich aber zu Anfang etwas leichter machen – indem man zunächst in eine andere Rolle, eine andere Identität schlüpft: Und den Rollenwechsel auf Probe simuliert.

»Lust auf ein Spiel?«, fragte mich der Mann, den ich so lange zu kennen schien. Er fragte das mit einer fremden Stimme, als er meinen Kopf nach hinten zog, damit sich sein Blick tief in meine Augen bohren konnte. Es war ein Glitzern in seinen Augen, das ich den ganzen Sommertag darin tanzen sah.
»Du siehst wunderbar aus … in dem weißen Kleid«, flüsterte er, »ich habe dich im Garten betrachtet und mich gefragt, wie du als Achtzehnjährige gewesen bist.«
Ich hörte meine Antwort. »Unschuldig«, raunte ich, »ich wusste nichts von dem, was Männer wollen. Oder von dem, was ich will.«
Er bedeckte meinen Hals mit Bissen. Hitzefelder auf der Haut. Dann flüsterte er mir ins Ohr. »Ich habe mir vorgestellt, dein erster Mann zu sein. Der dich verführt, der es schafft, in deinen unschuldigen Alkoven vorzudringen. Der deine Beine zum ersten Mal spreizt, um sich in dein feuchtes Vlies zu wühlen … Lass mich dein Lehrer sein«, hauchte er und hob mich hoch, trug mich ins kühle Schlafzimmer. Durch die Lamel-

lenrollos tanzten Strahlen, bedeckten das Bett mit einem Muster.

Ich stellte mir vor, wie es wäre, unberührt zu sein, hungrig nach Lust. Er zog mich aus, seine Finger an meiner Haut, seine Zunge, die über jede Stelle leckte, sein Atem, wie er die nasse Haut einsaugte. Kühle Schauer. Ich verlor mich in meiner Rolle, drückte die Beine zusammen, zwischen Scham und Neugier, genoss, wie er meinen Venushügel behauchte, wie er ihn mit allen zehn Fingern massierte, Feuchte aus seinem Mund auf sie rollen ließ. Er zog sich vor meinen Augen aus, befahl: »Sieh mich an.« Dann griff er nach meinen Händen und legte sie an seine Lenden. Seine Erektion wippte. Ich wartete ab, bis er meine Finger führte und mich unterwies, wie er noch härter wurde. Er zeigte mir Stellen, von denen ich nicht ahnte, wie sehr es ihm gefiel – bis er in höchster Erregung nach meinen Fingern griff.

»Du bist eine zu gute Schülerin«, keuchte er. Wieder legte er mich aufs Bett und begann einen Singsang von Wörtern. »Ich werde dich erst nehmen, wenn du es willst …, wenn du bereit bist, dich pfählen zu lassen …, wenn du in Flammen stehst, weil ich dich küsse, wo du es brauchst, weil ich dich beiße, wie ich es will …«

Ich ließ mich treiben, musste nichts tun, nur wehren und nachgeben, wehren und nachgeben. Schweiß zwischen uns, seine heiseren Befehle, ihn alles machen zu lassen, kneten, klapsen, küssen, meine Brüste darzubieten, damit er sich an ihnen reibt. Er war Diener meiner Lust, und machte mich zur Dienerin der seinen. Ich zerfloss, gab mich seiner Führung hin. Und öffnete meine Beine, bot mich dar, damit er endlich das tun konnte, was er wollte.

»Lass mich dich nehmen ...«, sagte er, und ich ließ ihn. Ließ ihn. Ließ ihn.

### Ehesex wie mit einer Affäre

Manchmal hilft es auch, die Routine zu knacken, indem man die innere Einstellung etwas ändert – und sich zum Beispiel vorstellt, der vertraute Partner sei der, oh, là, là, heimliche Geliebte.

Diana, neunundvierzig:

»Ich bin nicht der Typ für Seitensprünge. Zu viele Probleme, zu viel Versteckspiel, und im Lügen war ich noch nie gut. Dennoch habe ich eine Affäre. Mit meinem eigenen Mann. Ich habe Sex mit ihm wie mit einem heimlichen Liebhaber. Ich lebe all das aus, was ich mir von einem Mann wünsche, der nur für das eine da ist: für die Wollust. Es ist ein kleines Gedankenspiel mit großer Wirkung; ich sehe in ihm den Fremden, die Versuchung, das Verbotene. Genauso wie ich bei einem Mann für gewisse Stunden überlegen würde, was ich anziehe, bevor ich ihn sehe; oder was ich wagen will mit ihm heute Nacht. Nichts zählt mehr in solchen Momenten, wenn ich ihn mir als Sexaffäre vorstelle. Nicht, wie lang wir verheiratet sind. Nicht, was der Alltag uns abverlangt. Nicht, dass er mich in Wollsocken kennt. Und auch nicht, dass wir uns lieben.

Es funktioniert. Ich streife die anständige Hülle ab und lebe die Kurtisane aus, ungebunden, frei, zu Willen, nach eigenem Willen. Manchmal weihe ich ihn ein. Tue so, als ob er der Liebhaber ist, der mich besucht, wenn der Ehemann aus dem Haus ist. Flüstere ihm ins Ohr, wie wenig Zeit wir haben und dass ich ihn haben muss, jetzt, im Stehen im Flur, seine Hose nur halb herabgestreift, ich spreiz meine Rosenblüten mit den Fingern.

Manchmal will ich, dass er der Fremde ist, der mich siezt, während seine Hände fordern; der mich erpresst, es meinem Mann sagen will, es sei denn, ich lasse ihn gewähren. Mit einem Liebhaber wagt eine Frau alles, was sie sonst versteckt. Verbind mir die Augen, lass mich nackt warten, bis du kommst und mit einem Lederhandschuh meine Scham massierst. Fessele mich und sag Luder zu mir, Schlimmeres, Schöneres, vergiss meinen Namen, behandele mich wie die Fremde, die sich in einer Seitenstraße von dir nehmen lässt. Knie nieder, sauge meinen Duft ein, bewege dich nicht, streichele dich selbst, während du mir in die Augen siehst. Mach ihn groß für mich, hör mein Keuchen, bevor du dir etwas wünschen darfst, Geliebter. Du bist verboten, und deswegen ist alles erlaubt, was wir nie zu tun wagten, als wir uns besser kannten.«

*Rollenwechsel, Rollenspiele? Och, nöööö!*

Alles nicht Ihr Ding? Wenn Sie nicht so tun wollen, jemand anderer zu sein, und sich auch den Süßen nicht als Fremden vorstellen mögen, bleibt die dritte Variante, die mutigste, schwierigste, erfüllendste: Seien Sie alles und jede/r, die Sie sonst noch in sich aufspüren, und übernehmen Sie nicht nur die Rolle, die Ihr Partner bisher so kennt und an die Sie sich beide so nett gewöhnt haben.

Das könnte erst mal etwas unkomfortabel sein, wenn Sie beide aus der bequemen Zone ausbrechen und versuchen, einander neu kennenzulernen und in die Tiefen Ihrer sexuellen Charaktere einzusteigen.

Manchmal hat man Glück wie Christine (dreiundvierzig), deren Geliebter es zu schätzen wusste, dass sie an ihm ausprobierte, welche Frauen sich noch in ihr verbargen außer der bekannten lieben Maus, die sich kichernd auf den Rücken legt und abwartet.

»Da ist man ein halbes Leben auf der Suche nach sich selbst, und dann liest man erotische Tipps, dass man mal für eine Nacht jemand anderer sein soll. Hallo, ich mag mich, wie ich bin, und auch wenn in vielen Frauen eine Schauspielerin steckt – woher kommt wohl unsere Diplomatie? –, wieso soll ich mich für einen Mann verkleiden?

So dachte ich, bis mir eine Freundin ans streng emanzipierte Herz legte: ›Du tust es nicht für ihn. Du tust es für dich. Weil mehr Frauen in dir stecken, als du ahnst …‹ Damit konnte ich was anfangen.

Denn die typischen Rollenspiele mit Domina, Krankenschwester oder das Lolitaliebchen sind nichts für mich. Albern. Vorgetäuscht. Irgendwie … nicht meins. Aber es gibt eine Frau in mir, die es nach Sinnlichkeit gelüstet, nach üppigem Schwelgen, zu verführen, ohne verfügbar zu sein. Und vor allem: ohne den dämlichen Abziehbildeffekt von irgendwelchen Männerphantasien.

Ich fragte mich also: Woran hätte ich Freude, anstatt zu grübeln, was ihm wohl gefallen könnte. An einer Frau, die ihre Lust an der Rolle vorspielt, hätte ein Mann sowieso keinen Spaß. Die Romantik des Orients gefällt mir, doch Bauch- und Schleiertanz sollte es nicht sein. Aber ein bisschen mehr Morgenland … mir schwebte ein Bad vor, Kerzenlicht in roten Teegläsern, ein Duft von würziger Seife, eine Teestunde, die wir auf orientalischen Kissen einnehmen. Ich wollte meinem Freund guttun – und ihn animieren, mir meine Gaben zurückzugeben. Aber mit genügend Zeit – morgens früh aufstehen passte nicht in den Plan. Also drehte ich eines Freitags die Sicherungen raus, verwandelte Bad und Wohnzimmer in ein Kerzenland. Über die Möbel hatte ich roten Stoff gelegt, Kissen auf dem Boden verteilt, die Heizung hochgedreht und meine Füße und Brustspitzen mit Henna-Farbe verziert.

Ich empfing ihn ohne ein Wort, zog ihn aus, wusch ihm Kopf und Füße, föhnte ihn trocken und rieb ihn mit Lotion ein. Er freute sich über meine Liebesdienste, war aber erstaunt, dass ich kein Wort sprach. Dann führte ich ihn ins Wohnzimmer, reichte Tee, leise erklang arabisch angehauchte Musik. Erst da las ich aus der Neuübersetzung von *Tausendundeine Nacht* vor, sein Kopf in meinem Schoß. Als ich danach Massageöl nicht mit den Händen an ihm verrieb, sondern mit meinem Körper, war es um ihn geschehen – wir liebten uns auf den Kissen. Seitdem fragt er, wann die Schöne aus dem Morgenland mal wiederkommt. Ich weiß es nicht – denn vielleicht entdecke ich ja noch mehr Frauen in mir?«

Während Sie vielleicht auch nachschauen, wer noch in Ihnen steckt und sich bisher verborgen gehalten hat, um den Partner nicht mit einer abrupten Überraschung zu verschrecken – gehen Sie weiter und entschlüsseln die Emotionen Ihrer Lust.

*Finden Sie Ihre persönliche Lustformel!*

Was törnt Sie eigentlich an?

Moment, Moment, bevor Sie eine Liste anlegen, auf der steht: gute Küsse, schönes Licht, schmutzige Worte, ein bisschen an den Haaren ziehen, geleckt werden ..., möchte ich Ihnen ein Gedankenspiel erzählen.

Ich war eine verbotene (weil gebundene) Frau, er tätowiert und Single. Nennen wir ihn J. Wir verbrachten Stunden küssend an der Bar, erkundeten einander in Hauseingängen, bis wir es in den Morgenstunden in einem Hotel zu Ende brachten. J. war ein Verführer und ich eine Betrügerin. Es war verdammt guter Sex. Aber wieso eigentlich? Was macht guten Sex eigentlich so gut, wenn der physische Vorgang doch meist derselbe ist?

Und vor allem: Wie kriege ich ihn wieder, ohne dafür dauernd fremdgehend in Hauseingängen rumzustehen?!

Wenn es nach dem Sexualtherapeuten Jack Morin geht, kamen in jener Nacht alle Zutaten meines persönlichen Lustrezepts zusammen: Schuld, Risiko, Neugier, Platznot, Verführtwerden. Zusammengezählt ergab es ein Höchstmaß an Erregung, das aus dem guten Rein-raus-Spielchen ein Feuerwerk zündete.

Jeder habe, so resümiert Morin nach Auswertung von über tausend Beichten, eine individuelle Lustformel, bei der es weniger auf die Technik, bestimmte Stellungen oder trickreiche Handgriffe ankomme, sondern auf die begleitenden Gefühle und Umstände. Vor allem seien Emotionen wie Schuld, Scham, Wut und sogar Angst reinste Aphrodisiaka. Oder warum sind Seitensprünge so prickelnd? Versöhnungssex so zornig-süß? Oder Sex an halböffentlichen Orten aufregend?

Stellen Sie sich eine Art emotionale Schubladensammlung in Ihrer Seele vor. Das Etikett außen sagt zum Beispiel »verboten«. Unter »verboten« rangieren Seitensprünge, Sex an halböffentlichen Orten, Klapse auf die Brüste, schlimme Worte, flotter Dreier, Sex mit dem Ex ... Oder in der Schublade »Angst« ruhen die Abteilungen »leichter Schmerz«, »weiß nicht, was als Nächstes passiert«, »kann nichts sehen«, »bin gefesselt«.

All das sind Praktiken, doch sie kicken erst, wenn das passende Gefühl, der »verstärkende Umstand« hinzukommt. Gefesselt und einfach beschlafen werden ist eine Sache. Aber gefesselt zu werden in der Öffentlichkeit oder während er dazu Befehle gibt oder sie sich plötzlich zum Rhythmus der Musik John Lee Hookers an ihm verlustiert – all das löst bestimmte begleitende Emotionen aus, die die Lust entfachen.

Eigentlich sind damit rein äußerliche, physische Sextricks nahezu obsolet in ihrer vermeintlichen Wirksamkeit. »Fesseln Sie ihn doch mal mit Ledermanschetten!« – ja, das ist ein Anfang. Aber welche lustvolle Emotion macht ihn dabei denn überhaupt an? Die Entspannung, dass er nichts tun muss – also die Verantwortungslosigkeit? Oder die erzwungene Passivität, das Unterworfenwerden, das haarscharf am leichten, wollüstigen Masochismus entlangstreift? Die Bewegungslosigkeit, dass er nur zusehen kann und dieser provozierte Voyeurismus ihn mehr ankickt, als unterworfen zu sein? Wo bleibt die Geschichte rund um diesen Kulissenaufbau?!

Es reicht nicht, *nur* physische Vorgänge des Sex zu lernen oder Tricks anzuwenden. Es gehört dazu, sich sowohl seiner eigenen Lustformel wie auch der des Partners bewusst zu sein, um sie hingebungsvoll zu befriedigen.

Denken Sie an Ihren Partner. Ihre Erfahrung und Ihr Gespür für ihn oder sie sind ausgereift genug, um die Parameter der Lustformel zu erahnen: Mit welcher Emotion in Kopf und Brust kickt es ihn oder sie an, geleckt zu werden? Wie ist die Story? Wenn er überrascht wird? Wenn sie sich ausliefert? Wenn er es an einem unüblichen Ort wie dem Treppenhaus erlebt, wo die Gefahr richtig schön hoch ist, von der attraktiven Nachbarin durch den Türspion dabei beobachtet zu werden?

Der Vorgang des Blasens oder Leckens wird sich in jedem Fall kaum unterscheiden. Aber die Story und die Emotionen, die damit provoziert werden. Um auf die Elemente Ihrer persönlichen, emotionalen Lustformel zu kommen, empfiehlt Morin, sich an den aufregendsten Sex zu erinnern, den Sie je hatten – und daraus alle verstärkenden, psychologischen Faktoren zu filtern. Wie zum Beispiel »verboten«, »Angst vor dem Entdecktwerden«, »war ausgeliefert/konnte sagen, wo's langgeht« oder »wurde sehr gewollt«. Das kann die Begegnung mit der Fremden sein, die erotisierend war, obgleich sie zu keinem Ende führte – aber das köstliche Element der unerfüllten Sehnsucht mitbrachte, der Phantasie.

Es kann die erregende Knutscherei sein mit dem besten

Freund des Verlobten – unmoralisch, verboten, gefährlich: Hier reagierte Ihre Lustpsyche auf die egoistische Freiheit, auf das Verbotene; und je mehr Hindernisse (er war gebunden, Sie waren gebunden, er gehörte Ihrer Freundin, sie war die Frau Ihres Vaters, Geschäftspartners, Bruders) es gab, desto lustvoller schien die Situation gewesen zu sein?

Es könnte sein, dass Sie es lieben, es sich schwerzumachen, weil es dann umso wertvoller scheint, umso unerreichbarer, umso unkonventioneller. Keine Konvention, Lust geht vor Anstand: Auch das ist ein legitimer Faktor Ihrer persönlichen Ekstaseformel. Wir sind eben nicht alle immer nur gut. Wenn es so wäre, wäre Sex bisweilen ein wenig langweilig. Man darf auch böse sein; nur sei darauf zu achten, damit nicht anderer Leben zu zerstören …

Bisher ließ das erotischste aller Erlebnisse jedoch noch auf sich warten? Nichts, was Sie in der Vergangenheit absolut, rundherum angemacht hat?

Auch ein Blick in Ihre erotischen Phantasien verrät Ihnen, wie Ihre emotionalen Zutaten der Leidenschaft aussehen! Nehmen Sie Ihre Vorstellungen, Geschichten und Bilder, die Sie zum Beispiel beim Masturbieren haben, unter die Lupe. Welche Umstände kommen darin immer wieder vor? Werden Sie geliebt? Verführt? Unterworfen? Dominieren Sie? Haben Sie die Auswahl? Woran entzündet sich Ihre Erregung genau? Versuchen Sie herauszufiltern: Bin ich passiv oder aktiv, sind wir gleichwertig, hat es etwas mit Gewalt zu tun? Nach und nach werden Sie den Kick immer weiter auf einen oder zwei Punkte zusammenfassen können wie zum Beispiel: Machtspiele plus beobachtet werden; Zeit plus bewundert werden; Hilflosigkeit plus Hingabe; Fremdheit plus Gefahr.

Lernen Sie Ihre ganz persönlichen, individuellen Schalter kennen.

Die Kunst besteht darin, mit diesen Zutaten das Liebesleben zu würzen und die Schalter immer wieder anzuklicken – aber nicht unbedingt, indem man das Erlebnis oder die Phantasie en detail schildert, sondern nur das Element, das den Schalter anknipst: Liebling, mich macht es an, wenn du die Regie übernimmst.

So. Und jetzt noch mal: Was törnt Sie eigentlich an?

## Guter Sex trotz Ehe

Die Ehe hat keinen guten Ruf. Mit dem Heiraten dagegen sieht das anders aus. Heiraten gilt bei Anhängerinnen der Märchenprinz-Religion immer noch als Höhepunkt der Existenz, Stichwort »schönster Tag im Leben«, endlich mal aussehen wie ein Sahnebaiser. Mit Verlaub: Danach kann's ja logischerweise nur noch abwärtsgehen.

Leider ist Ehe-Bashing reichlich in Mode gekommen – die Medien stellen die Ehe inzwischen als Auslaufmodell dar, man kann offenbar nur scheitern –, die Scheidungszahlen belegen es, jede dritte Ehe wird geschieden! (Das bedeutet übrigens auch, dass zwei von drei Ehen halten – aber diese Nachricht ist wohl zu positiv, um gedruckt zu werden!) Und jeder von uns kennt mindestens einen Menschen, der inbrünstig kräht, die Ehe sei der Anfang vom Ende.

Als ob es da nicht auf die Mitspieler ankäme! Doch dieses sehr einleuchtende Argument – es kommt drauf an, wer was aus der Ehe macht – wird abfällig vom Tisch gewischt und auch gleich mal unter Schwachsinn der hoffnungsvollen Idioten abgelegt. Denn von den Mitspielern hat man folgendes Bild im Kopf.

## Von der Göttin zur Gattin, vom Helden zum Ollen

Das Klischee vom klassischen Ehemann lautet: Er wird ungehobelt, faul, fett, guckt nur noch Fußball, verkriecht sich im Hobbyraum, liebt sein Auto, wickelt die Kinder nicht, verschanzt sich hinter Arbeit, um sich nicht mehr am Alltag oder der Liebe beteiligen zu müssen, betrügt die Gattin demnächst mit der Nachbarin oder der Praktikantin und zieht über seine Frau als »Bügelmaschine« oder »die Olle« her.

Die Horrorversion des Ehefrauenklischees tendiert dahin, dass sie sich zum zänkischen, erziehenden Drachen entwickelt, mit spitzen Fingern herumliegende Socken hochhebt, aus dem Leim geht, ihm das Fußballgucken verbietet, sich dauernd beschwert, dass er keine Blumen mitbringt, ihm alle Freiheiten verbietet, mit ihren Freundinnen gegen ihn hetzt und schon mittwochs wissen will, was er Samstag essen möchte; zum Schluss lacht sie sich einen Latinohengst auf der Kreuzfahrt an.

Weist man als potenziell Heiratswilliger diese Vorurteile empört zurück, hört man als Reaktion oft: »Wart's nur ab, genau so kommt es.«

Arbeit, Gefahr, Abgrund, Vorhölle. Bibbernd steht der Mensch davor und fragt sich, ob er der Liebe willen so ins offene Verderben rennen will. Und will er es trotzdem, dann kann jeder etwas dazu sagen, wie eine Ehe funktioniert. Und noch mehr meinen zu wissen, warum sie nicht funktioniert: zu früh Kinder, zu spät Kinder, gar keine Kinder. Zusammenziehen, getrennt leben. Ein Haus kaufen, kein Haus kaufen. Zu hohe Erwartungen, gar keine Erwartungen. Und so weiter …

Lassen Sie sich niemals einreden, welche Regeln die Ehe angeblich hat! Denn für jede Argumentation gibt es garantiert ein Gegenbeispiel, das die Regel als solche obsolet macht. Denn: Es gibt nicht *die* Ehe. Genauso wenig wie es *die* Gattin oder *den* Gatten gibt – die Ehe hat wenig Typisches an sich.

Es gibt für alles eine Studie und eine Gegenstudie. Und wer keine Studien liest, braucht bloß einmal im Bekanntenkreis herumzuschauen und findet erstaunlich viele gegensätzliche Modelle, die mal klappen, mal nicht, und bei jedem ist der Grund ein anderer.

Doch die einzigen Regeln, die zählen, sind *Ihre eigenen.*

Es gibt nur *Ihre Ehe*, die Sie so leben können, wie Sie es wollen, brauchen und können. Das beginnt schon bei Stunde null, der Heirat, und dem Grund, warum Sie beide geheiratet haben.

Ich habe zum Beispiel aus Überzeugung geheiratet. Es erschien als die logischste Konsequenz; wir passten in allen Belangen zueinander, die Liebe war zweifelsfrei, so dass es keinen Grund mehr gab, es nicht zu tun. Die Hochzeit war eine Jubelfeier, dass wir uns nach all dem Mist, den wir beide vorher im Leben mit anderen erlebt haben, doch noch gefunden haben.

Andere heiraten wegen der Steuer; einige wiederum, weil sie meinen, dass sie in einem Brautkleid gut aussehen. Wieder andere lieben am meisten an der Ehe, vorher gefragt zu werden. Manche finden es romantisch, zu heiraten, andere geben das Jawort, weil es auf ihrer Lebensliste steht. Andere wollen ihre Liebesbekundungen mit dem Liebenswillen auf Lebenszeit toppen. Manche heiraten aus Torschlusspanik, bevor sie gar keiner mehr will, andere, weil die große Liebe nicht mehr verfügbar ist und sie sich rächen wollen, wieder andere brauchen was zum Vorzeigen auf dem Gesellschaftsparkett. Und einige wenige tun es, weil der andere bald sterben wird und sie nachholen wollen, was sie fünfundzwanzig Jahre lang vergaßen. Manche hoffen sogar, die Ehe würde sämtliche Probleme lösen, die sie vorher als Paar oder auch allein gehabt haben; wieder andere wollen ein Kind und fangen dazu erst mal mit einem Mann an, andere wollen die Geliebte gut versorgt wissen nach dem eigenen Ableben, wieder andere brauchen für eine Reise nach Teheran einen Ehering oder zwei zusätzliche Hände, die auf dem Bauernhof oder in Vaters Firma mitarbeiten, und, ja, auch Liebe gehört zu den Gründen, aber sie ist nie der einzige.

Jeder hat seinen eigenen Grund.

Und schon dieser ganz individuelle Grund macht es unmöglich, vorherzusagen, ob eine Ehe so oder anders funktioniert oder nicht.

Auf was es als Einziges ankommt, ist: Mit wem Sie diese Ehe teilen und wie Sie jeder für sich das Gefäß Ehe ausfüllen und was Sie daraus schöpfen wollen.

Es gibt keine Regeln fürs Gelingen und keine Garantien.

Es verwundert daher nicht, dass nahezu alle wenigstens einmal in der Verlobungszeit die Panik befällt.

# Heiraten –
## *ja, gern, aber nie wieder ein anderer Schwanz?!*

Manche überdenken die Aussicht, im weiteren Leben nur noch mit dieser einen Person sexuell zu verkehren, innerhalb von drei Minuten, und sagen: Gut, ist in Ordnung. Sie zweifeln nicht und freuen sich sehr.

Andere dagegen sagen sich: Gut, ist in Ordnung – theoretisch! Jetzt lieben wir uns, jetzt begehren wir uns, *aber* was ist, *wenn* … die Luft raus ist, wenn man sich versehentlich verliebt, wenn ich mich im Laufe des Lebens so sehr verändere, dass wir nicht mehr passen und ich einfach nur wegwill? Aber ich soll jetzt etwas versprechen, ohne die Zukunft und ihre Bedingungen zu kennen!

Regen Sie sich bitte nicht auf. Das ist kein unlösbares Drama, und es stellt auch nicht Ihre Liebe oder Eheabsicht in Frage, wenn Sie sich selbst in Frage stellen. Es ist gut, dass Sie es tun, dass Sie sich nicht in ein Gedankenkorsett sperren, sondern mutig sind, über alle Möglichkeiten nachzudenken, auch die weniger erfreulichen. Wie zum Beispiel die eigene mögliche Untreue. Ich bin ein Fan von Listen, um sich beim Nachdenken bei so viel selbstkritischer Betrachtung nicht zu zerfasern.

*Erstens*: Keine Zusage muss lebenslang gehalten werden, es sei denn, Sie werden Papst; der Job ist nicht zu kündigen. Scheidungen sind zwar kein Vergnügen, doch ich bitte Sie, stellen Sie die katholische Sichtweise des »einmal und für immer« ein wenig in Frage: Die Absicht ist lobenswert, und die Absicht haben Sie ja auch. Doch niemand ist verpflichtet, in der Ehehölle zu braten, falls sich Ihre zu einer entwickelt.

*Zweitens*: Das soeben Gesagte mindert nicht im Geringsten die Ehrlichkeit, mit der Sie heute diese Zusage geben. Sie wollen es jetzt, und darauf kommt es bei der Eheschließung an. Sie müssen und können heute nicht wissen, was in dreißig Jahren ist, das konnte auch Nostradamus nicht genau – Sie können heute nur versprechen, es aus vollstem Herzen und mit aller Kraft zu versuchen.

*Drittens*: Sie selbst werden maßgeblich daran beteiligt sein, wie leicht es Ihnen beiden fällt und wie sehr es Ihnen gefällt, die einzigen Liebhaber füreinander zu sein. Sie sind der Ehe oder dem Leben nicht hilflos ausgeliefert, Sie können die Erotik Ihrer Beziehung gestalten und pflegen. Die Ehe ist kein Programm, das sich automatisch abspult, *Sie* sind die Programmmacher, jeden Tag.

*Viertens*: Angst vor Verbindlichkeit ist normal. Wir fürchten alle, heute etwas zu entscheiden, was uns in zehn Jahren das Leben versauen könnte. Sie können Angst haben und es trotzdem tun. Das nennt sich »Erwachsensein«.

*Fünftens*: Fragen Sie sich nicht nur: Kann ich treu sein? Sondern: Kann ich *ihr*, kann ich *ihm* treu sein, kann ich *uns* die Treue halten? Was ist dafür nötig (regelmäßiger guter Sex, gute Paarstimmung), was brauche ich (Umwerbung auch in zehn Jahren noch, das Gefühl, mein Leben nicht auf Sparflamme zu fristen), auf was will ich im Leben *niemals* verzichten (Nähe, Leidenschaft, Achtsamkeit)? Ganz gleich, wie Ihre Antwort auf diese Fragen ausfällt: Mindestens 50 Prozent Ihrer Wunscherfüllung steuern Sie selbst! Beim Rest – nun ja, da macht Ihr Künftiger mit. Und das ist unberechenbar. Diese unbekannte Größe kann Angst machen, aber sie gehört zum Restrisiko der Existenz.

*Sechstens*: Haben Sie wirklich so entsetzlich große Angst

vor den Verbindlichkeiten der Ehe, dann müssen Sie sich auch kurz mal fragen: Wieso tue ich es dann?! Wieso heirate ich?

»Weil ich ihn liebe«, sagte mir eine Frau kurz vor ihrer Eheschließung. Sie träumte, seit sie ein kleines Mädchen war, von einer Hochzeit in einem weißen Traumkleid, sie hatte über Jahrzehnte einen genauen Plan im Kopf, wie die Zeremonie auszusehen hatte. Schon der Antrag war filmreif gewesen, alles schien sich zu erfüllen.

Seit fünf Jahren war sie bereits ihrem Gatten in spe treu. Sie hatte um ihn gekämpft, und er war ihr ein wunderbarer Lebensgefährte. Dennoch überkam sie furchtbare Angst, dass er der letzte Mann in ihrem Leben sein und sie nie wieder mit einem anderen schlafen könnte. Obgleich sie tiefe Liebe empfand und der Sex aufregend war – so hatte sie gleichzeitig das ungute Gefühl, noch nicht »satt« vom Leben zu sein; ihr Mister Right schien zu früh in ihr Leben getreten zu sein. Und: Sie dachte noch zu sehr an den zweiten möglichen Traummann.

Die Vorbereitungen zur Hochzeit machten ihr Spaß: Kleider kaufen, Essen bestellen, Kirche aussuchen. Sie freute sich, sie liebte, sie zweifelte, aber entschloss sich, das als Nervosität zu ignorieren – und fand sich wenige Wochen vor der Hochzeit mit einem Kollegen im Bett wieder, mehrmals. Und weiß es sich nicht zu erklären! Sie versteht nicht, wie sie ihr »Glück« torpedieren konnte; sie hatte schon immer von der Hochzeit geträumt, mit einem Mann, den sie liebt – und der war nun der Betrogene.

Sie war über sich selbst schockiert: Wie konnte sie gleichzeitig lieben, heiraten wollen – und dennoch einen anderen begehren? Das ist manchmal das traurige Wunder des Lebens; dass der Sex uns so lockt, dass wir alles wollen, frei sein und nicht allein. Ankommen und dennoch die Lust am Unterwegssein genießen. Fast als ob da ein kleines Teufelchen im Nacken hockt und sagt: Mach doch! Schlaf mit dem Kerl da, du bist scharf, du musst nicht immer gut sein, los doch!

Das Leben ist oft so launisch, dass es einem just in dem Augenblick Alternativen anbietet, wenn man gerade dachte, man hätte die einzig mögliche Liebe gefunden.

Der Betrogene und die vom Leben Überraschte schlossen sich beide für Wochen miteinander ein und redeten sich die Köpfe und Herzen klar. Sie blieben zusammen und beschlossen, erst wieder einen Heiratsversuch zu machen, wenn sie ihm ernsthaft einen Antrag machte. Allerdings aus einem neuen Grund: Die Hochzeit sollte nicht mehr die Erfüllung eines Mädchentraums sein, sondern aus dem tiefen, real existierenden Wunsch erwachsen, mit diesem Mann alt zu werden.

Ein halbes Jahr später tat sie es. Heute sind sie happy. Very Happy End.


### Aber was kommt nach dem Happy End?

Eigentlich ist es ein Happy Beginning: Die Chose fängt ja dann erst richtig an! Du wachst am nächsten Tag auf und bist nun verheiratet. Hu! Du stehst am Anfang einer mitunter langen, langen Zeit von Jahren. Jeder Tag ist die Konsequenz des Happy Ends. Nichts ist mit dem Ringtausch erledigt oder in Sicherheit gebracht; die Heirat enthebt uns nicht der Aufgabe, uns um die Beziehung zu kümmern.

Das liest sich hier ganz logisch und einfach, doch nachdem ich nun drei Jahre verheiratet bin, bekomme ich so langsam ein Gefühl für die Verbindlichkeit und die Veränderung, die solch ein offiziell geschlossener Bund mit sich bringt. Die Ehe macht tatsächlich etwas mit uns.

Erst mal bringt sie uns allerdings sehr, sehr viel Ruhe und Erleichterung. Keiner muss mehr darüber nachdenken, wie er denn nun zum anderen steht: Die Entscheidung ist gefallen, umgesetzt, fertig, ein Problem weniger, der Hafen ist sicher.

Das impliziert auch: weniger Angstanfälle, wenn der andere lieber zum Sport geht, als mit uns händchenhaltend *Bauer sucht Frau* zu gucken: Er hat mich ja genommen, er ist grad nicht auf der Flucht. Das Wir ist also klarer geworden, stabiler und gewährt mehr Bewegungsfreiräume als vorher. Wenn Sie die nutzen! Denn die Ehe hat ja einen Vorteil, der zugleich auch ein Nachteil ist: Man ist nicht mehr allein. Zwischendurch brauchen wir aber immer wieder eine Erholung voneinander.

Ich bitte Sie inständig, mutieren Sie nicht zu Klammeraffen, sondern geben Sie sich zwei- bis dreimal die Woche für mehrere Stunden frei. Wenn Sie können, ziehen Sie gar nicht erst zusammen – ja, auch wenn Sie verheiratet sind! Wie Schlafen und Wachsein brauchen wir Alleinsein und Zusammensein im Wechsel, um Sehnsucht nach dem anderen zu haben.

Was bewirkt die Ehe noch? Sie führt zu einer anderen Streitform, eine gelassenere, sanftere. Probleme werden schneller gelöst oder mit Humor entschärft – eben weil eine Krise nicht mehr so leicht mit einem schlichten Tschüss beendet werden kann. Ist nun mal nicht mehr drin, das demonstrative Weglaufen, sich nicht melden, den anderen schmoren lassen.

Es wird Ihnen seltsam vorkommen, nicht mehr mit dem beliebten Argument »Du liebst mich gar nicht richtig« oder auch »Wenn du mich lieben würdest ...« kommen zu können. Denn der Fakt der Ehe spricht ja schon mal dagegen. Jetzt werden Sie darauf zurückgeworfen, *wirklich* zu sagen, was Ihnen nicht passt: Ich will mehr Sex, mehr Aufmerksamkeit, mehr Zeit mit dir. Diese neue Streitkultur ist eine herrliche Chance, klar zu kommunizieren und den anderen nicht mehr mit einem bedeutsamen »Es ist *nichts*« zu traktieren, obwohl inzwischen bekannt sein dürfte, dass es nie nichts ist.

Der Sex ist in der Ehe übrigens besser als vorher. Warum? Weil sich die Entschiedenheit der Eheschließung auch auf das sexuelle Erleben ausweitet: Er will mich ganz und gar mit allem Drum und Dran. Er will nur noch mit mir schlafen, zumindest hat er es fest vor – boah, muss ich geil sein! Das ist die Kurzform der neuen Entspannung, die sich auf dem Laken ausbreitet. Die Jahre nach dem Jawort bieten die einzigartige Chance, das Liebesleben leidenschaftlicher, freier, sinnlicher und angstfreier zu gestalten als je zuvor. Wie das aussehen könnte, steht in den kommenden Unterkapiteln.

Was die Ehe aber auch bewirkt, ist völlig verrückt. Der Gedanke: »Jetzt hat er mich eingesackt und wird sich nie wieder Mühe geben. Weniger Sex, weniger Flirt, weniger Umwerben, weniger Zuhören – hach, alles ist ja nicht mehr nötig, er hängt mich wie eine Trophäe an die Bettkante und legt furzend vor dem Fernseher die Füße hoch!«

Und plötzlich ist man hochalarmiert. Registriert jedes

195

kleinste Nachlassen von Interesse, deutet jedes »Ooooch, Liebling, ich bin heute so müde …« als Anfang vom Ende, zählt die Tage zwischen den Komplimenten und sitzt Samstagabend grimmig vor der Glotze und malt sich aus, was er tun würde, wenn er wirklich noch verliebt wäre und begehren würde und überhaupt …

Je mehr man darüber nachdenkt, desto mehr kann man sich in ein richtig großes Drama hineinsteigern: dass alles ein grandioser Fehler war und Sie in der Ehe frühzeitig zum Möbelstück vergreisen.

Darüber müssen Sie aber nachdenken. Denn genau dann ist der Zeitpunkt gekommen, wo Ihr Zorn, Ihre Angst, Ihre Unruhe, Ihr inneres Aufbegehren – »Ich will das so aber nicht!« – Sie bereitmacht für die nächste Stufe: Sie werden nicht mehr von der Ehe gemacht – ab jetzt machen Sie die Ehe.

### Killt die Ehe die Leidenschaft?

In dem zauberhaften Buch *Salz auf unserer Haut* beschreibt die Schriftstellerin Benoîte Groult ein erotisches Verhältnis zwischen der Ich-Erzählerin George, einer Historikerin aus Paris, und Gauvain, einem bretonischen Seefahrer. Als sie sich zu einem zehntägigen, heimlichen Liebesurlaub treffen – Gauvain ist verheiratet –, fragt er George, wie es sein könne, dass er sie so sehr begehre, und ob es nie aufhöre, dass er sie so sehr will. Groult alias George antwortet: »Weißt du, was das Beste wäre, damit es aufhört? Wir ziehen zusammen.«

Darauf erst mal ein klares: Jein, so isses.

Fakt ist: Da es nicht *die* Ehe gibt, gibt es auch nicht *die*

Leidenschaft. Lassen Sie sich nicht kirre machen von der Phrase, dass die Leidenschaft mit den Ehejahren abnimmt: Sie verändert sich, aber sie verschwindet nicht. Sie sind nicht dazu verdammt, irgendwann halbtot nebeneinanderzuliegen und vor lauter Langeweile zu verenden. Leidenschaft ist keine Flamme, die mit Eintritt in die Ehe zwingend eindampft, bis nichts mehr übrig bleibt – sie ist, um bei dem Flammenbild zu bleiben, etwas, was mal lodert, mal leise zischt, mal eine warme Glut bereitet und dann wieder aufflackert wie eine Stichflamme. Sie haben, wenn Sie so wollen, den Bunsenbrenner in der Hand.

Leidenschaft zeigt unendlich viele Facetten, aber das vergessen wir manchmal, weil wir nur die grelle Leidenschaft des Neuen, Fremden, Uneroberten meinen, wenn wir über sie sprechen.

Irgendwann ist der Gatte aber nicht mehr der Fremde, Uneroberte, Neue, daran wird kein Rollenspiel etwas ändern, höchstens eine Amnesie. Doch gerade das Neue ist es, was viele vermissen, wenn sie sich über ihr (eheliches) Liebesleben beklagen: Es ist ja alles so eingefahren, so bekannt, keine Überraschungen mehr, so langweilig. Schön, aber öde.

Und da wir bequem sind, lassen wir alles so, wie es ist, seitdem es in den ersten beiden Jahren ausprobiert wurde und sich eingespielt hat. Sähe doch irgendwie auch komisch aus, nach drei, vier, zehn Jahren damit anzukommen: Du, was ich schon immer mal machen wollte: Hau mich! Zieh schwarzes Lackleder an! Unterwirf mich! Lass es uns im regennassen Schlamm tun! Leck mir die Eier! Die Nachbarn sollen dich stöhnen hören, ich will deine

Stöckelschuhe auf dem Parkett hämmern hören, während ich dich von hinten befingere!

Aber, nein, wir sind faul. Und vorsichtig. Das Problem ist: Aus dieser bequemen, faulen Komfortzone kommen wir nicht raus, wenn sich keiner (rechtzeitig) bewegt! Mann wie Frau können sich sicher sein, dass sie nur ein Bruchteil dessen miteinander teilen, was sie eigentlich alles zum Teilen hätten. Sie verbergen nach all den Jahren Ehe immer noch Dinge, die sie gern hätten, von denen sie träumen.

Also: Nicht die Ehe killt die Leidenschaft. Wenn, dann sind wir selbst die Mörder.

Sie sind ein leidenschaftlicher Mensch. Sie wollen Lust und Sex. Und stellen Sie sich mal vor: der andere auch! Wahnsinn, und das Gute liegt so nah – auf der anderen Seite der Bettkante. Die Ehe – und jede längere Beziehung! – ist die beste Gelegenheit, Ihre Sexualität voll zu entfalten. Sie kennen sich gut genug, um zu wissen, was guttut, Sie wissen, dass Sie geliebt werden, und Sie vertrauen sich.

Ich verstehe einfach nicht, wie man darauf verzichten kann, ausgerechnet mit dem Menschen, den man liebt und mit dem man sein Leben verbringen will, auch den Sex so zu gestalten, dass beide damit im Leben glücklich werden. Wenn Sie nicht mal über das Intimste, das Sie teilen, reden können – über was können Sie dann überhaupt miteinander reden?

Es ist niemals die Ehe, die die Leidenschaft zu Grabe trägt. Es ist auch nicht die verrinnende Zeit, die sie graurtrüb färbt. Es ist das Schweigen, das Verharren, das »Sich-nicht-mehr-zuständig-Fühlen«. Und noch ein paar andere unangenehme Einzelheiten:

Liebsein. Gemeinsein. Arbeit. Benimmregeln. Sexmissbrauch.

Diese fünf unprosaischen Freunde können das angenehmste Liebesleben erschüttern – weil keiner mehr sonderlich Lust hat, dem anderen Menschen nah zu sein. Zur Beweisführung:

*Liebsein*: Natürlich wollen wir alle jemanden, der wenigstens nett zu uns ist. Aber wer zu nett ist, zu lieb, immer lieb, immer »ja und amen« und »wie du willst, Schatzi« sagt, der verliert den Respekt, die Augenhöhe. Begehren braucht Augenhöhe, es ist weder für Männer noch für Frauen interessant, für jemanden leidenschaftliches Interesse aufzubringen, der frei von eigenem Willen, Profil oder eigener Meinung ist. Es kann zwar nervig sein, dass der andere partout einen eigenen Kopf hat, aber das ringt uns dennoch Respekt ab: Da ist einer, der ist stark genug, um für sich zu bestehen. Er ist auch stark genug, dass ich mich an ihn lehnen kann. Sie ist stark genug, dass ich nicht dafür zuständig sein muss, ihr Leben auf die Reihe zu bringen.

*Gemeinsein*: Das schwarze Gegenstück zum harmoniefixierten Liebsein entsteht oft aus Frustration heraus und der Annahme, ein Recht zum Triezen zu haben. Manche sind besonders gut darin – sie erziehen den Partner, wo sie können, von der Kleidung bis zur Lebensweise, von der Art, die Spülmaschine einzuräumen, bis hin zum Lächerlichmachen seiner Träume. Wenn sich Kränkungen, Maßregelungen, süffisante Kommentare, erzieherische Bestrafungen, nöliges Vorschreiben, absurde Vorwürfe häufen: Wer hat da noch Lust auf Sex?

Es gibt auch das weniger harsche, aber dennoch abtörnende gemeine Verhalten: Wer immer »immer« sagt und immer »nie« – *immer* machst du …, *nie* bist du … –, der ist ebenso auf dem Weg, die Lust gründlich zu ersticken. Vorwürfe nerven, vor allem diese Immer-Nie-Phrasen – denn wie kommen sie an: Der andere ist sich sicher, dass es ganz gleich ist, was er tut oder lässt, es wird sowieso heißen: Immer bist du …, nie machst du …

Viele Paare sind gemein zueinander. Sie lassen den Frust des Tages aneinander aus, aber leider ohne zu sagen, dass es sich bei dem Zorn um den aufgestauten Zorn auf den blöden Chef handelt. Nein, nein, der Gatte nimmt sich ahnungslos die Fernbedienung, sie fängt an zu heulen, weil er umschaltet, und fertig ist die Szene. Sie wirft ihm vor, *nie* Rücksicht zu nehmen, er wirft ihr vor, *immer* sagen zu wollen, wo es langgeht, schlagende Türen, das Sofa wird bezogen, Gesprächseiszeit. Und alles nur, weil der Chef bescheuert war, aber sie den Frust auf ihren Mann übertrug.

*Arbeit*: Die meisten von uns arbeiten sehr viel, sehr hart, und kommen auf sechzig bis achtzig Stunden die Woche. Um was zu erreichen? Um sich wenigstens ein bisschen anerkannt und nützlich zu fühlen, um Geld nach Hause zu schaffen? Schade nur, dass die gesamte Kraft und Energie so was von aufgebraucht wird. Zu Hause haben wir dann den erschöpften Gatten, die völlig erschlagene Gattin, die nur noch Füße hoch, bisschen Glotze an und leise Worte ertragen kann.

In Ordnung, man kann das – als partnerschaftliche Unterstützung – eine Weile oder mehrere Jahre aushalten. Das Leben wird immer teurer, irgendwie müssen wir es ja finanzieren. Aber irgendwann reicht es. Ja, es reicht. Wenn die Arbeit immer wichtiger ist als der Mensch, den man mal aus Liebe geheiratet hat, sollte man sich scheiden lassen.

Sie erschrecken? Nun ja – Pflichtgefühl und Fleiß sind zwar objektiv hübsche Eigenschaften. Aber auch sie töten die zärtlich zugewandte Paarstimmung. Wenn diese beiden Talente nur noch auf Arbeit angewendet werden! Fleiß und Pflicht scheinen auf den ersten Blick nicht zur Liebe zu passen; aber stellen Sie sich mal vor, ein Teil der sprühenden Energie, die Sie oder Ihr Gefährte in den Job stecken, würde auf die Partnerschaft fallen. Wahnsinn!

Doch solange wir uns woanders auspowern und die Ehe/ Beziehung nur als Andockstation und Tankstelle missbrauchen, müssen wir uns nicht wundern, wenn irgendwann der Grund des Bottichs erreicht ist, der zu Beginn so voll mit Zuneigung, Geduld und Lust gefüllt war. Wir nehmen uns einander mit unserer Arbeitswut das Leben weg, auf das es genauso ankommt wie auf den Job: lieben, geliebt werden, es sich schön machen.

Vielleicht fangen Sie einfach klein an und bestimmen einen Abend in der Woche zum Eheabend. Irgendwann kommt ein zweiter dazu und der halbe Samstag. Nach einiger Zeit werden Sie sich fragen, wieso Sie darauf verzichtet haben, sich Ihr Leben nett zu machen. Machen Sie also lieber mal ein paar Überstunden in der Liebe.

*Benimmregeln*: Na, na, na. Das macht man doch nicht. Das gehört sich einfach nicht. Wenn das jemand sieht! Was sollen denn die Leute denken? Du bist unmöglich. Voll peinlich. Das ist doch uncool.

Benimmregeln kommen in vielen Wortkleidern daher –

und haben die unangenehme Eigenschaft, erstens die Hierarchien einer Beziehung (auch unter Freunden!) zu manifestieren: einer, der maßregelt, der andere, der sich fügt oder aufbegehrt. Und zweitens versauen sie einem die Lust auf Sex.

Ich rede jetzt nicht von den Regeln der Höflichkeit im Umgang miteinander – ich find's auch nicht sonderlich erhebend, wenn jemand im Restaurant die Füße auf den Tisch legt oder im Theater laut rülpst. Das ist einfach flegelhaftes Verhalten.

Nein, ich meine die Benimmregeln von Besserwissern, die einem am liebsten den Spaß verderben. Soße mit dem Finger auflecken: Na, das macht man nicht! Laut lachen: Sei doch nicht so laut, die Leute gucken schon! Eng tanzen in der Bar, wo sonst keiner tanzt: Das ist doch voll peinlich! Mit fünfundvierzig einen Mini tragen: Dass die sich nicht schämt!

Wenn ausgerechnet der (Ehe-)Partner solche Kniggetöne anschlägt, fallen wir in ein frühkindliches Verhalten zurück – sprich: Wir fühlen uns wie ein zurechtgestutztes Kind, das nicht weiß, was es falsch gemacht hat. Und genauso reagieren wir: trotzig, aggressiv, beschämt, aber nicht wie ein erwachsener Mensch. Und schon gar nicht mit so erwachsenen Gelüsten wie Wollust, Leidenschaft oder Verführungslust.

Tragisch für den Maßregler. Er hat vielleicht einen kurzen Sieg errungen, indem er seinen Partner gemaßregelt hat. Aber begehrenswerter wird er damit nicht – eher im Gegenteil. Wir mögen Leute nicht, die uns das Gefühl geben, ständig etwas falsch zu machen. Wir haben Freude, wenn wir lebendig, frei und ein kleines bisschen neben der

Konvention sind, ohne jemanden zu verletzen. Wir fühlen uns wohl bei Menschen, die uns nicht erziehen wollen, sondern uns so lassen, wie wir sind.

*Sexmissbrauch*: Kann man Sex missbrauchen, ohne gleich an Vergewaltigung und Kindsmissbrauch zu denken? Oh ja, man kann!

Man kann Sex als Strafe missbrauchen, nämlich wenn er zum Zweck des Liebesentzugs verweigert wird. Man kann Sex als Lockmittel missbrauchen, um von einem anderen etwas zu bekommen, was er mit gutem Zureden nicht rausrücken würde. Sex lässt sich auf vielerlei Arten missbrauchen – zum Beispiel Sex haben, um dem anderen zu zeigen, wie wenig sexy er ist.

Unsere Kämpfe mit dem Leben und dem Partner verlegen viele zu gern ins Bett. Nicht alle, bewahre, doch die Verlockung ist da: Lässt sich doch im Bett ohne viele Worte sehr viel ausdrücken. Enttäuschung. Zorn. Rache. Die Lust, den anderen zu demütigen, um uns für eine Kränkung zu rächen. Augenrollen, Gähnen, Schweigen, halbtot daliegen, sich auf ihr abarbeiten, als würde man nur in ihrem Körper onanieren, lieblos herumschwurbeln, mittendrin abbrechen und überbetont schnaufen, man »könne das jetzt nicht, nicht so«, und dann die halbe Nacht lang leise ins Kissen weinen – Sex wird zu oft als Ausdrucksmittel unausgesprochener Vorwürfe benutzt.

Sexmissbrauch ist meines Erachtens einfach nur eine miese, unreife Tour. Lieber mit Tellern schmeißen, als den Sex so zu entweihen. Lieber eine Nacht streiten, als den Fehler zu machen, Sex als Machtmittel zu missbrauchen.

Denn was bleibt denn da sonst übrig von der einstigen Freude, der Lust, dem Spaß – die Sex doch eigentlich verheißen? Wenn Sex instrumentalisiert wird als Waffe der Sprachlosen, verderben Sie es sich selbst – zumindest in dieser Beziehung für immer. Es wird nie wieder, und ich schreibe dieses »nie« mit Bedacht und wohlüberlegt; es wird nie wieder rückgängig zu machen sein. Ist Sex oder sein Entzug erst als Mittel zur Rache, Strafe, Demütigung oder Machtausübung manifestiert, wird er für immer seine sinnliche Freiheit verloren haben.

Sie versauen nicht nur den Sex, sondern auch nach und nach die Beziehung. Riskieren Sie das nicht leichtfertig. Schaffen Sie sich Teller zum Werfen an.

### *Das Ideal der Zweierbeziehung – interessiert die Sexualität überhaupt nicht*

Man trifft sich, liebt sich, entscheidet sich. Zieht zusammen, richtet sich sein Leben ein, mit Kochabenden, zweisamen Hobbys, langen Sonntagmorgenspaziergängen, gemeinsamen Filmabenden und sanften Gesprächen in leisem Ton. Man ist sich einig, es wunderbar getroffen zu haben, so harmonisch zusammenzupassen. Man schließt Kompromisse, aber die müssen ja sein, und ist nach außen hin eine Festung, das Leben findet unter Ausschluss der Öffentlichkeit statt. Kein Streit, aber dafür ein gemeinsames Konto, jeden Morgen Herzchentoast und jeden Samstag Ölbad mit Duftkerze. Was für ein herrliches Ideal der Liebe …

… was die Sexualität übrigens überhaupt nicht interessiert. Sie würde sich, um genau zu sein, panisch auf die Flucht begeben, müsste sie in so einem Idyll Platz nehmen! Für Sexualität, Leidenschaft und Lust ist Harmonie ungefähr so anheizend wie die Übertragung einer Webcam von einer weißen Wand. In der Harmonie entstehen keine Spannungen, keine Neugier. Das absolute Wir steht dem Ich und dem Du entgegen. Wer bereits im Alltag verschmolzen ist zu einer einzigen Wirrmasse, dem wird die Verschmelzung im Bett bald ein wenig saftlos. Ohne Distanz kann es keine Sehnsucht nach Nähe geben; und ohne Sehnsucht: keine Leidenschaft.

Aber wie kann denn bitte schön der Sex lebendig bleiben – trotz Ehe, trotz Liebe, trotz des Drangs, ein Wir zu sein?

Sex lebt durch Fremdheit. Komplett fremd kann uns der andere nicht mehr werden – aber es lohnt sich, ab und an einen Schritt zurückzugehen, um den anderen aus der Ich-Perspektive wieder als Du zu sehen. Weil man getrennt Urlaub macht. Oder getrennte Schlafzimmer oder gar Wohnungen hat. Weil man getrennt im Kino war. Weil man sich auf Streit einlässt, anstatt ihn zu vermeiden. Weil man eben nicht das Konto, die Telefonnummer, die Freunde und die Mailadresse teilt.

### Überraschen, ohne zu erwarten

Alle reden immer von Überraschungen, aber eigentlich hassen wir sie auch ein bisschen.

Viele wundervolle erotische Inszenierungen – etwa ein Homestrip auf dem Esstisch oder nackt unterm Mantel zu ihm ins Büro gehen, die Tür hinter sich schließen und auf der Schreibtischkante über seinem Schoß Platz nehmen – scheitern an dem verinnerlichten Trotz gegen das Wenn-dann-Prinzip: Wenn sie hier jetzt so einen Zinnober macht, was muss ich dann erst bieten? Sie schenkt mir was, erwartet aber bestimmt eine Gegenleistung – nee, so will ich keine Geschenke kriegen. Oder auch: Wenn ich mich hier schon tagelang auf den Striptease vorbereitet und sogar daran gedacht habe, heute Morgen keine engen Socken anzuziehen, damit es keine hässlichen Druckstriemen am Knöchel gibt – ja, dann muss er doch auch was bieten! Begeisterung, Begehren, Applaus in Lustform dargeboten. Die Enttäuschung ist vorprogrammiert, das Drehbuch der Verführung wird nie so filmreif wie in der Hoffnung ausgeführt werden können – denn dem Verführten fehlt der Text.

Die wenigsten von uns handeln stets aus altruistischen Motiven; etwas erreichen wollen wir mit fast allen Aktivitäten. Nicht nur Erfolg, Anerkennung, Lob – sondern auch Metaphysisches wie Harmonie, Dankbarkeit oder Selbstzufriedenheit: Ich habe mir etwas einfallen lassen, um unseren Sex aufregend zu machen – nun könnte er auch mal was tun.

Nur: Das Ideal dieses Geben-und-nehmen-Prinzips hat zur Folge, dass wir uns beschämt bis ärgerlich verspannen, wenn uns ein Geschenk in Form einer erotischen Überraschung oder besonderer körperlicher Aufmerksamkeit gewidmet wird: Da lauert doch die Pflicht zur Revanche dahinter (vermuten wir oft zu Recht)! Das äußert sich in Hemmungen, die dargebotenen Aufmerksamkeiten zu genießen, oder sogar in ärgerlichem Unwillen: Unter welchen Leistungsdruck setzt sie mich denn nun mit dem Sieben-Schleier-Tanz, wie soll ich das (jetzt) toppen?

Und so kommt es, dass beide frustriert sind: Der Überraschter, weil der Beschenkte sich zurückhaltend bis peinlich berührt oder abwehrend verhält – und der Überraschte, weil er sich unter Druck gesetzt und sich zur aktiven Dankbarkeit verpflichtet fühlt.

Entlasten Sie Ihre Beziehung vom Geben-nehmen- und Wenn-dann-Prinzip. Vereinbaren Sie einen Deal, der in etwa besagt: Wenn ich hier den Sieben-Schleier-Tanz mache, dann deshalb, weil ich dir Freude bereiten will. Ich will keine sofortige Gegenleistung und auch keinen Acht-Schleier-Zirkus von dir nächste Woche um dieselbe Zeit. Ich erfreue mich an meiner Lust, dich zu überraschen; unterstell mir bitte nicht gleich, dass ich damit eine Forderung ausdrücke. Ja, ich hoffe, dass es dich so freut, dass du darauf eingehst und wir einen spannenden Liebesmoment haben. Lass dich verführen. Du hast es verdient. Einfach so. Weil du da bist.

Und jetzt komm. Zieh dich aus. Ich möchte dir guttun, darum geht es, ich tue es um des Tuns willen, um deinetwillen. Um unsertwillen. Damit *wir* uns obsessiv, exzessiv, reuelos, hemmungslos, gedankenlos, rücksichtslos aufeinander zu fallen lassen. Ohne Subtext. Nur um des Sexes willen. Zen oder die Kunst der Konzentration auf die Verführung. Nimm es, empfange es, und halte dich nicht mit dem Zurückgeben auf.

Nimm an, was ich dir zu schenken habe – einen Strauß Blumen verweigert man ja auch nicht …

*Nur zweimal die Woche? – So oft?!*

Es gibt Keusche und Unkeusche oder, wie es mal der Grandmaster des Sexes, Oswalt Kolle, ausdrückte: Sieben-Tage-die-Woche-Typen und Siebenmal-im-Jahr-Typen.

Das ist übrigens keine Frage der Geschlechter; es gibt in

etwa gleich viele Frauen und Männer, die auf die Frage: »Wie oft hätten Sie gerne Sex mit Ihrem Partner?« antworten: »Fragen Sie mich lieber, wie oft nicht, das kann ich leichter zählen.« Und andere, die ganz froh sind, wenn sie drei Monate Ruhe damit haben.

Das ist so lange problemlos, wie zwei erotisch ähnlich getaktete Menschen zusammen sind. Die lachen über das angeblich »normale« Mittelmaß von 1,7- bis 2,4-mal die Woche und tun es, wie es ihnen passt.

Interessant wird es, wenn zwei diesbezüglich gegensätzliche Menschen aufeinanderstoßen und sich verlieben – in den ersten Monaten oder dem ersten Jahr fällt ihnen vielleicht nicht mal auf, dass sie in ihren Frequenz-Bedürfnissen eigentlich unterschiedlich ticken. Aber irgendwann wird der Sex seltener, und die kleine Krise beginnt: Ist das jetzt der Anfang vom Ende?

Eigentlich nicht. Es ist der Anfang eines ehrlichen Gespräches, zu dem sich beide trauen müssen und klar sagen: »Baby, ich könnte dauernd.« – »Süßer, ich aber nicht. Ich bin der Typ zweimal im Monat, wenn ich mich recht erinnere, war es schon immer so, ich habe es nur nie so richtig registriert. Es heißt ja immer, Lust hat jeder – ich habe mich immer in Frage gestellt, warum das bei mir nicht so ist. Aber ich befürchte, es ist einfach so. Keine Ahnung, vielleicht sind es meine Hormone, die etwas gemütlicher reagieren, vielleicht ist es einfach mein Charakter, der so ist, und gut. Ja, ich habe schon davon gehört, dass mehr Lust von mehr Sex kommt. Wir könnten das probieren: Vielleicht kommt ja der gesteigerte Appetit wirklich mit dem Essen? Ich werde es versuchen, aber kann keine Garantie geben. Leider.«

»Na schön«, sagt der Öfterwoller, »gut, dass du mir das sagst. Ich hatte schon Sorge, es liegt an mir – dass du mich nicht mehr attraktiv findest oder dich langweilst. Ich weiß auch nicht, warum ich am liebsten ständig könnte: Ich wollte das schon immer. Vielleicht sind meine Hormone auf Highspeed, vielleicht brauche ich auch öfter Sex, um mich wohl und ganz zu fühlen. Es wäre entsetzlich, wenn du dich dazu zwingen müsstest, mit mir zu schlafen, das will ich natürlich auch nicht. Und natürlich wünsche ich mir auch, dass du mich so willst wie ich dich – und du mir es auch zeigst, wenn du mal wieder Lust hast. Sonst sammele ich hier einen Korb nach dem anderen, das würde mir genauso wenig gefallen wie eine Opferhaltung von dir. Was machen wir denn jetzt?«

Der Öfterwoller hat es übrigens nicht schwerer als der Seltenmöger: Beide fühlen sich ungenügend und wollen den anderen weder bedrängen noch ablehnen.

Es ist wichtig, sich über die sexuellen Bedürfnisse gegenseitig auf dem Laufenden zu halten – wie man sich damit fühlt, abzulehnen, oder wie man damit zurechtkommt, sich als Bedränger und Abgewiesener zu empfinden.

Es gibt keine grundsätzliche Garantieregel, wie zwei Gegensatzmenschen stets und immer miteinander zurechtkommen. Hier ein paar Varianten, wie sich Gegensatzpärchen miteinander arrangiert haben:

• Lass dich jede zweite Woche einmal nach Strich und Faden von mir verführen – ob mit Massagen, erotischer Literatur, einem Film, einem Picknick, bei dem wir uns mit den Fingern füttern: Du musst keine Lust aus dem Stand haben, ich werde sie dir bereiten.

- Lass uns, auch ohne dass es auf Sex hinauslaufen muss, zärtlich und sexy miteinander umgehen: mit Gesten, Blicken, Berührungen. Das sind wunderbare Ersatz-handlungen, die mir die Gewissheit geben, dass du mich nicht generell ablehnst.
- Wenn du als Seltenwoller Lust bekommst – zeig es mir offen und lass es mich aufsaugen und genießen.
- Lass uns einen Ablehnmodus finden. Mich einfach wegzuschieben oder die Decke fest um dich zu rollen ist zwar deutlich, aber es verletzt mich.
- Ich werde als Öfterwoller weiterhin masturbieren. Es wäre schön, wenn du dabei ab und an in meiner Nähe bist, denn ich liebe es, dir nah zu sein.
- Wer seltener will, hat die höhere Verantwortung für das Liebesleben: und darf nicht nur ja oder nein sagen; er ist verpflichtet, das Nein mit nonsexuellen Gesten der Zuneigung zu entschärfen.

# Kapitel 5

## VON WEGEN »DAS IST WIE FAHRRADFAHREN, DAS VERLERNT MAN NIE«

### Neues Spiel – wirklich neues Glück?

Wiedereinsteiger, die nach langen Beziehungen wieder auf den Markt kommen, haben ganz andere Sorgen als die Frage, wann es Zeit ist, die Kerzen anzuzünden. Von Neuanfang kann nicht die Rede sein: Die Enden klappern nach.

Einige Lebensbeispiele.

*Wie eine zweite Entjungferung: nach vierzehn Jahren ein neuer Mann*

Katja, neununddreißig, hatte nach vierzehn Jahren Beziehung das erste Mal einen anderen Mann.

»Eines Tages beschloss ich, nicht mehr mit meinem Lebensgefährten zu schlafen. Zu viel war passiert, zu viel geschehen, zu viel gesagt. Schon seit Monaten ertrug ich kaum meine eigene Feigheit, ihn nicht zu verlassen. Und noch länger lebte ich mit dem Gefühl, frigide, unattraktiv, zu fett geworden, zu frustriert zu sein. Der Mann, mit dem ich über ein Jahrzehnt Bett und Leben geteilt habe, in guten wie in schlechten Zeiten, dabei ganz ohne Trauschein, sah mich nicht mehr.

Schon gar nicht mehr an. Null Sex, keine Zärtlichkeiten, keine Nähe.

War's das etwa schon im Leben? Ich werde vierzig, wurde mir bewusst.

Um die Augen klar sichtbare Lebensfältchen. Der Bleistifttest am Busen? Durchgefallen. Meine Augen stumpf braun anstatt leuchtend bernsteingesprenkelt. Die Mitte? Ein einziges Desaster. Kein Wunder, dass ich mich frigide fühlte, mich in viel zu großer Kleidung versteckte. Mein Gang, einst stolz, beschwingt, war jetzt lahm, lustlos und verkrampft. Überhaupt war ich ständig verkrampft und fiel in eine Art Lethargie, lauernd, ob etwas passieren würde.

Ich flüchtete in Schlafexzesse, verbarg mein wahres Ich noch mehr, stellte alle meine Bedürfnisse nach Leben und Freiheit irgendwo im Dunkeln ab. Ich war schlicht und einfach ratlos, wie und wann ich aus dieser Situation wieder herauskäme, zerfloss in Selbstmitleid, dass ich nicht schon viel früher einfach abgehauen war. Raus aus dieser destruktiven Beziehung und rein in *mein* Leben.

Deshalb begrub ich die erloschene Liebe für meinen einstigen Lebensgefährten, drückte mein Kreuz durch und marschierte los zu neuen Ufern. Und siehe da. Ich wurde gesehen. Und das tat gut, sogar verdammt gut.

Endlich raffte ich mich auf, schmiedete Pläne für ein Leben ohne meinen Lebensgefährten, traf eigenständige Entscheidungen, setzte mich durch und nippte zum ersten Mal seit langer Zeit wieder an dem Gefühl von

Erfolg aus eigener Kraft. Endlich spürte ich wieder Hoffnung, machte mir klar, dass es ausschließlich an mir liege, wie die nächsten Jahrzehnte verlaufen würden.

Ich erinnerte mich an frühere Affären und bemerkte, dass ich gern wieder eine hätte. Ich hatte es schon seit einiger Zeit geplant. Mit beinahe vierzig wurde ein Liebhaber dringend nötig. Aus verschiedenen Gründen.

Aber ich wollte es »sauber« tun – erst das Goodbye, dann der Neustart. Wie ich auf ihn wartete!

Ich wollte mich unbedingt auf das Spiel des Begehrens und des Begehrtwerdens einlassen. Raus aus der Routine, raus aus dem vertrauten »ich komme in drei Minuten«-Sex hinein ins wilde Abenteuer. Dem anderen Neuen zeigen, wie sehr man ihn will, ihn locken, ihn reizen, bis er schon auf einen Abstand von drei Metern einen Ständer kriegt.

Aber ich will ja nicht irgendeinen, sondern *ihn*, an dem sich meine Phantasien schon seit einiger Zeit entzündet haben. Und er weiß es. Nie gab ich nach. Nun träume ich davon.

Das macht ihn scharf, die süße Verlockung, verführt zu werden. Etwas Besonderes zu sein, auserwählt zu werden, Stück für Stück, Blick für Blick, Andeutung für Andeutung zeige ich ihm, du bist es.

Es sind dein Schwanz, deine Begierde, deine Hände auf meiner Haut, dein Atem an meinem Hals. Du bist es, den ich mir ausgesucht habe, mein erster und einziger Liebhaber nach vierzehn Jahren Monogamie zu werden.

Adrenalin pur! Es jagt ihm durch Mark und Bein, Gänsehaut am ganzen Körper, Dauerständer über Stunden. Gerne lässt er sich von mir immer und immer wieder provozieren und weicht keinen Millimeter zurück. Das imponiert mir. Schon lange.

Er wird Dinge beichten und behaupten, die sich jede Frau wünscht zu hören, um sich ganz als Frau zu fühlen.

Und schließlich kommt der Moment, auf den man so lange hingefiebert hat. Dann endlich traut er sich, derjenige zu sein, der die Blüte der Lust nicht nur zum Blühen, sondern zu wieder neuem Glanz bringen wird.

Um Erlaubnis wird er bitten, mich zu küssen, fragen, ob er weitermachen darf. Sich bewusst sein über die Einzigartigkeit des Moments. Er darf mich berühren, mir Dinge sagen, die er schon hundertmal in meiner Gegenwart gedacht hat. Dort anfassen, wo es verboten ist, denn er war ja nicht mein Mann.

Und es ist nicht so, wie ich es mir in dunkler Nacht, die Hand an meinem Pfirsich, ausgemalt habe, heimlich, mit nassem Schoß im Ehebett liegend, leise durch die Nase atmend, damit mich mein Keuchen nicht verrät, nein, es ist *besser!!!!!*

Erst nach einiger Zeit erkannte ich, dass ich mich selbst und meine Sexualität wiedergefunden habe. Vielleicht keine neue Liebe, aber meinen Sex. Er gehört zu mir. Es war wie ein … Wiedererwachen.

Es macht mir endlich wieder Spaß, zu begehren, es zu zeigen und mir zu nehmen, worauf ich Lust verspüre. Dabei spielt es keine Rolle, ob es bei einem Mal bleibt. Nachmittags, vormittags, nachts.

Ich will es, wenn ich jemanden treffe, der mir gut genug gefällt und mir ohne Rücksicht auf Verluste zeigt, dass er sich mir ausliefert, meiner Lust, meiner Gier, meinen Regeln. Männer, die sich noch trauen, Mann zu sein, und es einer Frau direkt zeigen. Nimm mich!

Seitdem fühle ich mich wieder selbst und tue schamlos das, wonach mir der Sinn steht.

Wie nach einer zweiten Entjungferung. Nur erwachsener.«

Manchmal steht der eigene Partner der Entfaltung der Sexualität akut im Weg. Das sind solche Fälle, wo Sie sich den Mund fusselig reden können, um dahinterzukommen, warum er verdammt noch mal ein Problem damit hat, Sie zu lecken, oder warum sie den Blowjob vermeidet. Er sagt dann vielleicht »Mochte ich noch nie« oder »Ich mag das eben nicht!«, und das war es. Kein Kompromiss, kein Versuch, nur Abwehr. Und wenn Sie inständig bitten: Wir müssen darüber reden – eine Replik hören à la: Du vielleicht. Ich nicht. Ich find alles prima so.

Was auch immer hakt – es gibt dabei exakt zwei, pardon, drei Möglichkeiten. Die schlechteste zuerst: Sie halten das einfach aus. Weil es so wichtig nun auch nicht ist. Weil Sie mit dem Frust ja irgendwie doch leben können.

Können Sie nicht, wollen Sie nicht? Oder wissen beide nicht, *wie* Sie es lösen können? Es ist keine Schande, zu einem sexualtherapeutisch orientierten Paar-Psychologen zu gehen. Nach zehn bis zwanzig Stunden Gesprächshilfe haben Sie die Sache durch und gehen im Zweifel wissender, liebender, verständnisvoller und intimer aus der Sache raus als rein.

Die dritte Variante, wenn Ihnen beim Sex etwas so sehr fehlt, dass Sie es kaum aushalten, *und* der Partner sich weigert, es zu besprechen oder zu lösen – gehen Sie bitte in sich und befragen sich ehrlich und aufrichtig.

Ich habe lange darüber nachgedacht und auch mit vielen engen Freunden und Bekannten gesprochen, wie das ist oder war, wenn ein essenzieller Teil ihrer Sexualität von dem jeweiligen Gefährten abgelehnt wurde. Essenziell sind alle erotischen Praktiken, die Sie für elementar halten, um Sex auf die nächsten Jahrzehnte zu genießen.

Für die meisten war es besonders schwer, wenn der Partner auf oralen Sex verzichten wollte und er oder sie keine freiwilligen oder gar genussvollen Anstalten machte, sich dem Genital zu nähern. Egal ob frisch gewaschen, frisch rasiert, egal ob sie selbst gern geblasen oder geleckt wurden: Nichts.

Die meisten empfanden diese Ablehnung des Oralverkehrs als grundsätzliche Ablehnung ihrer Person, ihres Körpers. Als ob ihre Sehnsüchte nicht zählten. Als ob ihr Geschlecht es nicht wert sei.

Nun kann man sagen: Ja, aber wenn sonst alles passt und die beiden glücklich sind … Glauben Sie mir, in den wenigsten Fällen passt alles und sind beide dauernd mit allem glücklich, das ist ja nicht mal bei Paaren so, die ständig in der Neunundsechziger-Position aneinander herumlecken.

Die weiteren essenziellen Sehnsüchte, die nicht erfüllt wurden: sich frei zu fühlen, jederzeit zu äußern, was man will; die Akzeptanz des Partners für nicht ganz konforme Praktiken wie Bondage, Rollenspiel, beim Sex ab und zu was anderes zu tragen (Lack, Leder, Lippenstift); Angst davor, dass der andere einen Wunsch lächerlich macht.

Will man das für den Rest seines Lebens ertragen?

Wenige können es. Viele tun es trotzdem. Und manche spüren, dass ihre Liebe dafür nicht reicht und über dem ewigen Verzicht verendet.

Und diese trennen sich, suchen sich Liebhaber oder bringen ihren Partner mit der Keule zum Aufwachen: und verschwinden einen Monat von der Bildfläche.

Nicht weil er oder sie nicht leckt, sich nicht auf den Bauch dreht oder keine rosa Schnürschühchen beim Sex anziehen mag. Sondern weil das, was hinter der Verweigerung steckt, zu groß ist, um es in einer Beziehung ein ganzes Leben lang ertragen zu wollen: Im Sex zeigt sich, was beide einander sein können und vor allem sein wollen.

Und manchmal muss man den Allerliebsten mit ehrlichen Worten oder mit einer temporären Auszeit erschrecken, um ihn aufzurütteln, dass es kurz vor zwölf ist.

*Ich habe meine Frau immer noch unter der Haut*

Hans, neunundvierzig: Nach siebzehn Jahren Ehe fühlte ich unter meinen Fingern immer noch meine Frau.

»Da wurde ich also siebenundvierzig, trennte mich von meiner Frau und hatte am dritten Tag nach dem Auszug zum ersten Mal im Leben Sex mit einer anderen Frau, die auch noch fünfzehn Jahre jünger war als ich. Eine Kollegin, wir kannten uns ein Jahr, aber ich war verheiratet, sehr verheiratet. Und für alle da draußen glücklich und treu.

Und was tue ich? Nach siebzehn Jahren Ehe rufe ich sofort bei der einzigen Frau an, die ich begehrte, seit

sich das Ende meiner bisherigen Lebensplanung ab-
zeichnete.

Sie war optisch das komplette Gegenteil zu meiner
Frau; Sarah war eine blasse, schlanke Rothaarige, äthe-
risch, klassisch – und meine Kollegin Romy so ein
brünetter Kurzhaartyp, handfest, sinnlich, mutig, eine
Frau, mit der ich mir vorstellen konnte, mehr als das
Bett zu teilen.

Es war nicht ganz ein Fiasko, aber fast. Ich hatte
zwar seit einem Jahr nicht mehr mit Sarah geschlafen –
aber dennoch erwischte ich mich dabei, wie ich bei
Romy begann, exakt dasselbe zu tun, was ich mit
Sarah die unendlich vielen Jahre getan hatte. Es fiel
mir spät auf, zu spät vielleicht. Ich berührte nicht
Romy. Ich hatte immer noch Sarah unter den Fingern
und tastete wie ferngesteuert auch bei Romy nach den
sonst so wohlbekannten Stellen: massierte ihr die Fuß-
gelenke; küsste ihren Bauch, stellte meinen Atem auf
den ihren ein, weil das Sarahs und mein Weg gewesen war, unsere Körperbewegungen aufeinander einzustellen.

Ich bemerkte erst beim zweiten oder dritten Mal, wie
irritiert und vor allem frustriert Romy war: Ich hatte
sie und ihre Bedürfnisse und erogenen Zonen völlig
ignoriert. Sie war weder für Küsse am Bauch noch an
den Fußgelenken empfänglich, wollte nicht mit Reiki
behandelt werden, sondern sich lieber als Reiterin auf
mich schwingen, während ich noch dabei war, ihrem
Atem zu lauschen. Insgesamt war der Sex ein Desaster,
und zuerst dachte ich, wir passen eben nicht zusammen. Bis mir selber auffiel, dass ich auch nach dreimal

Sex nicht wusste, was Romy mag. Ich hatte ein altes Sarah-Schema abgearbeitet.

Die Trennung war schmerzlich, hatte es doch so gut begonnen. Das einzig Gute, das es gebracht hat, war, dass ich mir Zeit ließ, bis ich wieder mit einer anderen Frau schlief – und alles vergaß, was ich je bei der letzten Frau richtig gemacht hatte.

Nach eineinhalb Jahren Trennung von meiner Frau bin ich inzwischen wieder mit ihr zusammen. Und ich gebe zu, es ist erleichternd: Denn hier weiß ich, wie es geht, was geht und warum. Wir verstehen einander blind und sehend, und unser Sex hat sich nach der sehr ernsten Ehepause sogar verbessert: Denn ich arbeite bei ihr zwar auch das alte Sarah-Schema ab, aber höre noch genauer hin, um zu entdecken, was sie sonst noch will außer dem, was schon immer funktioniert hat.«

*Er wusste genau, wie er mich berühren sollte –*
*wird das je wieder einer können?*

Barbara, siebenundvierzig: Ich vermag nicht zu erklären, was ich will – denn er wusste es besser als ich.

»›Die Welt sehnt sich immer nach Statuen‹, hatte mein Mann oft gesagt und mir über meine sehr flache Brust gestreichelt, mit einer zärtlichen Bewunderung, die mich oft fast zu Tränen gerührt hat. Wir waren nahezu sechzehn Jahre verheiratet, neunzehn Jahre zusammen, er war erst mein dritter Mann gewesen, und es war eine gute Ehe. Vor zwei Jahren ist er gestorben, an dem verdammten Krebs. Ich verlor nicht nur meinen

Mann und meinen besten Freund, sondern auch den Mann, der meinen Körper so genau kannte, jeden Zentimeter.

Was seltsam war: Wir hatten nie groß darüber geredet, was uns beiden gefällt. Er hatte eine Art an sich, es über die Jahre nach und nach mit seinen Händen herauszufinden. Wenn ich ihm sagen wollte, nicht so fest oder auch weiter links – dann schüttelte er den Kopf, brummte hmhm und probierte es so lange, bis ich vor Lust seufzte. So als ob er sich meinen Körper selbst ›erarbeiten‹ wollte. Mit dem Effekt, dass wir niemals über Sex sprachen und es einfach taten. Es war nicht immer perfekt, aber ich fühlte mich immer geliebt. Er wusste zum Schluss einfach alles. Er sah mir in die Augen, achtete auf die Reaktionen meines Körpers und handelte danach. Es wurde mit den Jahren einfach immer vertrauter.

Nun ist er fort. Er fehlt mir jeden Tag. Und doch habe ich mich in den vergangenen Monaten einem anderen Mann genähert; ich will nicht, dass er Alexander ersetzt, das geht nicht, natürlich nicht. Aber ich genieße es, umworben zu werden, angeflirtet, dass ich nicht zum alten Eisen gehöre, sondern, wie er, Christof, sagt, eine Frau in der absoluten Blüte ihrer Jahre sei. Sein Begehren lässt mich nicht kalt – und doch: Ich zögere es hinaus, mit ihm zu schlafen. Was ist, wenn er mich nicht so berührt wie Alexander? Was ist, wenn er fragt, was mir gefällt – ich werde es ihm nicht mal sagen können! Zwischen mir und meinem Mann war es reines Gefühl, Instinkt. Ich weiß nicht, was Alexander richtig gemacht hat, nur, dass es sich gut anfühlte, weil er so sehr daran interessiert war, herauszufinden, was ich an welchem Tag in welcher Situation gerne mag. Er ging so intensiv und konzentriert vor.

Christof ist nicht der konzentrierte Typ. Das bemerke ich an seinen Küssen, die sind schön, aber sein Körper hört nicht auf meinen, ich versuche, deutliche Signale zu geben, aber er ignoriert sie. Seinen Körper verstehe ich ebenso wenig, als ob da immer noch eine durchsichtige dünne Gummiwand zwischen uns ist: Wir scheinen uns anzufassen, aber tragen beide noch einen Panzer. Er scheint es nicht zu merken.

Ich frage mich, ob das nur mit ihm so ist. Oder ob es jemals wieder einen Mann geben wird wie Alexander, der mich so sehr berührt, innen wie außen. Ich habe Angst, für immer eingeschlossen zu sein in dieser gefühllosen Haut und niemals erklären zu können, wie ich da rauskomme. Vielleicht ist aber auch die Zeit noch nicht reif. Meine Haut erinnert sich immer noch an Alexander. Wenn ich mich konzentriere, fühle ich seine Wärme, seinen Atem, den Druck seiner Finger. Ich spüre seinen Blick auf mir. Es zerreißt mir das Herz.

Und doch – ich wünsche mir nichts mehr, als wieder Sex zu haben, mit einem Mann zu schlafen, herauszufinden, was ihm gefällt. Ich möchte halten und gehalten werden, die Zeit vergessen, alles vergessen, einfach nur Sex haben. Langsam, schnell, schön, nah, wild, völlig egal – Hauptsache, dass ich es in mir spüre.

Ich hoffe, dass ich das Fühlen nicht verloren habe. Ich hoffe, dass ich es irgendwann zulasse, neue Erfahrungen und Empfindungen zu haben und nicht den alten nachzutrauern oder ständig zu vergleichen. Ich hoffe, dass ich eine Sprache finde, um zu sagen, was ich will – um nicht erst nach langen Jahren, die auch Alexander und ich benötigt hatten, wieder so ineinander aufzugehen.«

*Das Gedächtnis der Haut* lautet der Titel eines Buches von David Grossmann, in dem er in zwei Novellen über Liebe, Nähe, Einsamkeit und Obsession erzählt. Und dass die Haut tatsächlich ein Erinnerungsvermögen hat, beweist nicht nur ihre Reaktion auf diverse Schindluder, die wir mit ihr treiben (Sonnenbaden, Saufen, sinnloses Geschrubbe), sondern die Tatsache, dass die Haut unser intensivstes »Kontaktmittel« ist. Berühren und berührt werden sind die intimsten Formen der Kommunikation. Die Epidermis, das Nervensystem und die Zellen besitzen ein haptisches Erinnerungsvermögen, wir spüren noch tage- oder jahrelang Küsse, Berührungen, Gänsehaut – wie Phantomschmerzen.

Aus allen Berührungen, die wir je genossen, aus allen Schmerzen, die wir erlitten haben, setzt sich unser gegenwärtiges Körpergefühl zusammen – behaupten zumindest einige ganzheitlich ausgerichtete Mediziner. Da könnte etwas dran sein (auch wenn sich die äußeren Hautzellen nach sieben Jahren komplett erneuert haben und es dann eher eine emotionale oder mentale Erinnerung an Berührung ist) und würde auch erklären, warum wir manchmal so lange brauchen, um die vergangenen Streicheleinheiten von der Haut zu tilgen, um sensitiv und wohlwollend auf neue zu reagieren.

Wie lang diese Zeit ist, bis wir jemanden nicht mehr auf,

in oder unter der Haut spüren, ist bei jedem verschieden. Um es schneller »abzuschütteln«, bedarf es einer Konzentration auf sich selbst, eines Gleichgewichts des eigenen Körpergefühls. Manche erreichen das durch Sport, meditativ angehauchte Gymnastik, Massagen, Rebalancing-Kurse, Reiki oder Yoga – bis sie wieder in sich selbst angekommen sind, anstatt immer noch von den vergangenen Liebkosungen aufrecht gehalten zu werden.

### Seit zwanzig Jahren die erste Beziehung

Michael, neununddreißig: Ich weiß einfach nicht mehr, was normal ist und was nicht.

»Ich habe ein Problem, welches ich nicht richtig beschreiben kann, darum ist es wohl am besten, wenn ich es einfach sage: Mein Penis ist oft voll erigiert, wenn ich mit meiner Freundin zusammen bin, aber ich komme in ihr nicht zum Orgasmus. In diesem Jahr werde ich neununddreißig Jahre alt, bin etwas korpulent, so weit gesund; meine Partnerin ist fünfundvierzig Jahre alt, auch etwas korpulent, aber dieses hat uns gegenseitig beim Sex nicht beeinträchtigt. Wir führen jedoch eine Fernbeziehung und können uns wegen der Entfernung von circa 600 Kilometern nur einmal bis zweimal im Monat sehen.

Meine derzeitige Freundin Sabine, welche ich nun etwas mehr als eineinhalb Jahre kenne, ist die erste seit circa zwanzig Jahren. Damals wurde ich enttäuscht, und da ich bis zum Kennenlernen von Sabine auch ein Einzelgänger war, der sich mit Selbstbefriedigung

Erleichterung verschafft hat, habe ich auch nie wieder näheren Kontakt zu Frauen hergestellt beziehungsweise wurde ich, vermutlich wegen meines Äußeren, auch nicht angesprochen.

Die einzigen Orgasmen mit Sabine hatte ich, als sie es mir mit der Hand ›gemacht‹ hatte beziehungsweise mit dem Mund. Des Weiteren habe ich zwei Vorlieben, welche wir immer wieder einmal mit einbauen in unsere Zweisamkeit. Ich selbst würde nicht so weit gehen, diese als Fetisch zu beschreiben, da ich auch ohne sie erregt werde. Das eine sind lange Fingernägel bei Frauen, welche meine Freundin hat; das andere ist, wenn Frauen beispielsweise Luftballons aufblasen oder diese platzen lassen. Meine Freundin und ich haben festgestellt, dass ich auf beide Vorlieben nicht mehr so stark abfahre wie am Anfang unserer Beziehung, dennoch ist Sabine so lieb und baut sie immer wieder einmal mit ein. Aber ist all das normal …?«

»Normal« ist, dass jeder ein Faible für etwas Bestimmtes hat – das Geräusch einer Gürtelschnalle, der Anblick von schwarzen Lackschuhen, eine rasierte Scham oder ein bestimmter Handgriff. Oder eben auch mal lange Fingernägel oder zerplatzende Luftballons. Ich kann eigentlich nur jedem gratulieren, der seinen Kick gefunden hat, und noch mehr, wenn er jemanden gefunden hat, der zugewandt und interessiert ist, das einzusetzen, um gutzutun. Bitte, machen Sie sich also da keine Sorgen, sondern genießen es …

Der etwas schüchterne Orgasmus, wie ihn Michael beschreibt, hat zwar einige Anzeichen des sogenannten verspäteten Orgasmus, aber ich möchte kurz erläutern, was hinter dem scheuen Höhepunkt sonst noch verborgen sein kann: 75 Prozent aller männlichen Erektionsprobleme (dazu gehören auch ausbleibende Orgasmen trotz Erektion) sind körperlicher Natur und durch Krankheiten bedingt: Dazu gehören Diabetes, Störungen des Nervensystems, Multiple Sklerose, Bandscheibenvorfall; oft sind erektile Probleme auch Vorboten von Krankheiten wie Niereninsuffizienz oder Herzkrankheiten. Ich möchte Ihnen keine Angst einjagen, aber ein ordentlicher Check-up beim Hausarzt kann Sie beide erleichtern und gleichzeitig der Vorsorge dienen.

Auch Medikamente besitzen negativen Einfluss auf die Fähigkeit, zu kommen (ein Orgasmus wird durch das Nervensystem ausgelöst, das wiederum auf Medikamente sehr empfindsam reagiert): Antidepressiva, Migränemittel, Lipidsenker, Magen-Darm-Mittel, Betablocker beziehungsweise blutdrucksenkende Substanzen. Der Urologe Ihres Vertrauens wird Ihnen eine komplette Liste zusammenstellen. Und natürlich sind auch Nikotin, Alkohol (mehr als zwei Gläser Wein oder Bier), Kokain und Marihuana wahre Meister beim Verhindern von Orgasmen …

Wenn Sie all das ausschließen können, schätze ich mal – wie es einst auch mein Kollege Jürg Willi aus der Schweiz in seinen Büchern über männliche Sexualität geschrieben hat –, dass Ihr Penis Ihnen etwas sagen will. Bitte nicht lachen; das männliche Geschlecht ist quasi das sichtbare Organ Ihrer Intuition, Ihrer Ängste, Ihrer Hoffnungen. Und es reagiert wie ein empfindsamer Seismograph auf Ihre innere Befindlichkeit.

Ohne eine Garantie dafür auszustellen vermute ich, dass Ihr Geschlecht sich nach noch mehr seelischer Intimität sehnt. Es ist nicht der Kick oder die Technik oder die Lust, die fehlen, um bis zum Orgasmus zu kommen, auch nicht das Gefühl für Ihre Partnerin – sondern die Sicherheit, sich fallen lassen zu können. Für einen Mann zu kommen heißt ja auch, sich gehenzulassen, die Kontrolle zu verlieren, sich aufzulösen und wahnsinnig verletzbar in den Sekunden des höchsten Glücks zu sein.

Ich könnte mir vorstellen, dass Männer wie Michael aufgrund ihrer Erfahrungen und asketischen Jahre des Alleinseins noch Zeit brauchen, um sich wirklich sicher zu fühlen. Es ist das Leben, das uns manchmal Wunden schlägt, die an merkwürdigen Stellen nachbluten. Und gerade die Sexualität wird recht lange von kränkenden, verletzenden Ereignissen mitgenommen. Aber: Zeit heilt viele Wunden, doch weiß man leider nie, wann.

*Der erste Sex nach einer Trennung …*

Tagebuch eines verlassenen Mannes:

»13. Oktober. Mit Lara beim Japaner Shabu Shabu gegessen, Asahi-Bier getrunken. Lara mag Asahi-Bier. Weil es nicht nach Bier schmeckt, hatte sie lachend gesagt. Damals, als wir zusammenfanden. Gemeinsam ausgehen, neugierig aufeinander bleiben, so hatten wir es uns überlegt vor drei Jahren. Wir wollten nicht nur den Alltag teilen, sondern auch rumalbern; nicht mit anderen, sondern zusammen die Sau rauslassen; nicht getrennt flirten, sondern miteinander.
Ich habe an diesem Abend mit ihr geflirtet. Sie hat mit mir Schluss gemacht. Gerade als die Bedienung eine

Reissuppe aus der restlichen Shabu-Shabu-Brühe machen wollte. Sie hätte einen anderen kennengelernt. Und ist gegangen, ehe ich begriff, was los war. Erst da habe ich bemerkt, dass sie Schuhe trug, die ich noch nie vorher gesehen hatte: hohe Schuhe, rot, mit schmalen Riemchen.

17. Oktober. Drei Tage lang nicht zur Arbeit gegangen. Drei Tage lang nichts gegessen außer alten Brötchen. Nicht zu ertragen der Gedanke, unter Menschen zu gehen. Freundlich sein? Reden – igitt. Kann auch nicht schlafen. Gedanken rotieren um die eine Frage: Warum? Ich will, dass es aufhört, will nicht mehr denken, will schlafen. Ich werde es ab heute mit Schlaftabletten probieren. Als es klingelt, stürze ich zum Telefon. Es ist nicht Lara. Ohne ein Wort lege ich auf.

Viktoria! Viktoria kommt aus der Ukraine, ist groß, blond und hat gemachte Brüste. 100 Euro für dreißig Minuten. Ich habe sie von hinten genommen, verzweifelt, fast wütend. Wollte nicht ihr Gesicht sehen. Wollte nicht, dass sie mich ansieht. Ich konnte nicht kommen. Alles war leer, nur der Hunger blieb. Als ich ging, habe ich mich taub gefühlt. An der Tankstelle ein Bier gekauft, das nach Bier schmeckte. Bryan Adams auf Bayern 3 gehört. Wir haben oft Bryan Adams gehört.

22. Oktober. Arbeiten hilft. Hörer abnehmen, sprechen, Hörer auflegen. Jede Sekunde, die ich nicht an Lara denke, ist ein kleiner Sieg. Meistens verliere ich. Nachts wieder wach gelegen, trotz Schlaftablette. Zwei SMS geschrieben. Eine an Lara: ›Ich hoffe, es geht dir gut.‹ Eine Lüge. Antwort: ›Sehr sogar, bitte nicht mehr

melden.‹ Der Gedanke, dass sie bei ihm ist, macht mich wahnsinnig. Eine zweite SMS an Kathi, eine Ex-Affäre. ›Hey, was treibst du so?‹ Muss mich ablenken. Ihre Antwort: ›Lust auf ein Treffen? Komme morgen um acht zu dir, Küsse, Kathi.‹

23. Oktober. Kathi ist wieder fort. Es ist nicht viel passiert. Wir haben uns umarmt, sie hat mich gestreichelt, hat ihn sogar in den Mund genommen. Aber es ging nicht. Sie war enttäuscht, als ich sie fortschickte. Meinen Freund Christian angerufen. Geh unter die Leute, sagt er. Es gibt jede Menge Frauen. Fifty ways to leave your lover. Aber ich suche in jeder Frau Lara, sage ich. Und dann finde ich sie nicht. Ich merke, dass er es nicht versteht. Dann mach dir ein Bier auf, sagt er, und hol dir einen runter.

Hinterher fühle ich mich einsamer als vorher, und das Bier ist auch alle.

27. Oktober. Lara in der Stadt getroffen. Sie war allein. Es fühlte sich gar nicht schlimm an. Habe ihr zugewinkt und bin weitergegangen. Für kurze Zeit war ich erleichtert, fast beschwingt. Aber das war nur ein kurzer Moment. Kaum zu Hause, kam der Schmerz zurück. Ich habe sie angerufen, um endlich zu fragen: ›Warum?‹ ›Ich liebe dich nicht mehr‹, sagt sie. ›Das ist die ganze Antwort.‹

Jetzt ist es Nacht, der Satz hallt immer noch in mir nach. Ich verstehe es nicht, aber ich begreife, dass es vorbei ist. Ich ahne auch, dass mit der Trennung die Trennung erst beginnt. Und dass es lange dauern kann, ehe ich wieder mit einer Frau etwas Neues anfangen kann. Sex? Mal sehen. Ich will kein Bedürftiger sein, den man aus Mitleid auf dem Rücksitz meines Wagens tröstet.

28. Oktober. Ich habe aufgehört, sie in allem zu suchen. Laufe durch Straßen, beobachte Menschen, wundere mich über ihre Merkwürdigkeiten. Manchmal lächelt mir eine Frau zu. Wahrscheinlich, weil ich immer noch etwas traurig aussehe. Am Abend gehe ich durch einen Park. Die Luft ist weich und klar. Auf einer Bank sitzt ein Pärchen und albert herum. Geht bloß nicht japanisch essen, will ich ihnen zurufen. Natürlich tue ich es nicht. Aber ich habe das erste Mal wieder über mich gelacht.«

Männer sollen angeblich stärker unter Liebeskummer leiden als Frauen, sagen die einen Umfragen. »Nein, aber gar nicht, es sind die Frauen«, finden andere Befragungen heraus. Aber wahrscheinlich lässt es sich auf den Nenner bringen: Der Verlassene leidet am traurigsten.

Männer empfinden, das Schlimmste am Trennungsschmerz sei, von der Liebsten »veräppelt« worden zu sein (»sie hat ja wohl nur so getan, als ob sie mich liebt!«). Für Frauen hingegen besteht das Schlimmste darin, dass sie sich verlassen und ungenügend fühlen (»ich bin nichts wert, das ist der Beweis«).

Helfen kann nur die Zeit: Jeder muss erst durch die verneinende Schockphase gehen (»das kann doch gar nicht wahr sein!«), dann kommen die Wut und Trauer (»ich halt's nicht aus«), dann die Reflexionsphase (»wie konnte das nur passieren?«) und schließlich der Beginn eines Neuanfangs (»na gut, ist so, auf zum Alltag«). Die Zeit kann manchmal ein halbes Jahr oder ein halbes Leben dauern –

und beeinflusst natürlich auch den Sex. Ein Mann, der noch in der Schock- oder Trauerphase ist, wird einerseits geradezu verzweifelt auf der Suche nach Nähe sein und versuchen, die vier Liebeskummerphasen abzukürzen und sich gleich wieder im Leben stabil zu halten, doch es wird nicht gelingen: Die erste Frau nach einer Trennung hat es schwer und bleibt nur selten.

In seltenen Fällen passiert es just in der Reflexionsphase, dass sich Männer wie Frauen neu verlieben und dass tatsächlich etwas daraus wird – sie sublimieren ihren Zorn und ihr Trostbedürfnis nicht mehr, sondern sind durch das heulende Elend stärker geworden und gehen sozusagen mit einer neuen, inneren Reife in die nächste Liebe.

Übrigens, dass der Sex etwa ruppig ist oder der frisch Verlassene mittendrin einfach aufhört, liegt an der hormonellen Biochemie des trauernden Menschen. Bei Liebeskummer spielt das Gehirn verrückt. Es versiegt nicht nur die Produktion von Serotonin, sondern auch die weiterer Glückshormone wie Dopamin und Phenylethylamin. Der Verletzte ist auf Sex- und Liebesturkey. Und auf der Suche nach der Droge Lust und Zärtlichkeit wird der Sex geradezu verzweifelt, hungrig – und letztlich ernüchternd: Dort ist nicht das zu finden, was fehlt, weil gleichzeitig die Stresshormone jeglichen Genuss verhindern: Denn während die Körperchemie sich bei der Produktion von Glückshormonen in Zwangspause befindet, werden Stresshormone wie Adrenalin, Noradrenalin und Cortisol vermehrt in die Blutbahn gepumpt. Die Folge: Die Betroffenen sind aggressiv und gereizt, und der Sex gerinnt zum Leerlauf.

Manchmal jahrelang.

Katharina, vierzig: Träume ich von meiner großen Liebe, sind die Orgasmen intensiver als alle, die ich mit meinem Lebensgefährten erlebe.

»Eines Abends war ich – damals fast vierundzwanzig – in einer Kleinstadtdisco mit meiner Freundin verabredet. Es war sehr nett, aber eben nicht mehr. Um drei Uhr früh schlenderte ich im Dunkeln zu meinem Stamm-Rapkeller. Bass and Beat waren genau das, was ich brauchte. Tanzen und fühlen, dass ich lebe. Schwitzen und das Salz von meinen feuchten Lippen lecken. Im Dunkeln an der Hausmauer saß jemand, konnte ich aus den Augenwinkeln erkennen. Ich war schon beinahe vorbeigeschwebt, als ich plötzlich meinen Namen hörte.
›Cat?‹
Sein Timbre, die Art, wie er meinen Spitznamen aussprach, brachten etwas in mir zum Schwingen. Er sagte meinen Namen weich und sehnsüchtig. Es war John. Ihn hatte ich bestimmt schon über ein Jahr nicht mehr gesehen. Ich hielt im Schritt inne, legte den Kopf schief und lauschte in mich hinein: Da schwingt etwas ganz Neues in meinem Bauch, ausgelöst durch einen Ton.
›Ja, ich bin es.‹
Er wusste es schon, bevor er mich gesehen hat. Es sei die Art, wie ich laufe, erklärte er mir. Ich würde nicht einfach nur gehen, sondern schwingen.
Er verwirrte mich. Diese Weichheit in der Art, wie er mit mir sprach. Seine Stimme streichelte meine Seele.

Er stand auf, trat aus dem Dunkeln heraus, und ich schaute in seine Augen und durch sie hindurch in seine Seele. Hellbraun, noch heller, als meine es sind, und er schaute mich an, neugierig, offen und direkt. Dann legte er seinen Arm um meine Hüfte, und seine Hand fühlte sich warm an. Sofort fühlte ich mich geborgen und angekommen. Eine tiefe innere Ruhe breitete sich in mir aus, und ich fiel, fiel hinein in diesen schützenden Kokon, den John über mich ausbreitete, jedes Mal, wenn er mich vorsichtig und bedächtig in den Arm nahm.

Wir gingen tanzen, er zitterte am ganzen Körper und bekam eine Gänsehaut, als ich mich langsam an ihn drückte für einen schönen Blues. Dann gingen wir nach Hause und quatschten bis zum Morgengrauen. Er reichte mir seine Hände, und es fühlte sich an, als ob sie sich nie mehr loslassen würden. Auf Händen trug er mich ins Schlafzimmer und legte mich sanft aufs Bett. Nach und nach zogen wir uns gegenseitig aus, drückten unsere warmen Körper aneinander, wagten den ersten gehauchten Kuss, dann einen zweiten und dann einen dritten. Er erkundete meinen Körper mit dem Mund, seiner Nase, den Wangen und beiden Händen, er nahm mich immer wieder in seine kräftigen Arme, und ich kuschelte mich dicht an ihn.

Wir schliefen miteinander, als ob wir beide noch Jungfrau wären. Aber es war viel schöner. Den Blick ineinander vergraben, suchten wir gemeinsam und schweigend nach unserem Rhythmus. Es war beinahe unerträglich, diese neue Nähe, diese Vertrautheit, diese Geborgenheit beim Sex zu spüren, zuzulassen, rauszulassen.

Es war das erste Mal, dass ich beim ersten Mal mit einem Mann kam. Und er nahm jede meiner Wellen in sich auf, jede einzelne, und dann spürte ich die seinen, und es war wie ein zweiter Orgasmus für mich, so intensiv spürte ich Johns Leidenschaft in mir.

Später schliefen wir ein, wie zwei Kätzchen zusammengerollt in einem viel zu klein geratenen Körbchen. Als ich erwachte, war er in der Küche und bereitete Frühstück. So als ob er sein Leben lang nichts anderes für mich getan hätte.

Kurz vor Feierabend rief er mich an. Wir verabredeten uns, und ich holte ihn ab. Wieder nahm er mich in den Arm. Voller Zartheit und Stolz dirigierte er mich überallhin. Ohne zu pushen, ohne zu fordern.

Wir kochten gemeinsam und erzählten uns von unseren Eltern, den Geschwistern, unserer Kindheit. Wir tranken Wein, alberten herum, kuschelten auf dem Sofa und erzählten uns unsere geheimsten Erlebnisse, Träume und Wünsche. Wochen vergingen in Zweisamkeit, ohne dass es jemals kompliziert wurde.

Eines Nachmittags, ich war eigentlich sehr auf der Arbeit beschäftigt, rief er mich völlig aufgelöst an und fragte nur einen einzigen Satz.

›Liebst du mich, Cat?‹

Bisher hatte ich noch nicht darüber nachgedacht. Und gesagt habe ich es schon Männern vor John, mehrmals und eigentlich nie gemeint. Und jetzt? Ich hörte, wie er heftig und tief atmete. Was war geschehen?

Meine Sorge um ihn schnürte mir die Kehle zu, ein reißender Schmerz fuhr durch meinen Körper. Ich hörte mein Herz rasen.

›Ja. Ja, ich liebe dich, John.‹

›Auch noch in zehn Jahren?‹

›Ja, mein Leben lang.‹

Dann hängte er auf.

Ich war nicht nur durcheinander, sondern ich spürte ihn. Ihn und seine rasende Wut auf jemanden oder etwas. Was mochte passiert sein?

Später am Abend fand ich es heraus. Jemand hatte mich beleidigt, weil ich, wie schon beschrieben, gerne und oft auf der Pirsch war. Und John hatte sich mit dem Kerl geprügelt. Und zwar so heftig, dass er den anderen beinahe totgeschlagen hatte.

Er erzählte mir, was passiert war und wie er sich fühlte und wie stark er plötzlich wurde, als ich sagte, dass ich ihn liebe. Seine Wut hatte ihn blind gemacht, er wollte diesen Mistkerl umbringen. Ob ich Angst vor ihm habe, fragte er mich.

›Nein, ich habe keine Angst vor dir.‹

Aber er hätte manchmal Ausfälle, wüsste nicht, was er tun würde, denn er könne die Dummheit und Ignoranz der Menschen nur schwer ertragen, sie machten ihn aggressiv.

Vorsichtig tupfte ich Jod auf die vielen Kratzer und Abschürfungen.

Wir wollten heiraten und Kinder zeugen, zusammen ein Restaurant eröffnen und zueinanderstehen, egal was passiert. Niemals vorher fühlte ich mich einem Mann innerlich so nahe. Niemals nachher ließ ich irgendeinen anderen Mann so nah an mich ran. Niemals wieder breitete ich meine Gefühle vor einer anderen Person aus, und heute bin ich alt.

John ging weg und kam Weihnachten 1991 für zwei Wochen überraschend auf Besuch. Ich spürte, dass er kam, obwohl ich es nicht wusste. Drei Monate hatten wir uns nicht gesehen und nicht gehört; er war im Iran. Es schien, als ob wir genau dort weitermachten, wo wir aufgehört hatten. Wir besuchten sogar meine Eltern, und sie liebten ihn ebenso wie ich.

Am 6. Januar 1992 brachte ich ihn zum Flughafen. Und das war das letzte Mal, dass wir uns gesehen haben.

Tausende von Mark haben wir vertelefoniert, und ich habe ihm Briefe so lang wie Romane geschrieben. Wir litten beide wie die Hunde, doch er kam nicht mehr zurück, obwohl er es vorhatte.

Damals war ich vierundzwanzig.

Und jeden Tag dachte ich an ihn, schloss die Augen und sah ihn, seine Augen, sein Lächeln, hörte, wie er mit mir sprach, und konnte sogar seinen Duft wahrnehmen. Es war die Hölle. Für mich wie meinen neuen Lebensgefährten.

Heimlich telefonierten wir immer noch, und es war entsetzlich. Ich fühlte mich in der Zwickmühle.

Auf der einen Seite gut aufgehoben, geschätzt und geliebt von dem neuen Mann in meinem Leben, und auf der anderen Seite erfüllte mein Herz eine unbekannte Sehnsucht.

Mein inneres Licht verschloss ich in einer kleinen Büchse. Zeigte es niemandem und ließ es nicht mehr leuchten.

Nur im Geheimen, in meinen Träumen flammte es auf, und die Orgasmen, von denen ich mit nassem heißem Schoß erschreckt aufwachte, übertrafen jeden reellen.

Ein schlechtes Gewissen plagte mich – wegen meines Lebensgefährten, der mit mir auch durch dick und dünn ging. Sex mit ihm war schön, befriedigend und lustvoll, keine Frage. Es herrschte eine andere Form der Vertrautheit zwischen uns, aber ich merkte sehr genau, dass er darunter litt, weil ich oft, über Jahre, einfach gedanklich und emotional Lichtjahre von hier und heute entfernt war. Weder ihn noch jemand anders ließ ich an meiner inneren Gefühlswelt teilhaben. Es war mein Schatz, das Wissen um mein innerstes Licht. Phantasien der Vergangenheit, Phantasien der nie erlebten Zukunft begleiteten mich.

Eines Tages sagte ich John am Telefon, er solle mich bitte loslassen, ich könne ja weder mit ihm und noch schlechter ohne ihn leben. Er rief tatsächlich nie wieder an.

Die Zeit danach war noch furchtbarer, denn jetzt konnte ich ihn noch nicht einmal mehr sprechen oder hören. Telefonsuchaktionen in Nächten voller Verzweiflung und schlechten Gewissens verliefen ins Leere. Seine gesamte Familie war umgezogen. Es dauerte lange, bis ich John losließ, da war ich schon über dreißig.

Mein Lebensgefährte ist niemals in mich gedrungen oder hat mich bedrängt wegen John. Aber er fühlte es. Trotzdem liebte er mich auf seine Weise.

John war meine große Liebe, aber als er weg war, wurde er zu einer Obsession.

Heute lebe ich in Portugal, und die einzige Schnittstelle unserer gemeinsam verlebten Zeit sind meine Eltern. Nur durch sie könnte er mich finden. Er … mich, nicht ich ihn …

Und es gibt Tage, da sehnt sich jede Faser meines Körpers und meiner Seele nach ihm.«

Wer einmal im Paradies war und dann brutal hinausgeworfen wurde, will zurück – und auch nicht. Zu gefährlich, noch mal dieses Glück zu leben und ein zweites Mal zu verlieren.

Die große Liebe und den besten Sex vergisst man nie. Es ist eine lebenslange Wunde, die sich nicht schließt. Es gibt keinen Gelingtrick, kein Rezept, es endlich zu verdrängen, zu akzeptieren. Das Einzige, was bleibt, ist der Fakt, dass es mehr als eine große Liebe im Leben gibt; und dass manchmal unsere Trauer auch »nur« darin besteht, nicht alles ausgelebt zu haben, was der Anfang einer großen Liebe versprach. Alle unerfüllten Hoffnungen werden groß und größer, bis sie als einzig wahres Glück dastehen. Wenig, was danach erlebt wird, kommt gegen die Illusion an, wie es gewesen wäre, wenn …

Auch das kann man einem Menschen nicht ausreden, und es lässt sich auch nicht wegtherapieren. Man kann aber damit leben lernen, der Zeit vertrauen und wach bleiben: wach für alle die anderen Lieben, die vielleicht nicht größer sind als die große – aber dafür wahrer, erfüllbarer, lebenswerter.

Und, ach ja: Bevor Sie in einer Beziehung kleben bleiben, die halbherzig brennt, nur weil Sie lieber das ertragen wollen, als wieder den Enttäuschungsschmerz einer womöglich erneuten großen Liebe zu erleben: Damit verderben Sie sich Ihr Leben. Und stehen zum Schluss da, angewidert von dem lauwarmen Wasser, in dem Sie sich in Duldungsstarre haben treiben lassen – und sich womöglich die Frage des nächsten Abschnitts stellen.

## Sex jenseits der fünfzig?

Jeder, der lebt, darf flirten, wie er will. Sie brauchen sich weder zu schämen, wenn Sie es genießen, angeflirtet zu werden. Sie müssen nicht züchtig die Augen senken, weil Sie befürchten, verscheißert oder vorgeführt zu werden, oder gar glauben, diese Aufmerksamkeit hätten Sie nicht verdient oder Sie müssten sich irgendwie erwachsen geben und so tun, als seien Sie »über das ganze Zeug hinweg«.

Man wird nicht mit dem fünfzigsten, sechzigsten oder welchem Geburtstag auch immer plötzlich eine Frau ohne Unterleib. Oder ein Mann ohne Augen. Sie können machen, was Sie wollen, nicht was andere wollen. Die haben nur Angst davor, selber alt zu werden – oder um genau zu sein: Die haben keine Angst vor dem Älterwerden, sondern dass man ihnen so begegnet, wie sie *Ihnen* begegnen.

Schaue ich mir zum Beispiel meine Eltern an (siebzig und neunundsechzig), dann glaube ich einfach nicht an den Mythos von keuschen Senioren, die Sex restlos gegen Blechkuchen austauschen. Sie spielen Fangen (hübsch langsam), küssen feucht, und geht's zur Sache, dann in gelenkschonenden Positionen. Meine Eltern flirten seit vierundvierzig Jahren miteinander. Und nicht nur miteinander. Schaut meine Mutter einem Mann aus ihren Kohleaugen auf den Mund, sorgt das bei diesem immer noch für Hyperventilation. Lässt mein Vater seine Komplimentmaschine über eine Frau rollen, errötet sie wie ein kleines Mädchen und ist neidisch auf Mama, weil die immer noch so einen verdammt gefährlichen Kerl hat. Die beiden sind nie peinlich, sie führen sich nicht wie Neununddreißigjährige auf, die auf siebzehn machen – sie wissen und handeln nach der Einsicht, dass Sinnlichkeit nichts mit dem Geburtstag zu tun hat. Sie ist ein Lebenselixier ohne Verfallsdatum.

Über ein Drittel aller Frauen zwischen sechzig und achtzig haben Sex (siebenmal im Jahr) – und noch mehr hätten ihn gern! Die Wechseljahre bremsen mitnichten die weibliche Lust aus; und auch der Orgasmusfähigkeit tun ein paar Geburtstage mehr keinen Abbruch. Luststörend sind die Kleinigkeiten, die das Älterwerden mit sich bringt: Schmerzen, Krankheiten, Alleinsein. Und Medikamente, die die Lust senken – das finden Sie nur leider nicht unter »Nebenwirkungen«. Vor allem in der Wechselwirkung verschiedener Präparate, die bei Diabetes oder Bluthochdruck genommen werden, geht der Appetit in Rente.

Hinzu kommt dieser Schicklichkeitskodex, Menschen über sechzig, siebzig, achtzig hätten gefälligst keinen Sex zu haben, das gehöre sich nicht. Wissen Sie, was ich finde, was sich nicht gehört? Dass Rentner als Menschen zweiter Klasse betrachtet werden. Kein Wunder, dass wir Angst vor dem Älterwerden haben und die Haut hinter den Ohren festtackern; wo Meinungen, Wünsche, Erfahrungen nicht mehr zählen, sondern die Erbschaft, die übrig bleibt. Mit Menschen jenseits der sechzig wird nicht gut umgegangen in Deutschland, anderswo halten Polizisten den Straßenverkehr auf, um eine süße sexy Omi über die Straße schreiten zu lassen, und zwinkern ihr zu. Und sie zwinkert zurück!

Auch die Weltgesundheitsorganisation (WHO) definiert Sexualität als zentralen Bestandteil des *gesamten* Lebens. Halleluja! Holt die Rheumakissen raus! Gründet Eckes-Edelkirsch-Klubs, pfeift den jungen Kurierfahrern nach, bis das Lachen darüber in einen gepflegten Hustenanfall übergeht, und – sucht nach der Klitoris, falls es bisher kein anderer für euch getan hat.

Und um einen Senioren zu zitieren: »Wer keinen Partner hat, um seine Bedürfnisse auszuleben, soll bitte masturbieren, um seinen Hormonhaushalt am Laufen zu halten. Es ist erwiesen, dass sexuelle Aktivität das Leben verlängert. Untersuchungen zeigen, dass Menschen, die regelmäßig Orgasmen haben, weniger gefährdet sind, einen Herzinfarkt zu bekommen. Wir wissen, dass Frauen, die regelmäßig Orgasmen haben, seltener zu Inkontinenz neigen. Auch die Haut bleibt straffer. Sex ist das beste Mittel gegen Altersdepression.« Sagt wer? Dr. Oswalt Kolle, der Meister der Aufklärung.

Also, bitte, fragen Sie nicht. Haben Sie Sex, flirten Sie so, wie es Ihr Leben Ihnen bisher gelernt hat. Flirten Sie nicht nach Mustern oder Tipps, sondern setzen Ihre Stärken ein, die brillanter werden mit jedem Jahr, das Sie ausmacht.

»Schön und gut«, sagte mir Joachim, fünfundsechzig. »Mag ja sein, dass viele in meinem Alter noch flirten und Sex wollen. Aber, weißt du was: Bei mir ist das anders.«


*Manchmal kommt es mir absurd vor, einen Körperteil von mir in einen anderen Körper hineinzumanövrieren*

Joachim erzählt:

»Es war nicht so, dass ich eines Morgens aufwachte und mir dachte: Bis hierher und nicht weiter, ich gebe Sex auf. Oh nein, es war ein eher schleichender Prozess. Erst der eine oder andere Hänger. Dann die Müdigkeit. Dann die Dankbarkeit, wenn sie auch nicht wollte. Zwischendurch eine unglückliche Liebe, ich habe viel allein gelebt – und was insgesamt von all der Jagerei und Fickerei der Jahrzehnte übrig blieb, war eben der Gedanke: wie absurd. Wie irrational und unnötig, dass ich etwas von mir in einen anderen Körper hineinschiebe.

Ich traue dem Sex nicht, er mir auch nicht, wir lassen uns in Ruhe. Allein die Vorstellung, wieder mit einer Frau zusammen zu sein und mit ihr Pornos nachzumachen: Blödsinn. Je länger ich darüber nachdachte, umso widersinniger kam mir der ganze Vorgang vor: rein, raus, rein, raus ... was soll denn das?!

Ein enger Bekannter hat mal gesagt, das läge daran, dass ich sowieso nie erotisch gedacht hätte. Und als dann die Sache mit dem Alter kam, weniger Testosteron und so, na ja, hätte es sich halt erledigt. Als ich begann, ihm die Unlogik des Koitus zu erklären, ist er aufgestanden und gegangen – er sagte: ›Wenn man sich das Wort Girlande nur oft genug vorsagt, hört es sich auch dämlich an. Und ich will mir meine Lust bewahren, also halt die Klappe, bevor sie mir auch vergeht.‹

Bitte, vielleicht würde ihm was fehlen. Mir nicht. Ich würde sogar gern wieder mit einer Frau leben und lieben und weiter alt werden. Wenn nur der Sex nicht wäre.«


Spontan möchte man sagen: Joachim, mach dir keine Gedanken, du bist eben asexuell – oder auch neudeutsch: nichtsexuell, und auch das ist eine zwar seltene, aber normale Facette der, äh, Sexualität.

Diese Art der sexuellen Orientierung ist nach einer Kinsey-Studie von 2004 (alle zehn Jahre seit den siebziger Jahren befasst man sich dort mit einer Aktualisierung der Befunde über Asexualität und ihre Bekenner) die seltenste Art der sexuellen Vorlieben; 1994 lag die Statistik bei einem Prozent der Bevölkerung (in der BRD wären das circa 800 000 Erwachsene), heute liegt die Zahl etwas höher – was daran liegt, dass es nun einen Namen für die Unlust gibt, sich auf einen Koitus einzulassen, und mehr sich dazu bekennen, asexuelle Zeiten erlebt zu haben.

Nach Alfred Kinsey übrigens ist Sexualität etwas, was sich ständig wandelt – niemand sei, für immer eindeutig festgelegt, streng hetero, homo, a- oder bisexuell; das Leben bringe bisweilen alles in zeitlichen Abständen hervor.

Klar ist jedenfalls: Wer asexuell ist, ist nicht gestört, muss auch nicht unter Missbrauch gelitten haben und ist übrigens auch nicht hässlich – frei nach dem Motto: Ich krieg eh keine(n) ab, da kann ich gleich behaupten, ich würde ja sowieso nicht wollen. Asexuelle können durchaus lieben, zärtlich sein, sich binden wollen – nur die ganze Sache mit dem Sex und vor allem Geschlechtsverkehr ist ihnen einfach schnuppe. Sie halten es für absurd, für egal, für eklig, für unnötig, für banal. Und fühlen sich damit ziemlich seltsam – ausgeschlossen, unberührt in einer Gesellschaft, die Sex zur Religion erklärt hat.

Gut, wenn sich zwei Asexuelle finden, aber das ist selten; traurig, wenn sich zwei lieben, von denen der eine asexuell ist und der andere nicht und für die Liebe in ein Zölibat geht, jahrelang.

Joachim mag der Sex nicht fehlen. Andere vermissen ihn

schmerzlich. Meist, weil sie zwar objektiv (heißt körperlich) könnten – aber so viel Lust auf Lust haben wie auf eine Nacht allein im Schuhsalon.

*Nach dreißig Jahren habe ich*
*jetzt die Lust am Sex verloren*

Lennerd, achtundvierzig: Ich bin ein erotischer Autist.

»Ich träume manchmal noch von Sex. Aber ich habe ihn nicht. Ich bin so was wie ein erotischer Autist, ein Typ, der am Rand steht und guckt und sich fragt: Woher können die anderen das alles noch? Es macht mich müde. Es ist mir manchmal egal. Und doch pumpt es unter meiner Schädeldecke: Du bist kein Mann mehr, du hast keinen Bock, Patient tot, vergiss die Visite.
Klar habe ich auch schon von den Asexuellen gehört. Aber muss es mich erwischen, mit achtundvierzig? Ich bin irgendwann zum Arzt, einfach schauen, kann der was machen. Alle Tests rauf und runter, Diabetes, Schlaganfallgefahr, Hodenkrebs, Alkohol, Schilddrüse. Nichts. Nichts Medizinisches zumindest. Die Luft ist raus, ich will meine Ruhe; nein, am liebsten will ich, dass ich es hinnehmen könnte. Aber es macht mich auch wahnsinnig! Ich sehe doch, dass meine Göttliche unglücklich ist. Ich habe ihr geraten: Geh fremd, du musst mit mir nicht unglücklich werden.
Sie wollte nicht. Sie sagte: Ich liebe dich nicht wegen des Sex. Sie lügt so süß, dass ich weinen musste; ihre Lüge war reine Liebe.
Ich fing sogar mal mit einer Therapie an. Wer weiß, viel-

leicht würde ja irgendwas dabei herauskommen, etwa dass ich mich immer unattraktiv oder ungeliebt fühlte oder mir unter Hypnose klarwürde, dass ich mich vor mir selber ekelte und mir deshalb keine Lust gestattete. So wie Frauen, die einen Schwanz nicht in den Mund nehmen wollen, nachdem er in ihnen war, weil sie sich dann ja selber schmecken müssen. Irgendwas musste in meiner Vergangenheit verankert sein – fürchtete ich. Hoffte ich. Irgendwann sagte mir der Doc: ›Hör mal, deine Kindheit oder Jugend kannst du nicht ändern. Aber dein Leben heute kannst du ändern.‹

Und da begann es. Ich war so wütend, keine Entscheidungsfreiheit mehr zu haben, ja oder nein zum Sex zu sagen – ich musste nein sagen. Jetzt versuche ich eben, das Leben noch mal neu aufzurollen, Platz zu schaffen. Ich habe gemerkt, dass mir nicht nur Sex fehlt – es ist so vieles, was meinem Leben fehlt. Und ich werde es mir zurückholen. Um auch meiner Göttlichen wieder der zu sein, den sie verdient hat.«

Die US-amerikanische Medizinerin Louanne Cole Weston hat im WebMDblog eine Liste mit den zehn häufigsten Gründen aufgeführt, warum Männer keinen Sex haben wollen.[*]

1. Medikamente (interessanterweise insbesondere Antidepressiva!)
2. Schlafmangel
3. Hormonelle Aspekte

[*]  http://blogs.webmd.com/sexual-health-sex-matters/2006_09_01_sexual-health-sex-matters-archive.html

4. Selbstzweifel (vor allem nach dem Tod eines naheste-
   henden Menschen, was im Alter ja leider öfter vorkommt, geht die Lust dahin, weil es zu viele Lebensfragen gibt: Wo will ich hin, wer bin ich, ich bin sterb-
   lich, was habe ich vergessen zu leben?)
5. Ekel vor dem Partner (im Original politisch korrekt
   als »Turn-off to aspects of the sex« bezeichnet, führen
   Männer lieber gar kein als ein unbefriedigendes Sexualleben; sie leiden in dem Fall nicht an einem Ekel vor
   dem Partner, sondern fühlen sich selbst zu hässlich, zu
   kritisiert und dick, zu ungenügend – und zu alt!)
6. Streit mit dem Partner
7. Stress
8. Masturbation als komplette Ersatzbefriedigung, gern
   mit Internetsex, ohne die mühsamen Beigaben wie
   Flirt, Eroberung, Verführen, Beziehung …
9. Angst vor Intimität
10. Funktionsstörungen (geht nicht, kommt nicht, kommt
    früh, bedankt sich mit Ausschlag; Testosteronmangel,
    Nierenkrebs, Schilddrüsen-Unterfunktion, Diabetes
    und so weiter)

Was Mediziner aber immer gern übersehen: Das Leben
macht den Sex. Oder verhindert ihn. Es wäre so gut, wenn
es mehr Therapeuten wie den klugen Doc von Lennerd
gäbe, der nicht nur an den organischen Symptomen von
Appetenzverlust (Lustlosigkeit oder höflicher: Sättigung)
herumbastelt, sondern sich das gesamte Leben eines Be-
sorgten ansieht.

Das Leben kommt manchmal spät mit sinnlicher Sexualität daher.

»Ich habe geweint, als ich mich das erste Mal da unten berührt habe«, sagte die Halbfranzösin Marieclaude. »Es war so schön. Ich musste zweiundachtzig Jahre alt werden, um dieses schöne Gefühl kennenzulernen. Es war die ganze Zeit da, aber ich habe es erst entdeckt, als mein Leben fast zu Ende ist.«

Es war mehr oder weniger ein Zufall, dass Marieclaude bei den wenigen Friseurbesuchen auf eine Zeitschrift stieß, in der über weibliche Masturbation geschrieben wurde, inklusive einiger Technikbeispiele. Irgendwo eingeklemmt zwischen Themen à la »So machen Sie ihn süchtig« oder »Die neuen Sextricks der Geishas« fand sich ein Artikel zum letzten Tabuthema unserer Zeit: der weiblichen Onanie.

»Ich dachte, so etwas machen nur Männer, wenn sie …«, hier flüsterte sie, »wenn es sie zu sehr drückt. So aus medizinischen Gründen. Ich wusste nicht, dass Frauen so etwas machen, ich wusste nicht, dass es normal ist, und ich wusste vor allem nicht, wie! Sollte ich das mit der Hand machen? Zuerst nahm ich die Linke, weil ich dachte, dann schäme ich mich nicht so, wenn ich jemandem zur Begrüßung die Hand schüttele. Ich hab es so gemacht, wie Sex ist, also …«

Sie machte eine Geste, schiebende Finger in einer Tube: »Aber das war anstrengend und tat weh, weil es nicht so … geschmeidig war. Ich suchte das, was alle Klitoris nennen, ich habe sogar mit dem Spiegel geschaut und hatte Angst, dass ich es mit dem verwechsele, wo der Urin rauskommt. Dann hatte ich sie. Und jetzt weiß ich auch, wie es geht.«

Sie vollführte eine Fingerbewegung, die dem »Zahlen, bitte« oder dem internationalen Pinkepinke-Zeichen ähnlich sah, der Daumen rieb kreisend über Zeige- und Mittelfinger.

»Manchmal geht es, manchmal nicht; ich freue mich immer, wenn es geht, und manchmal denke ich an meinen verstorbenen Mann und manchmal auch …«, sie errötete, »an Horst Buchholz. Als er jung war. Oder den Schimanski. Auch als er jung war.«

Und jetzt sieht Marieclaude jung aus, jung und weiblich.

Die Freuden der Selbstliebe entdeckt – oder entdeckte! – die heutige Generation der Frauen über sechzig recht spät. Sie wuchsen in einer Zeit auf, in denen man den Frauen die Wollust absprach und an Kinderbetten Masturbationsalarmglocken hingen, die bei verdächtigen Bewegungen unter der Bettdecke nervtötend schrillten. Man verordnete gegen eine »sexuelle Überfunktion« des Kindes scharfe Kost und kalte Bäder. Raten Sie mal, wer fortan das schmutzige Treiben unterließ und die nächsten Jahrzehnte nur davon abhängig war, dass eine fremde Hand sie streichelte!

Trotz Oswalt Kolle, der als zweiter Aufklärer neben der Pilotin Beate Uhse in den Fünfzigern und Sechzigern kräftig die Schlafzimmer durchlüftete, hatte es sich noch nicht überall herumgesprochen, dass Onanie keineswegs ein Sündenfall ist und kindliche oder jugendliche Masturbation in keinem Fall zu irgendwelchen medizinischen oder psychischen Spätfolgen führt. Kein Wahnsinn, keine Unfruchtbarkeit, keine Schizophrenie!

Friedrich, siebenundfünfzig: Ohne Hormone läuft nichts mehr.

»Meine Frau und ich, beide siebenundfünfzig, hatten bisher ein ausgeglichenes Sexleben. Vor einiger Zeit aber hat meine Frau die Hormonpräparate, die sie zur Abschwächung der Wechseljahrsbeschwerden einnahm, wegen Krebsgefahr abgesetzt. Seit diesem Zeitpunkt ist unser Sexleben auf den Nullpunkt gesunken, meine Frau hat kein Interesse mehr. Ist das normal? Was können wir tun? Weder ihr noch mir behagt die Aussicht, ein liebloses Leben zu führen …«

Seit etwa 2002 weiß man, dass die Risiken einer langjährigen Hormontherapie (Zunahme von Herz-Kreislauf-Erkrankungen, erhöhtes Brustkrebsrisiko) gegenüber dem Nutzen der Behandlung größer sind – die Absetzung dieser Hormonpräparate ist also sinnvoll.

Wenn eine Frau länger als zwei Jahre Hormone eingenommen hat, ist es nun völlig natürlich, dass der Körper sehr empfindsam auf den Wegfall reagiert. Er ist durcheinander, das Defizit ist spürbar durch Lustlosigkeit und Stimmungsschwankungen. Also ist eine gewisse Lustlosigkeit tatsächlich völlig normal (wenn auch schade – kaum ein Mediziner traut sich ohne weiteres, über Sex zu reden und darüber, was Medikamente mit der sensiblen Lustfähigkeit so alles anstellen, und zwar *vor* dem Rat, Hormone zu nehmen).

Es braucht ein bis drei Jahre, bis der Körper seinen Hormonhaushalt selbst wieder eingependelt hat, ohne Zufuhr von Helferlein – vergleichbar mit jemandem, der die Zigarette absetzt und versucht, sich den Kick irgendwie auf anderem Wege zu holen.

Einer Studie nach waren folgende Wege erfolgreich, um wieder Herrin der eigenen Hormone zu werden:

- 49,1 Prozent entschieden sich für einen gesünderen Lebensstil, etwa vermehrte Flüssigkeitsaufnahme (Wasser, Wasser, Wasser), Sport, behutsame Diät.
- 48 Prozent entschieden sich für eine medizinische Therapie plus Änderung des Lebensstils. Zur medizinischen Behandlung gehörten: Vitamin E, vaginale Gleitmittel, Schlafmedikamente, Antidepressiva und natürliche Hormone aus pflanzlichen und homöopathischen Mitteln, die kein Krebsrisiko besitzen.
- Nur 4,3 Prozent der Frauen griffen erneut zu Hormonpräparaten.

Ein Vorschlag: Lassen Sie ihr, lassen Sie sich beide Zeit. Es ist kein Zustand, der bleiben wird, ihr Körper steht am Anfang der »Zurückeroberung seiner Unabhängigkeit«.

Aber erst mal sind es jetzt die »Entzugserscheinungen«, die gemildert werden können: durch Spaziergänge an der frischen Luft, eine neue Sportart für etwa dreimal dreißig Minuten die Woche (oder täglich fünfzehn Minuten), bei der viel ins Becken hinein geatmet wird (Tai-Chi, Pilates, sanftes Yoga, Qigong, Rückenschule) – denn das aktiviert den Energiefluss der Nebenniere, in der unter anderem auch einige Sexualhormone gebildet werden, Beckenblockaden lösen sich.

Weiterhin ist eine Ernährung wichtig, die der Seele und dem Körper gleichermaßen guttut. Empfehlenswert sind Sojaprodukte (enthalten pflanzliche Isoflavone; das sind sekundäre Pflanzenstoffe, die unter anderem Östrogene enthalten), kalziumreiche Kost aus Käse- oder Milchprodukten, grüne Gemüsesorten.

Die weibliche Seele ist mit siebenundfünfzig auch in Aufruhr: Es ist das Lebensalter der Umstellung, man fühlt sich als Frau, will attraktiv sein und nicht als alt übersehen werden. Man muss sich in seinem veränderten Körper zurechtfinden, und obgleich man sich innerlich unverändert wie vierunddreißig, vierzig oder fünfundvierzig Jahre fühlt, hat sich das Äußere verändert, man wird als alt wahrgenommen. Das schmerzt, das kratzt am Selbstbewusstsein. Und so kann ein (sexueller) Rückzug auch ein Selbstschutz sein: aus Angst, nicht mehr schön und jung genug für Sex zu sein.

Das Wichtigste ist aber: Versuchen Sie, Ihre Lebensfreude zu bewahren und sich auch an Kleinigkeiten zu erfreuen. Unternehmen Sie zusammen etwas als Paar, nehmen Sie sich bewusst Auszeiten, und gönnen Sie sich pro Woche eine Stunde Null-Komma-nichts-Tun. Lachen Sie, und geben Sie dem Gehirn etwas zu tun. Und vor allem: Vertrauen Sie der Macht der liebevollen, zärtlichen, *nicht*sexuellen Berührung: Händchenhalten, sooft es geht, umarmen, Füße massieren/massiert bekommen und vieles mehr … Eben all die Kleinigkeiten, die nicht zum GV führen, sondern ein gegenseitiges Umsorgen und Hegen sind.

Auch so »erinnert« sich der Körper, er dankt für diese zärtlichen Carepakete mit einem allmählich immer ausbalancierteren Level von Wohlfühl- und Liebeshormonen.

Haben Sie Vertrauen in die Zeit und Geduld mit Ihrem Körper, der sich von diesen Hormonhämmern langsam entwöhnen muss. Nichts bleibt, wie es ist.

Sie haben an jedem Tag Ihres Lebens die Chance, eine sinnliche Kleinigkeit des Alltags zu entdecken.

# Kapitel 6

## Keine(r) für eine(n)

Stellen Sie sich vor, Ihr Partner würde eines Abends sagen: »Schatzi, ich hab mir da was überlegt. Ich möchte mit dir alt werden, denn ich liebe dich sehr. Aber ab und an möchte ich mit anderen knutschen oder schlafen, Internetsex haben, na, auf jeden Fall flirten. Dasselbe gestehe ich dir zu. Ehrlich, Hasi: Monogamie ist ein Mythos, alle reden darüber, und keiner tut es! Der Mensch ist nicht dafür gemacht! Wenn wir tief in uns hineinblicken, sehen wir doch, dass wir mehr als immer nur mit demselben Menschen Sex haben wollen. Die Gesellschaft diktiert uns treuliche Zweisamsexklusivität, aber wollen wir das wirklich? Mal ehrlich, du? Wir sollten uns nicht gegenseitig mit Verboten oder Heimlichkeit quälen. Sagen wir einfach: Alles ist erlaubt außer Liebe. Reichst du mir mal eben den Aufschnitt?«

Eine entsetzliche Vorstellung? Oder die Chance, auf Dauer glücklich zu werden? Billige Ausrede eines verantwortungsfreien Narziss oder überfällige Ehrlichkeit? Fremdgehen mit Absprache? Seitensprung mit Ansage? Alles außer Liebe, lass uns kein Drama aus einem kleinen Kuss machen?

Eine Öffnung des Zweierzirkels, der doch das Kostbarste sein soll: Diese Idee stammt aus den USA, hat den

schwungvollen Namen »new monogamy«, neue Monogamie, und tauchte so um 2006 in den Zeitungen auf – an-
fangs als Buchbesprechung, dann als neues Lebensgefühl,
über das Carrie aus *Sex and The City* bestimmt eine bril-
lante Kolumne hätte schreiben können. Oder vielmehr die
homosexuell orientierten Drehbuchautoren.

Das Credo dieses flexiblen Ehegefühls, das auf dem
Machwerk *The Ethical Slut* (in etwa: »Das moralische Luder«) der Sexualtherapeutin und Ex-Flowerpower-Neoli-
beralistin Dossie Easton und der S/M-Autorin Catherine
A. Liszt beruht, lautet: Durch diese besondere Freiheit, die
Ehrlichkeit, aber auch die prickelnde Unsicherheit, ob der
Geliebte wirklich nach Hause kommt, würde immer wieder neues Begehren ausgelöst. Und das sei das Gegengift
zu unseren lustlos gewordenen Zeiten. Ich sag dir, was ich
letzten Abend gemacht habe, und du, was du heute vor-
hast, und alles ist prima, denn wir leben uns aus und sind
dennoch füreinander da. Paradiesische Dehnbarkeit der
Treue?

Funktionieren soll das Ganze nach dem Prinzip: Monogamie des Herzens, aber der Körper schaut öfter nach
was Neuem. Ganz offiziell und das Wichtigste: Alle Details sind verhandelbar, jedes Paar entscheidet selbst, ob
Küsse erlaubt sind, aber kein Sex. Oder Sex, aber keine
Küsse. Beispielsweise. Und weil es ehrlich ausgesprochen
wird, sei es moralisch und politisch korrekt; im Gegensatz
zum heimlichen Seitensprung, der sich mit dem züchtigen
Deckmäntelchen nach außen zeigt: Ehe, toll, irre, ich bin
regeltreu – um dann eben doch die Affäre nebenbei zu haben, aber sie zu verschweigen. Weil nicht sein kann, was
nicht sein darf.

Es gibt keine unterdrückten Wünsche mehr und keine aufgedeckten Seitensprunglügen, die das Vertrauen erschüttern; kein Risiko mehr, dass schon ein entlarvter Fehltritt das Ende einer doch sonst funktionierenden Beziehung bedeutet; kein schlechtes Gewissen mehr, wenn man versehentlich nach der Betriebsfeier mit dem süßen Prakti knutscht. Ganz einfach – oder?

Oder zu einfach?

Die allgemeine Wahrheit der westlichen Zivilisation lautet: Wer liebt, geht nicht fremd. Allerdings sieht die Realität anders aus und verbannt den Anspruch Liebe gleich absolute Treue ins heterosexuelle Märchenbuch.

Die Fakten: 70 Prozent aller Menschen sind schon mal fremdgegangen; hochgerechnet betrügt jeder Fünfte, Frauen genauso oft wie Männer. Der Sexualforscher Professor Werner Habermehl stellte fest: Je länger die Beziehung andauert, desto höher ist das Risiko, dass der Partner fremdgeht. Im siebten Jahr betrügt jede zehnte Frau und beinahe jeder fünfte Mann, nach fünfundzwanzig Jahren werden jede zweite Frau und zwei von drei Männern untreu. Die Gründe sind vielfältig: erotische Frustration, Neugier, gute Gelegenheit, Lebensfrust – trotz Liebe.

Das romantische Ideal der Rundum-Treue mag gesellschaftlicher Konsens sein, aber die Statistik offenbart, dass wir so gesittet sind wie Horst Seehofers Gürtelschnalle. Wohl dem, der es geschafft hat, sich vom Fremdgang fernzuhalten – und glauben Sie mir, auch von den Treuen gibt es mehr, als diese Zahlen vorgaukeln.

Vielleicht würden wir ja wirklich gern treu sein, nicht ausgerechnet jenen enttäuschen, den wir mal liebten oder noch lieben. Wenn es nur nicht so schwer wäre. Oder:

Wenn es nicht diese kleinen Momente gäbe, die Versuchungen, das Kitzeln. Die meisten Anthropologen wie etwa Helen Fisher sind der Ansicht, dass der Mensch nicht für die totale Zweisamkeit und vor allem auch nicht auf selbstverständliche Monogamie hin konstruiert ist: Alle drei Jahre müsse wesensgemäß etwas anderes her oder wenigstens ein wenig Aufregung; ob man nun viermal in Reihe heiratet wie Exkanzler Gerhard Schröder oder eine Pingpong-Beziehung pflegt wie einst Kate Moss und Pete Doherty nach dem Motto: Anziehung durch Abstoßung.

Fragen Sie diese Anthropologen jetzt bitte nicht nach deren Ehe; zumindest ist es ja seit Jahren schick, immer wieder auf die Fehlkonstruktion des Menschen hinzuweisen, der nach Anthropologen, Biologen, Evolutions- und Beziehungsforschern am liebsten nur eins will: Lust ohne Reue, mit einem, zwei, drei, nacheinander oder gleichzeitig; mal liegt es am Gehirn, das gemäß dem Belohnungsprinzip nach Neuem giert, mal sind es die Hormone, die wieder angekickt werden wollen. Und manche kommen einem noch mit Darwin und dem Ansinnen der Herren, sich üppig fortzupflanzen und das Überleben ihrer Genreihe zu sichern, während die Damen sich wahlweise einen Erzeuger suchen, der es draufhat, aber dann einen anderen als Ernährer wählen, der lieb genug ist, bei ihnen zu bleiben. Klar, dass das Modell Ehe all diesen Erkenntnissen ein wenig widerspricht; und schade, dass es immer so ein Entweder-oder sein muss. Vielleicht sind wir beides? Romantische Zweisame, gelegentliche Mehrsame – einfach ambivalent.

Also dann, auf zur neuen Monogamie, wo die Liebe unangetastet bleibt, aber die Lust von ihr getrennt wird?

Ganz neu ist der Ansatz des anmoderierten, geregelten Fremdgangs nicht: In den siebziger Jahren war es die »offene Ehe«, ein Modell mit der Lizenz zum Seitensprung. Als Überbleibsel der Achtundsechziger-Kommunen ist die »Polyamorie« ein Versuch, Liebe nicht in Zweisamkeit zu teilen, sondern in mehreren Liebesbeziehungen gleichzeitig zu leben.

Das wirklich Neue an der sogenannten neuen Monogamie besteht darin, die Abstufungen des Fremdgehens offen zu definieren oder überhaupt erst mal über diese Wünsche zu kommunizieren! Das allein ist ja schon ein Wagnis sondergleichen, mal nett beim langjährigen Partner anzuklopfen und zu sagen: Du, ich will mehr als das, was wir haben. Ich will flirten. Ich will küssen. Ich will berührt werden. Das ist ein Tabu, das keiner anrührt.

Doch kann diese Neuordnung persönlicher Treuegrenzen eine Chance oder ein Hindernis für die Liebe sein? Ist die Variante der Teilbarkeit überhaupt noch Liebe?

Die gefährliche Wahrheit: Ja. Menschen können lieben und dennoch andere begehren; für Sekunden, für eine Nacht, immer wieder. Manche leben es aus. Manche nicht. Manche reden darüber und schaffen es, manche verheimlichen es und scheitern. Für manche ist die neue Monogamie Selbsterkenntnis und Reife, für andere der nackte Horror, für die Übernächsten uninteressant.

Entscheiden muss jeder für sich, was Freiheit, erotische Selbstverwirklichung und Treue-Tuning für ihn bedeuten – und ob die »neu-monogame« Ehrlichkeit der Beziehung Qualität oder Qual schenkt.

*Polyamorie* – hört sich für die meisten an wie ein neuartiger Kunststoff, ist aber, so die Website know-library.net, ein Begriff aus der bunten Welt der Beziehungen:

»Der Begriff *Polyamorie* steht für eine Bewegung, die das Dogma der ausschließlichen Zweierbeziehung in Frage stellt. Polyamorie spricht sich für die Unterstützung von parallelen Beziehungen auf Basis von Ehrlichkeit und gegenseitigem Einverständnis aus. Insbesondere soll der Auffassung entgegengewirkt werden, wonach eine neu entstehende Beziehung eine bestehende Beziehung zerstören muss. Polyamorie will die Monogamie nicht ablösen, aber eine Alternative anbieten.

Polyamorie basiert auf der freien Liebe, die auf Charles Fourier und sein Werk *Die neue Liebeswelt* von 1820 (1967 erstmals vollständig veröffentlicht) zurückgeht. Der Begriff Polyamorie wird oft synonym zu dem Begriff der ›Mehrfachbeziehung‹ benutzt.

Poly-Beziehungen können in verschiedenen Formen gelebt werden, beispielsweise als:

- offene Beziehungen, in denen es einem oder beiden Partnern freigestellt ist, auch andere Liebesbeziehungen zu haben
- exklusive Beziehungen unter mehr als zwei Menschen
- ›untergeordnete‹ Beziehungen, die zwischen meist einer Hauptbeziehung und weiteren Liebschaften abgrenzt
- Vielehe, Beziehungsnetze und dergleichen mehr

Polyamorie unterscheidet sich von Polygamie dadurch, dass die Betroffenen nicht alle miteinander verheiratet sind. Sie unterscheidet sich vom Swingen durch die emotionale Komponente, die bei Letzterem eher fehlt. Der Übergang ist dennoch fließend.«

So viel über die Liebesmodelle der Polyamourösen.

Manche Polyamouröse, die erst im Laufe ihrer Jahre darauf gekommen sind, für eine »RZB« (romantische Zweierbeziehung, geläufiger Polyamorie-Begriff) nicht gemacht zu sein, empfinden die Entdeckung dieser gelebten Subkultur fast wie ein Coming-out: Endlich gab oder gibt es einen Namen dafür, mehrfach zu lieben. Endlich konnte man sich mit der Scham auseinandersetzen, kein Mann für *eine* Frau zu sein, keine Frau für *einen* Mann. Es war keine Schande mehr, sich nicht zwischen den beiden Extremen – zweisam und treu oder allein und einsam – zu entscheiden.

In Internetforen finden sich die passenden Mitspieler für diese L(i)ebensform. Ansonsten ist jeder erst mal auf sich allein gestellt – denn die wenigsten montieren ein Schild in den Vorgarten und sagen: Mehrfachbeziehung erwünscht, ziehen Sie eine Nummer.

Einige schaffen es, schon gleich zu Beginn einer neuen Beziehung auszuhandeln, dass es nicht die einzige Beziehung geben wird, sondern noch ein paar Nebengleise; andere haben für sich entschieden, erst gar keine definitive Bindung auszuhandeln, sondern still für sich zwei, drei, vier Liebhaber/innen zu pflegen, die vielleicht voneinander wissen.

Und andere? Die leben bereits mit zwei, drei Liebhabern oder Affären, ohne sich groß das Etikett Polyamorie anzuhängen; es ist der Wunsch – jenseits aller Schlagworte –, sich nicht auf einen festzulegen, sondern von jedem das Schönste zu nehmen und genauso etwas dafür zu geben: Zeit für diesen einen Moment.

Die Frage bei »klassischen« polyamourösen Beziehungen wie Ehe plus Zweitmann oder auch eine Beziehungs-WG mit einer Frau und zwei Männern ist allerdings: Geht das denn? Wie ist das mit der Eifersucht? Kann man sich wirklich in eine Partnerschaft fallen lassen, hingeben, vertrauen, Sex genießen, wenn da doch eine zweite, gleichwertige Person ist, mit der man den Geliebten teilt?

Ja, sagen die einen, eben weil alles ehrlich ausgehandelt wird, weil mit Eifersucht umgegangen wird wie mit einem Gefühl, das des Trostes bedarf, aber nicht einer Beschränkung. Eifersucht, das Kind der Liebe und der Angst – verlassen zu werden, verglichen zu werden, zu unterliegen, ausgeliefert zu sein: Manche Polys sagen darauf mit milder Stimme, dass es nur Besitzdenken sei und dass Eifersucht zwar ein intensives Gefühl darstelle, von dem der Polyamouröse sich aber nicht abhalten lassen sollte, seine Bedürfnisse zu leben.

Nun. Ich halte Eifersucht für normal. Auch die Angst, die damit einhergeht, erscheint mir nur allzu menschlich – sie als Besitzdenken zu verunglimpfen, bei Menschen, die sich eben *nicht* damit arrangieren wollen, nicht der einzige Liebste im Leben des geliebten Wesens zu sein: Das ist ein perfider Schachzug.

Natürlich gehört niemand irgendwem. Natürlich hat jeder das absolute Grundrecht, nach seinen Bedürfnissen und Wünschen zu handeln und zu leben – wir haben nur dieses eine Leben, es sollte das richtige, das eigene sein, keines aus zweiter Hand. Aber das impliziert auch, dass jene, die eben auf der Unteilbarkeit beharren, nicht lächerlich gemacht werden mit ihrer Eifersucht von jenen, für die es gerade unpassend ist, dass der andere vor Zorn und Eifersucht tobt.

Es steht jedem frei, auch für die Liebe zu leiden: Mein Partner will sich teilen, ich ihn nicht, aber bevor ich ihn ganz verliere, bleibe ich und nehme den Schmerz in Kauf. Doch es steht genauso frei, zu sagen: Mag ja sein, dass der Mensch für Monogamie und RZB nicht gemacht ist, ich zufällig schon, weil es mir damit gutgeht.

Falls Sie es dennoch probieren wollen, die polyamouröse Lebensweise: Reden Sie ehrlich darüber, immer wieder. Was Sie wollen, was Sie tun, wie Ihre Gefühle füreinander sind. Akzeptieren Sie Ihre Wünsche genauso wie die des anderen – im besten Fall passen sie zusammen. Wenn nicht, lassen Sie den anderen gehen, damit er die Chance hat, in diesem Leben jemanden zu treffen, der in dieselbe Richtung schaut wie er und ähnliche Bedürfnisse hat. Zwingen Sie dem anderen Ihre Haltung nicht auf, und lassen Sie sich die Gegenhaltung ebenfalls nicht aufzwingen: Was passt, passt. Ist das Leid höher als der Genuss: Trennen Sie sich.

Seien Sie offen, auch wenn es weh tut und Krisen mit sich bringt – Krisen sind die Chance, sich zu entwickeln.

Schämen Sie sich nicht. Es gibt so viele Lebensweisen, wie es Menschen gibt! Es gibt nicht das generell Falsche oder Richtige; nur das persönlich Falsche oder Richtige *für Sie*.

## Die Kunst, einen Liebhaber zu haben –
## oder zwei oder drei …

Da überschlagen sich die Schlagzeilen – in den Achtzigern die Entdeckung: Hu, Frauen gehen fremd! In den Neunzigern die Kampfansage: Jede Frau braucht vier Männer! Und jetzt, in den letzten Jahren: Frauen gehen genauso häufig fremd wie Männer, reden aber seltener darüber. Ganz neue Statistiken wollen sogar entdeckt haben, dass Frauen häufiger fremdgehen als Männer, na also, und Männern jahrelang den Schwarzen Peter zuschieben.

Nun ja, diese Umfrageergebnisse sind allerdings nicht belegt. Trotzdem berufen sich Seitensprung-Agenturen gern auf sie, um die männliche Kundenschar anzulocken: »Frauen gehen öfter fremd als Männer – erleben Sie es gleich hier!« Klick, Kreditkarte, und schwups kommt Swetlana nach Hause und behauptet, verheiratet zu sein und nur ein bisschen Unterstützung für ihr wiederaufgenommenes Studium …

Ich glaube, die Geschlechter schenken sich beide nichts, und es gibt treue Männer genauso oft wie treulose Frauen und umgekehrt – Klischees ade, schauen wir uns den Einzelfall an.

Was Frauen und Liebhaber angeht, so sind zwei Varianten am häufigsten: Frau ist gebunden und hat einen bestimmten regelmäßigen Liebhaber; oder Frau ist frei, völlig uninteressiert an einer Zweierbeziehung und genießt Liebhaber, wie sie ihr ins Bett fallen – aber gern befinden sich darunter die verlässlichen zwei, zum Beispiel der eine der Künstler, der andere der Macher; oder der Handwerker und der Musiker; oder einfach der gute alte Kumpel und der aufregende sexy Nachbar – plus die unbekannte Größe x dazwischen.

Die (Ehe-)Frau mit Liebhaber wird sich eines Tages eher für eine feste Partnerschaft mit der Affäre entscheiden als ein Ehemann mit Geliebter; die ungebundene Frau wird sich weder für den einen, den anderen oder den Dritten entscheiden (sonst hätte sie es längst getan): Denn das ist ja gerade das Schöne, zwei oder mehr Liebhaber zu haben, es ist keine Notlösung oder ein schleichender Übergang – es ist ihr Wille.

Um Frauen zu finden, die ihre Sexualität mit mehreren Mitspielern (nacheinander, nicht alle drei zur selben Zeit im Raum!) ausleben, muss man lange suchen und viel Alkohol verabreichen und noch mehr Diskretion versprechen, bis sie ihre Geschichte erzählen. Alle folgenden Beispiele, die Sie lesen, sind bis auf die Lustbekenntnisse anonymisiert bis hin zu den Hobbys und Wohnorten.

Wie schafft eine Frau es, mehrere Liebhaber – nun ja – zu koordinieren? Zu managen? Zu integrieren?

Klar ist: Es ist von Vorteil, wenn es kein Gefühlschaos gibt. Es sollte nicht passieren, dass einer, der in unsere schöne Mehrfachtäterin verliebt ist, ernsthafte, von ihr unbedacht genährte Hoffnungen hegt, eines Tages ihr Gatte und Vater ihrer Kinder zu werden. Gänzlich frei von Emotionen wird kaum eine Verbindung zwischen ihr und den Männern sein – Sympathie, Freundschaft, körperliche Anziehung, zärtliche Zuneigung werden immer vorhanden sein; es sollte aber jedem klar sein, dass sogar so etwas wie Liebe nicht automatisch zu einem Kokon der Partnerschaft führt.

Bei den Frauen, die mir von ihrem Liebestrio oder gar

Quartett erzählten, sieht eine Sache so aus: Mindestens einer der Männer weiß, dass er nicht der einzige ist; meist wissen es sogar zwei. Wenn es eben nicht alle wissen, dann liegt es an der, nun ja, taktischen Klugheit und Rücksicht der Mehrfachtäterin. Rücksicht, Sie wundern sich? Allerdings: Genauso wie man aus Rücksicht jedweder Art den Fremdgang verschweigt, so kann es auch aus Rücksichtnahme geschehen, dass eine Frau einem Liebhaber verschweigt, dass er nicht der einzige ist. Und das sogar, wenn unsere Dreifachgenießerin sich mit ihm einig ist, dass sie kein hochoffizielles Paar bilden wollen.

Ganz deutlich gesagt: Frau will es sich nicht mit dem grandiosen Lover verderben, nur weil sein Stolz ihm verbietet, dass seine Spielfrau mehrere Spielmänner hat (was er selbst für sich übrigens okay findet, aber wehe, sie hat …). Ach, nein. Dann lieber jeden zweiten Freitag für ihn einplanen, mitnehmen, genießen, schweigen. Das geht. Das kann nicht jede Frau, das will nicht jede Frau – aber es geht. Und es geht verletzungsfrei für jeden, was die Grundvoraussetzung jeglicher Kreuz-und-quer-Arrangements ist.

Meist wird zwischen den Verabredungen mit den Beteiligten, wie etwa bei Angelika, neununddreißig, freie Beraterin, eine Art Hygieneabstand von vierundzwanzig bis achtundvierzig Stunden eingelegt. Bei jedem der Liebhaber gibt es auch einen wohltuenden menschlichen Effekt – nicht nur sexuell: der eine zum Ausgehen, Weine probieren, über Kunst reden; mit dem anderen lachen, Jobprobleme besprechen, in den Urlaub fahren, ohne sich auf die Nerven zu gehen. Mit dem Dritten … och, reicht Sex nicht auch?

Ja. Reicht er, dann muss gar kein rechtfertigendes Schleif-chen drumherum. Sex und gut, bis zum nächsten Anruf.

Es gibt Lebensphasen im Leben einer Frau, die schreien geradezu danach, den Wunsch des diskreten Privatharems auszuleben. Die meisten Frauen, die ich interviewt habe, wählten die Variante folgenloser Sex mit mehr als einem Mann, als sie nach einer langen Beziehung (zwischen fünf und fünfzehn Jahre) zurück ins Leben stolperten (meist mit Ende dreißig, Mitte vierzig) oder in einer Phase des Erwachsenwerdens mit Anfang, Mitte zwanzig.

»Es war wie die Zeit des Erwachens«, sagt zum Beispiel Nicola, fünfundvierzig, »als ob ich aus einem Leben er-wachte, das nicht meines war – ich habe es nur mitgelebt, wie paralysiert, zuerst willentlich, weil ich es mit Anfang zwanzig nicht besser wusste. Studium, Zusammenziehen, Haus anzahlen, Vorstadt, Jägerzaun, mit fünfunddreißig hat er aufgehört, mit mir zu schlafen, wollte aber unbe-dingt Kinder, er lebte in Kästchen, ich lebte gar nicht mehr.«

Oder Laure, die nach einem Jahrzehnt serieller Bezie-hungen einfach keine Lust mehr hatte, nach jedem One-Night-Stand schon wieder in einer Beziehung zu stecken, die sie glaubte für zwei, drei Monate eingehen zu müssen als Rechtfertigung für die Lust: »Mir war, als müsste ich mich erholen vom dauernden Zweisamsein, dem dauern-den Erneut-Kennenlernen, immer wieder diese Dreimo-natsgeschichten. Irgendwie halbherzig, manchmal auch leicht entflammbar, aber letztlich fühlte ich mich wie eine Schauspielerin auf Tournee, die immer dasselbe Stück noch mal aufführt: Sex, sich treffen, ein Paar werden, keine drei Monate später schon der Alltagstrott, sieben Tage die Wo-

264

che zusammenkleben. Nein. Das war nicht das, was ich suchte; ich wollte nicht allein einschlafen – ab und an –, aber auf jeden Fall immer allein aufwachen. Jetzt frage ich den Herrn gleich am nächsten Morgen, was er davon hielte, ein Liebhaber zu sein – aber nicht mehr. Er überlegt es sich, die meisten sagen ja, jetzt habe ich drei. Wir kommen uns alle wie Teilnehmer eines Pakts vor, eine Verschwörung gegen alle Regeln. Wir machen es uns leicht anstatt schwer und gehören damit nicht mehr zu den anderen dazu, die glauben, erst wenn es schwer ist, haben sie es verdient.«

»Ich komme mir vor wie ein Mischwesen«, erzählt Claudia, siebenundvierzig, »eines, das aus Farben besteht – rosa, wie die Träume von dem einen, die Hoffnung, die ziehende Sehnsucht nach ihm – und dann aus dem tiefen, schweren Rot der reuelosen Geilheit nach zwei, drei, mehr Männern. Ich nehme mir die Freiheit, dem Augenblick nachzugeben, die Freiheit, ganz Weib zu sein und zu lieben, wo und wen ich will, die Freiheit, mir Männer nicht nur nach dem Herzen auszusuchen, sondern auch nach Anziehung, Sex. Jetzt bin ich gerade in einer rosa Phase und mache mir Sorgen: Werden die roten Zeiten aufhören, wenn ich liebe? Wie ich mich kenne, würde es mich schwermütig stimmen, nicht beides zu haben, und ich würde mich schlecht fühlen, weil ich es überhaupt in Betracht ziehe. Manchmal denke ich, es fing an, als der Freund meiner ersten Liebe begann, ein geradezu verzweifeltes Interesse an mir zu zeigen. Durch ihn öffnete sich die Tür, die zu so etwas wie Fremdgang führte oder dazu, mehrfach begehrt werden zu wollen. Doch entschieden – habe ich selbst …«

Und wie verändern die unterschiedlichen Liebhaber den Sex?

»Ich kann endlich kommen«, bekennt Angelika, die freie Beraterin. »Früher habe ich mich wahnsinnig schwergetan, so als ob ich den letzten Schritt der Selbstaufgabe nicht machen konnte, als wollte ich die Kontrolle um keinen Preis hergeben – so kommt es mir im Nachhinein vor. Inzwischen hat sich meine Psyche entfaltet, mein Leben fühlt sich besser an, und plötzlich kommen auch die Orgasmen. Die Angst, mich aufzugeben und in einer Beziehung und beim Sex mein Ich zu verlieren, für immer – das habe ich bei diesen unverbindlichen Affären nicht.«

Anders bei Claudia, das rosa-rote »Mischwesen«: »An Orgasmen hat es mir nie gemangelt. Doch sie schienen mechanisch, als ob im Kopf oder im Bauch noch ein Kick fehlt. Habe ich meine ›roten‹ Zeiten, dann scheint es mir fast so, als ob ich verschiedene innere Frauenfiguren in mir auslebe – Femme fatale, verführtes Mädchen, entspannte Nebenbei-Herumschläferin. Ich spiegele mich in dem Mann, der gerade da ist, lasse mich nehmen oder verführen, der eine schlägt mich, der andere wiegt mich, der übernächste lockt meine Fähigkeit, zu reden, hervor. Ich fühle mich kompletter, wenn ich mehr als eine bin.«

»Es ist doch so was von klar«, sagt Laure. »Es ist Lust. Und es ist zugleich eine Art Schuldgefühl, weil man den anderen wenigstens ein bisschen betrügt. Weil man immer wieder andere Hände spürt. Es ist neu, immer wieder, der Reigen der Abwechslung. Das ist doch genau das, was Sex geil macht: Neues. Schuld. Lust. Der Versuchung nachgeben. Das ist Sex, wie er gedacht wurde.«

Hat sie Angst, dass sie es eines Tages in einer Zweierbeziehung vermissen wird – einfach weil da nichts mehr neu und schuldig ist? »Wer sagt, dass ich je nur einen Mann haben werde? Und wer sagt, dass nicht eines Tages der Morgen kommt, wo Liebe all das Neue, Schuldige ersetzt? Ich weiß es nicht. Ich lebe jetzt.«

Der Fremdgang, die Liebhaberei stellen offenbar eine emotionale Chemiebombe dar, die es in sich hat.

Und, die Damen – sind sie die einzige Frau im Leben dieser Männer? »Zum Glück nicht«, lächelt Angelika, »wenn es so wäre, würde einer viel eher der Gelegenheit nachgeben und auf einer exklusiven Zweisamkeit bestehen. So halten wir uns – fast gezwungenermaßen – an die Regeln, die wir brauchen, um es zu genießen.«

»Ich weiß es nicht einmal«, gesteht Claudia, »ob oder wie viele andere es gibt, ob regelmäßige. Oder ob es einfach die Freiheit ist, zu tun und zu lassen, was wer will – ob nur mit mir oder auch mit mir.«

Nicola versucht bei der Suche nach ihren Liebhabern darauf zu achten, keine Verheirateten zu wählen – »nicht nur aus schlechtem Gewissen, was du nicht willst, das man dir tu, und so …, sondern auch, weil verheiratete Männer trotz allem dazu tendieren, eine Hierarchie aus gebundener Mann – Geliebte aufzubauen. Und darum geht es nicht – ich bin nicht seine Geliebte, wenn, dann ist er einer meiner Geliebten. Man muss sich auf Augenhöhe treffen, keiner sollte die Fluchtmöglichkeit eines anderen aus dem Leben darstellen – sondern es aus freien Stücken tun.«

Es wurde oft behauptet, Männern fiele es leichter, Sex von Liebe zu trennen; was damit erklärt werden sollte, waren das hordenartige Einfallen in Bordelle und Dienstreisen-Fremdgehen. Dabei gibt es genauso viele Männer, denen die Erektion erst mit Gefühl, Sympathie oder so was wie Verliebtheit gewogen ist, und Frauen, die Sex mit so was wie zeitlich begrenzter Liebe betreiben können, ohne das Gefühl völlig abzukoppeln.

Es ist nur Sex, denken wir Frauen genauso leicht. Das richtet sich mal nach der Veranlagung, oft genug aber auch nach dem Lebensalter – wenn wir ausprobieren, wenn wir das Leben endlich fühlen wollen, über die Liebe hinaus, und wenn wir eine Brücke brauchen, von der Vergangenheit bis in die neue Zukunft.

Wie Maxima, einundvierzig, die von ihren wilden Zwanzigern erzählt und von der Kunst, drei Liebhaber zu koordinieren …

»Wenn ich keine Lust auf Beziehung hatte oder aber einfach nicht wirklich ein interessanter Mann zur Auswahl stand, dann gab es Liebhaber. Das hat eigentlich nur Vorteile.

Man verstrickt sich nicht in Sentimentalitäten. Der Geist wird nicht blockiert mit Fragen wie: Warum ruft er nicht an? Wieso schenkt er mir keine Blumen? Warum bleibt er nicht über Nacht?

Termine oder besser gesagt Treffen werden bewusster gewählt. Tag, Zeitpunkt, Ort und vor allem, mit wem …

Es fließt in den eigenen Lebensrhythmus hinein, automatisch, ungekünstelt, unerwartet, locker, leicht und beschwingt. Das sonstige eigene Leben mit seiner Routine wie Arbeit, Besuche, Termine, Freizeitaktivitäten bleibt unangetastet, da man sich als Frau ganz sich selbst und seinen Bedürfnissen hingibt. Zwanglos und spielerisch lässt man sich auf einen der drei Männer ein. Dabei ist jeder für sich auch eine Art Freund: ein Begleiter für schöne Stunden der Muse. Jeder Mann ist anders, hat andere Interessen und andere Bedürfnisse.

Mit James ging ich gerne zum Essen, und wir stimmten uns auf uns ein. Er behandelte mich stets zuvorkommend, Kavalier in absoluter Vollkommenheit, bis wir in meiner Wohnung landeten, dort entpuppte er sich dann als ein Spielgefährte voller Verruchtheit.

Irgendetwas ging während unserer Treffen immer zu Bruch, da wir den Akt der körperlichen Vereinigung gerne beide sportlich nahmen. Es ist ein berauschendes Gefühl, über Monate hinweg jedes Mal aufs Neue wild und leidenschaftlich begehrt zu werden, als ob es das erste oder das letzte Mal sei. Wenn wir uns küssten, saugten wir uns aneinander fest, wollten uns nicht loslassen. Das Ausziehen ging immer ganz schnell, und er hob mich dann hoch, damit ich meine Beine um seine schmalen Hüften schlingen konnte. Darauf entschied er, wohin wir gingen. An die eiskalte gekachelte Badezimmerwand oder in die dampfende Dusche.

War es Letztere, so blieben wir so lange, bis nicht nur das Bad, sondern der halbe Flur unter Wasser stand. Nass und triefend schafften wir es dann aufs Sofa, wo er mich über die Lehne bettete, damit meine Rose wie aufgeblättert vor ihm lag, und er verwöhnte mich mit seiner ganzen Zunge – das konnte er hervorragend, ausdauernd, und er hörte nicht auf, bis ich mich gehenließ.

Danach trug er mich woandershin, zum Beispiel auf den Esstisch, besorgte Kissen und Decken, damit ich es nicht unbequem hatte, und fragte mich dann, was ich wolle. Nur wenn ich es ihm so sagte, dass es ihm gefiel, erhörte er meine Wünsche und erfüllte sie umgehend. Mit viel Öl und sehr geschickten Händen fand er seinen Weg, fordernd und trotzdem wohltuend, über meinen gesamten Körper, inklusive der Zehen und Fingerspitzen, um sich anschließend selbst einzuölen, wobei ich ihm gerne zusah. Nur sein bestes Stück musste ich einölen, mit zupackenden glitschigen Händen, mit beiden wohlgemerkt. So mochte er es. Seine Königskugeln, seinen Damm, seinen besten Freund und natürlich die süße Rose, verborgen zwischen zwei prallen Äpfeln. Es faszinierte mich, dass dieser Mann kommen konnte ohne direkte körperliche sexuelle Berührung. Er genoss meine Fingerkuppe in seiner verborgenen Höhle des Anus, während ich gleichzeitig die Kuppe seiner fleischigen Eichel massierte. Aber es war noch lange nicht Schluss. Danach gingen wir erst ins Bett und taten Dinge, die weniger anstrengend waren, aber dafür die halbe Nacht lang.

Er blieb immer, bis ich eingeschlafen war. Betrachtete mich und wünschte mir süße Träume zum Abschied.

Noch Tage danach klangen unsere gemeinsamen Stunden in mir nach. Und eine Vorfreude auf das nächste Mal, wenn ich ihn anrief.

Der Zweite im Bunde war mein Liebhaber und Begleiter für annähernd zwei Jahre, obwohl wir uns nie öfter als einmal im Vierteljahr sahen. Es waren immer geheime Orte und unmögliche Uhrzeiten, zu denen wir uns wiedersahen. Das hatte im Vorfeld bereits etwas wahnsinnig Prickelndes.

Jedes Mal konnte ich mir in Ruhe aussuchen, was ich

anziehen werde. Dann die meist einstündige Fahrt durch die dunkle Nacht zum vereinbarten Zielort. Voller Vorfreude. Nicht unbedingt auf das sexuelle Abenteuer, aber auf unsere Gespräche über die Erlebnisse in den Wochen dazwischen. Es gab Wochen ohne ein einziges Telefonat, und trotzdem war es jedes Mal ein Gefühl, als käme ich nach Hause.

Es klingt vielleicht verrückt, aber unsere kurzen gemeinsamen Stunden waren voller Nähe und Vertrautheit. ein Sichfallenlassen. Erzählen aus dem eigenen Leben, von den Erfahrungen, den Zweifeln, den Sorgen, den schönen Dingen. Teilhaben am Leben des anderen. Aufmerksam zuhören, kleine Überraschungen bereithalten.

Sein Job war kein alltäglicher, und oft musste er länger fort. Er erzählte mir nur manchmal ein wenig von den Gefahren, denen er sich freiwillig stellte – mit der Gefahr verdiente er sein Geld.

Mit mir zusammen konnte er einfach er selbst sein. Und er war dankbar für das Hier und Jetzt. Wenn wir zusammen schliefen, war es vertraut und einfach. Einfach, weil nichts zwischen uns stand. Es gab weder Turnübungen noch leidenschaftliche Übergriffe, aber dafür gab es echtes und ehrliches Gefühl in jeder Bewegung, in jeder Berührung, in jedem Blick.

Wir tranken Wein, und manchmal rauchten wir ein wenig Marihuana, alberten herum und erzählten uns verrückte Geschichten aus unserer Kindheit, völlig ungezwungen und losgelöst.

Er mochte es, wenn ich ihm von meinen Affären mit James und anderen Liebhabern erzählte. Keine Eifersucht, keine Vorwürfe, lediglich herzliches Lachen über meine amourösen Anekdoten.

Eines Tages bemerkte er beiläufig, mich mit zu seiner Familie nehmen zu wollen. In dem Moment wurde mir klar, dass ihm unser Verhältnis mehr bedeutete als das, was es war. Ich musste ihm weh tun. Und es tat mir leid. Seitdem gehe ich behutsamer mit Männern um und schaue besser hin. Denn ich möchte keine falschen Hoffnungen wecken.

Ach so, wer der andere, der Dritte war? Nun – was das Leben einer Frau mit Anfang, Mitte zwanzig zum Geschenk macht, zufällige Begegnungen, die ich ohne Reue oder Angst genießen oder lassen konnte.

Und all das hörte auf, als ich meinen Mann traf. Ich war satt vom Probieren, ich bedauerte nichts, ich hatte mich ausgelebt – und konnte mich entspannt auf den einen fixieren.«

### Freundschaft mit Poppen

Was ist das: Es ist keine Affäre, die aus Leidenschaft besteht, es ist keine Beziehung, es ist keine Liebhaberkonstellation, weil dafür zu viel Zeit und Leben miteinander verbracht wird, es ist nicht nur Freundschaft?

Es ist Freundschaft mit Zusatz, in dem Fall mit vögeln; manche nennen es »friendship with benefit« oder »casual sex«.

Dieses Zwitterding scheint mir eine Erfindung der letzten fünfzehn, zwanzig Jahre zu sein: Es gibt da einen Menschen, mit dem ist Mann befreundet. Und ab und an, bevor man sich mühsam auf die Suche nach einem One-Night-

Stand macht oder eine Beziehung einläutet, nur um mal wieder etwas Zärtlichkeit zu spüren, klingelt man lieber beim besten Freund durch und sagt: »Hey, Kino, Käse und Cracker – und Kuscheln?«

Danach lässt sich sogar gemeinsam auf die Piste gehen und trotzdem entspannt weiter nach der großen Liebe schauen oder nach dem nächsten Sexabenteuer.

Der Sex selbst ist nicht sonderlich ekstatisch, die Freundschaft nicht eifersüchtig. Und findet der eine von beiden jemanden, tritt der andere in den Freundschaftsmodus ohne Kuscheln zurück.

Hört sich großartig an. Zwei Freunde, die die Singlezeit in vertrauter Intimität ohne Eifersucht überbrücken und sich danach immer noch was zu erzählen haben. Eigentlich perfekt, wieso haben wir das nicht alle? Wieso gibt es nur ein Entweder-oder, »nur« Sex oder »nur« Beziehung?

Es kann ja auch schiefgehen: Da hat zum Beispiel Jan (achtundzwanzig) genau so ein wunderbares Arrangement, man geht zu zweit aus, man redet, isst, tanzt – und am Schluss des Abends? »Na, nichts gefunden?« – »Nö, ich auch nicht – gehen wir zu dir?« Und dann das: Sie setzt die Pille ab, wird schwanger, bekommt das Kind und will Alimente.

Hups. Es war nie von Liebe oder Beziehung die Rede oder ob Jan ihr bei einem unerfüllten Kinderwunsch helfen könnte, bevor sie zu alt ist und keinen passenden Erzeuger findet – und jetzt ist er doppelt betrogen: um die Freundschaft und um die Zusatzleistung, die sich etwas anders ausgewirkt hat als verabredet.

Sein Vater war übrigens erschüttert, als er die Malaise erfuhr. Nicht wegen des Babys (»ein Mann muss dazu

273

stehen, was ein Mann tut« und so), sondern von dem Agreement »Freundschaft mit Poppen«. Das fand er verrückt, aber offenbar auch eine Generationssache: Wie viel ist Sex noch wert, wenn er als Beiwerk läuft und das Verhältnis weder als »Affäre« noch als »Beziehung« definiert ist? Und was sind das für Freundschaften? Wieso lieben die sich nicht, wenn sie miteinander Sex haben und sich auch sonst so gut verstehen?! Du liebst sie nicht, aber schläfst mit ihr? Wieso tut sie das – gibst du ihr Geld? Wie, sie tut es freiwillig, aber ohne was ... na ja, irgendwas dafür zu verlangen, eine Beziehung wenigstens? Völliges Unverständnis.

Doch auch für den Sex unter Freunden gibt es klare Regeln: Beide müssen sich einig sein und sich darüber auf dem Laufenden halten, ob der eine sich nicht zufällig doch verliebt hat.

Beide müssen voneinander wissen, was passiert, wenn der andere nicht mehr erotisch verfügbar ist – weil er oder sie jemanden gefunden haben, mit dem sie Liebe, Sex, Kinder und Leben teilen wollen: dass der Freund fortan kein Anrecht mehr hat auf Kumpelkuscheln und diskret genug sein wird, die gemeinsame Vergangenheit der neuen Liebe nicht unter die Nase zu binden. Es ist eine seltsame Sorte Eifersucht, die dann kurzfristig entsteht – vergleichbar mit jener diffusen Zurücksetzung, die wir als gute Freunde empfinden, wenn die Busenfreundin oder der Kumpel keine Zeit mehr für uns haben und total auf *Wir*-AG mit ihrem Schwarm machen.

Doch seltsamerweise ist die Liebe der Freundschaft die geduldigste, denn sie ermöglicht uns, uns für den anderen zu freuen, selbst dann, wenn uns etwas dafür genommen wird.

*Er will keine Bindung,*
*die Geliebte aber schon. Oder?*

Warum schlafen Frauen eigentlich mit verheirateten Männern? Möchten sie von der Geliebten zur einen werden? Finden sie es sexy, einer Frau den Kerl auszuspannen? Oder genießen sie einfach diese besondere Art der Unverbindlichkeit: nur Sex, denn eine Beziehung hat er ja schon – wunderbar.

Wie zum Beispiel Natascha, achtunddreißig: Ein Fred für alle Fälle

»Jede Frau sollte einen Fred in ihrem Leben gehabt haben. Am besten während der Blüte ihrer reell erwachten Sexualität. Wir Frauen kennen unsere Blume am besten, wissen, wie man sie stimuliert und zum Blühen bringt, so dass der anfängliche Nektar richtig zum Fließen kommt.

Mesdames, denken Sie einfach mal an sich selbst!!

Fred, ja, Fred war ein unerwartetes Vöglein, das ins Nest geflattert kam. Er mochte mich und ich ihn. Er war ein frustrierter Ehemann und ich eine Junggesellin, auf der Suche nach einem geeigneten Spielgefährten.

Fordern, ohne zu nehmen, geben, ohne zu fordern, lautete das Gesetz. Um uns zu verabreden, bedurfte es herzlich wenig. Ich rief ihn einfach an und sagte, dass ich Zeit und Lust hätte.

Schon allein dieser Satz bringt Männerblut in Wallung.

Er verheißt nichts anderes als das, was man sagt.

Keine Schnörkel, keine versteckten Andeutungen, keine Erwartungen, keine Komplikationen. Männer möchten auch begehrt werden, wollen, dass Frau es ihnen sagt. Direkt, schonungslos, mit dem gewissen Etwas in der Stimme. Es ist wie ein kleines Schnurren, eine Offenbarung, das Versprechen, dass Mann erwartet wird mit Lust, mit Wonne, mit Begierde.

Er freut sich, fühlt sich befreit von den auferlegten Zwängen und kann sich völlig seinen erwachenden Jagdinstinkten öffnen. Es geht nicht mehr darum, wie machen wir es heute: zärtlich langatmig, Petting, Vorspiel, mit oralem Horsd'œuvre und anschließendem Blümchensex im Bett. Nein, hier lauern Überraschungen, weil eine neue Dimension der sexuellen Vertrautheit, eine Plattform für Experimente eröffnet wird. Es lautet, *was* machen wir heute. Fred weiß es nicht, lässt aber bereits seiner Phantasie freien Lauf.

Ob ich heute mit ihm vor den Spiegel trete, damit wir sehen können, was wir machen? Zeige ich ihm heute den dunklen Tunnel der Lust und des Verbotenen? Empfange ich ihn in voller Montur aus dem Rotlichtmilieu? Stelle ich mich schlafend? Vielleicht mit einem kleinen Brief auf meinem Po, der ihm sagt, was ich von ihm möchte?

Er kannte meinen Körper schon sehr gut, schließlich habe ich ihm gezeigt, wie er mich wo und wann und wie lange berühren, lecken, küssen sollte. Und es war ein wunderbares Gefühl, ihn einfach anzufassen, ohne Scheu, wo, wie oder warum. Vor allem ohne Warum, denn das war ja bereits völlig klar. Es würde irgendwann enden, kein Problem, aber lass uns jede Minute auskosten, uns gegenseitig zu erforschen.

Ich kannte jeden Muskel seines kräftigen Körpers, genoss seine Augen, die mir alles versprachen. Sein fester Griff an meinem ausgeprägten Po, seine Lippen auf meiner Haut und sein Blick im Spiegel, wie er mich betrachtete, während wir uns zusahen bei unseren Spielchen. Er war einfach nur neugierig. Neugierig und offen für alles, was ich verlangte. Hauptsache, ich sprach es aus.

Wenn mein Restaurant schon beinahe Feierabend hatte und er mich besuchen kam, dann sagte ich gar nichts, sondern zog ihn einfach durch die Schwingtür in die Küche und ins Kühlhaus. Fred wusste ja nie, was heute auf ihn zukam, und trotzdem war er zu allem bereit. Ich schloss die Tür vom Kühlhaus hinter mir und sagte ihm genau, was wir jetzt tun würden. Er lächelte lediglich mit dem ihm eigenen Schmunzeln, frei nach dem Motto, aha, so ein kleines verdorbenes Biest bist du also, willst mich jetzt und sofort und ohne Vorspiel, Küssen, Streicheln oder andere hinauszögernde Vorspeisen. Willst, dass deine Gäste wissen oder wenigstens erahnen, was sich hier in den nächsten Minuten, denn länger dauert es nicht, abspielen wird.

Und recht hatte er.

Ein erhebendes, befriedigendes Gefühl, sich seiner eigenen Lust ohne Scham und ohne Reue hingeben zu können mit einem Spielgefährten, der keinerlei Erwartungen an eine Beziehung stellt. Das Geheimnis der Lust einer Frau beflügelt jeden Mann zu neuen Horizonten. Plötzlich verliert er Unsicherheit, Machogehabe, Dominanzdenken oder Unterwürfigkeit. Er gewinnt an Selbstvertrauen, weil ihm endlich gezeigt wird, wie er eine Frau anfasst: Wann kommt sie, wie erkennt er das? Wie sieht es aus, wie fühlt es sich an? Und genau dann, wenn Mann das erkennen darf, weil Frau es ihm zeigt, beginnt er ein wirklich guter Liebhaber zu werden.

Es war eine phantastische Zeit. Ab und zu haben wir auch andere Dinge unternommen, und dabei hatten wir ebenfalls immer viel Spaß, redeten, lachten, aßen und tranken zusammen, blödelten und führten auch ernsthafte Unterhaltungen über alles Mögliche.

Fred war eben ein Mann für jeden Fall.

Eine Beziehung ohne Anfang und ohne Ende, aber dafür umso mehr Mitte.«

Die Mitte. Es gibt einige heimliche Nataschas, die eben nicht die leidende Geliebte mimen, die ach so dringend darauf wartet, dass er sich entscheidet, nämlich für sie, und die eine außereheliche Geliebte deswegen mimt, weil sie hofft, wenigstens testamentarisch bedacht zu werden. Nö. Folgenloser, guter Sex ist ausreichend Grund, damit frau sich in der restlichen Zeit auf *ihr* Leben konzentrieren kann. Sie will keinen Mann hustend auf der Bettkante, wenn, dann will sie ihn sporadisch juchzend. Sie sucht sich diesen Mann gut aus – nicht dass er eines Tages doch mit gepackten Koffern und Scheidungspapieren vor der Tür steht. Und sie wird darauf achten, dass er gut mit ihr umgeht für die Zeit, in der er da ist. Ein solches Verhältnis wird sie auch nicht davon abhalten, weiter von der großen Liebe zu träumen – aber sie wird sich nicht vertun, indem sie diese auf den verbotenen, weil vergebenen Mann projiziert.

Fragen Sie mich nicht nach der betrogenen Frau. Das ist Sache des Ehemanns: Schläft er nicht mit unserer Natascha, dann mit einer anderen. Eine Geliebte, ganz gleich ob aus reiner Lust oder aus reiner Liebe, als die bösartige Verführerin und Hure zu beschimpfen ist eine eigene Form der Blindheit: nämlich nicht die Schwäche des Partners sehen zu wollen, der fremdgeht.

Gibt es eigentlich biographische Erklärungen für fremdgehende Ehemänner? Darüber wurde zwar eine Menge spekuliert, doch das meiste ist schlichtweg Unfug. Denn jeder findet in seiner persönlichen Biographie einen Ansatzpunkt für sein Nomadenherz. Der eine, wie Albrecht, einundsechzig, sah seine »Unruhe«, wie er in den ersten fünfzehn Jahren die ständigen Geliebten nannte, in den Unruhen der Nachkriegsjahre begründet, in der ersten, zu frühen Heirat, in dem unbändigen Drang, zu leben, nichts als zu leben, um hinter sich zu lassen, was seit seiner Geburt um ihn herum an trister Lebenswelt existierte. Er rasselte genau hinein in die Achtundsechziger-Revolution.

Ähnlich wie Albert, sechsundsechzig, und dessen Frau Martina, fünfundsechzig. Natürlich waren sie Studenten, die sich Sex ebenso auf anderen Wegen als im Ehebett suchten (auch sie hatten früh geheiratet), wurden mitgerissen vom dynamischen Strudel der Zeit und litten danach beide jahrelang unter den Wunden, die sie sich selbst schlugen. Flaneur und Flirter sind Albrecht und Albert beide heute noch, nur wäre ihnen all der Kram, der nach einem Flirt und mehr folgen würde, »heute viel zu anstrengend«.

Männer um die zwanzig, dreißig, fünfzig können sich nicht auf Krieg und Nachkriegszeiten als selbsterklärende Umstände stützen; bei dem einen war der »Vertrauensbruch der ersten Liebe, die mit dem besten Freund durchbrannte – Frauen sind Schweine, wozu also mit einer leben?« –, der persönliche Auslöser für einen dehnbaren Treuebegriff. Bei dem Nächsten lag die Ursache im strengen, katholischen Elternhaus, um genau entgegengesetzt zu leben – so frei, so selbstbezogen wie möglich. Und viele interessieren sich nicht für das Warum – sondern nur: das Wie. Und das ist nicht mal verwerflich, wer will sich schon ständig selber kasteien – es sei denn, er möchte etwas daran ändern …

## Liebling, es gibt da noch jemanden

Wenn es zum Seitensprung gekommen ist, stellt sich die Frage: beichten oder schweigen? Eine Absolution wird in den seltensten Fällen als erste Reaktion erteilt, es sei denn, der Partner ist seit zwanzig Jahren bettlägerig und hat sich von Herzen gewünscht, dass die geliebte Ehefrau endlich auch mal wieder ihren Körper spürt. Oder die Partnerin empfindet den Seitensprung als paradoxe Aufforderung, sich noch mehr anzustrengen, und sieht in der Absolution den geschicktesten Weg, den geliebten Mann wieder für sich zu gewinnen.

### *Seitensprung: Ende, Auszeit oder Neuanfang?*

Auf die Frage, was Betrogene am Seitensprung am meisten kränkt und verletzt, kommt häufig als Erstes: das Lügen, Vertuschen, Verheimlichen. Das Urvertrauen ist erschüttert, weil man ausgerechnet von jenem Menschen hintergangen wurde, dem man sein Innerstes geöffnet hat.

Plötzlich wallt alles wieder hoch: die Verlassenheitsängste der Kindheit, die Ängste, sich überhaupt emotional auf jemanden einzulassen, denn dann ist doch die Gefahr, abhängig und damit im schlimmsten Fall lebensuntüchtig zu sein, am größten.

Erst als zweiter Grund für die tiefe Wut, Verunsicherung und Verletzung wird das Gefühl, hintergangen worden zu sein, genannt: Ich werde betrogen, also bin ich nichts wert. Jemand anders ist wertvoller. Das schwächt, das führt zu Gedankenkreiseln von »Ich muss mich ändern, um attraktiv zu sein« über »Jetzt gehe ich auch fremd, und dann sehen wir mal, wer Sieger bleibt« bis hin zu »Ich bring sie um, weil ich mich klein fühle, obgleich sie doch schuld ist« – und vielen Schattierungen dazwischen. Man will nichts mehr, als wieder geliebt und begehrt zu werden, aber bitte nicht von der da oder dem da, die/der einen anderen Körper berührt hat. Und doch könnte den ersten Schmerz nur der Betrüger heilen. Ein nahezu unlösbarer Konflikt – auf den ersten Blick.

Auf den zweiten auch. »Würden Sie einen Seitensprung verzeihen?«, wird gern in Umfragen nachgehakt; mal ist es jeder Dritte, der sagt ja, mal schwanken die Zahlen zwischen 28 und 37 Prozent.

Bei der Antwort spielt auch die Lebenssituation der Befragten eine wichtige Rolle: Wer wie Christa, deren Geschichte ich auf den folgenden Seiten erzähle, ein Geschäft, ein Haus und Kinder mit einem langjährigen Ehepartner hat, wird sich eher dazu entscheiden: Na gut, Schwamm drüber. Lass uns dran arbeiten, wir haben schon so viel gemeinsam geschafft.

Aber auch hier kommt es dabei darauf an: Wurde der

Fremdgang gebeichtet oder zufällig entdeckt? Erstaunlich ist: Je älter eine Frau ist und je länger die Beziehung dauert, desto eher wird er verziehen, wenn er offengelegt wird: Liebling, wir müssen reden. Na, wenigstens hat er es gesagt, beruhigen sich die Damen dann …

Umso schlimmer indes wiegt es, wenn die Affäre heimlich und sehr lange läuft oder sie aus einer Lebenskrise des Mannes heraus entstanden ist. Dann wirkt es wie doppelter Betrug: Du hast dich mit einer anderen als mir, deiner engsten Vertrauten, getröstet, und du hast mich, deinen Teampartner, hintergangen. Mit Verzeihen ist da nicht mehr viel los.

Manche Therapeuten haben übrigens festgestellt, dass Männer sich öfter entdecken lassen – und zwar nicht, weil sie ihre Affäre so ungeschickt organisieren würden. Nein, eine unbewusste Kraft treibt sie zu Auffälligkeiten und zum Spurenhinterlassen, als ob sie fast schon wünschten, entdeckt zu werden. Und warum? Wer weiß – damit sie keine Entscheidung treffen müssen, sondern die Betrogene. Oder damit es endlich ein Ende hat. Oder damit sie gehen können. Weil zwei Beziehungen eine zu viel sind.

Je jünger die Befragten sind und je unabhängiger, desto schneller würden sie einen Betrug als Anlass zur sofortigen Trennung sehen; wobei sich auch hier zeigt: Verzeihen eher bei einer Beichte – sofort Schlussmachen, wenn es aufgedeckt wird. Noch eher wird bei einem einmaligen Erlebnis tief durchgeatmet (jeder Zweite würde theoretisch dahin tendieren – theoretisch deshalb, weil Umfragen ja sich nur auf eine Möglichkeit beziehen, von der alle hoffen, dass sie nie eintritt) und die Tür wieder geöffnet. Dauerfremdgeher und Wiederholungstäter dagegen können schon mal einen Satz neue Koffer kaufen.

Frauen beantworten die Frage nach dem Verzeihen übrigens nicht gleich mit einem konkreten Ja oder Nein: Für sie ist eine Bedingung daran geknüpft. Verzeihen nur bei Beendigung der Affäre, so sehen es jedenfalls 86 Prozent der Frauen nach einer Forsa-Umfrage für die *Brigitte*. Von Bedeutung ist auch: Mit wem hat er es getan? Der besten Freundin? Raus. Der Nachbarin? Und tschüss. Einem Kerl? Auf Nimmerwiedersehen! Kollegin? Nee, nee.

Ein interessanter Nebensatz fiel bei meinen persönlichen Befragungen: »Wenn er es mir nicht sagt, dass es da noch jemanden gibt, nimmt er mir die Chance, für unsere Beziehung zu kämpfen. Und er nimmt uns die Chance, miteinander zu reden über das, was wir brauchen, wollen, was fehlt – und das nehme ich ihm übel. Fast mehr als den Sex.«

Was aber spricht gegen das Schweigen? Unter anderem, dass jeder Zweite – bei einer Umfrage unter 450 000 Online-Singles, die sich wünschten, überhaupt erst mal einen Partner zu haben – dem Motto folgt: Was ich nicht weiß, macht mich nicht heiß. Oder auch: Was ich nicht wissen will, existiert ja eigentlich auch gar nicht. Nicht wahr?

Nicht wahr.

Willentlich die Augen zu verschließen oder sich selbst einen so guten Schutzmechanismus anzutrainieren, um die wehenden Fluchtfahnen des Liebsten nicht zu sehen, ist eine absolut normale Haltung der Gattung Mensch. Natürlich wollen wir Sicherheit, natürlich wollen wir nicht dauernd in Angst einschlafen, wo er oder sie heute wohl wieder herkommt.

Wir wollen auch nicht von anderen produzierte Probleme lösen. Er geht fremd, und man selbst hat dann den Salat;

er oder sie hatten wenigstens Spaß, wir haben danach den Ärger der Selbstzweifel, der Wut, der Unzulänglichkeit, der Entscheidungsnot: Hab ich was damit zu tun? Bin ich nicht der oder die Richtige? Und was ist eigentlich mit meinem Stolz?

Auch das ist immer eine sehr persönliche Entscheidung. Manchen fällt es sehr leicht, mit Ungewissheit zu leben oder das Wissen zu verdrängen, solange der Alltag und die Zuneigung okay sind. Andere möchten es nicht wissen, weil sie hoffen, eine Beziehung zu führen ginge ohne Leiden – ganz ohne geht es aber nicht. Es gibt immer Reibungspunkte, wo zwei nicht dieselben Wünsche haben. Und die gilt es immer wieder auszuhandeln: Ich will mehr Sex, ich will mehr Zeit, ich will reisen, ich will ein Baby.

Eigentlich lässt sich nur raten: Schweigen oder beichten Sie aus einem gutem Grund, nicht aus einem falschen.

Wenn der »beste Fall« aber eintritt und der legale Partner verzeiht – dann heißt das noch lange nicht, dass das Thema vom Tisch und aus dem Bett ist. Nach der Wut, nach der Lethargie, nach dem vielleicht sogar neu aufflammenden, verzweifelt-leidenschaftlichen Sex, um die alte Nähe wiederherzustellen, kommt erst mal eine lange Zeit des Redens.

Als Seitenspringer darf und kann man nicht erwarten, dass es ohne geht und keiner mehr diese unschickliche Angelegenheit erwähnt. Denn sie stand ja für etwas. Für was eigentlich?

Genauso wie es menschlich ist, »schwach« zu werden und fremdzugehen, genauso menschlich ist es, als Betrogene/r darunter zu leiden, ohne genau absehen zu können, wann man damit durch ist. Jetzt gilt, aneinander dranzubleiben und zu reden, bis der Mund ausfranst. Und zwar beide, der Betrüger wie der Betrogene. Es ist nötig, dass beide sich gegenseitig wahrnehmen und vor allem akzeptieren, dass alle Gefühle ihre Wichtigkeit besitzen. Das wird auch zu Vorwürfen führen, es werden die Fetzen fliegen. Bleiben Sie aneinander dran!

In Streits kann und wird es immer mal wieder dazu kommen, dem anderen die Verfehlung aufs Butterbrot zu schmieren – gewollt oder ungewollt. Aber irgendwann wird der Zeitpunkt kommen, wo Sie sich nicht mehr in der »Zeit danach« befinden und der Seitensprung Ihr ständiger Gesprächsbegleiter ist. Und genau dann beginnt die spannende Phase des gemeinsamen Neuanfangs. Wo eben nicht mehr in den alten Mustern gelebt wird. Wo eben nicht mehr derselbe Umgang herrscht wie zu der Zeit, als das Fremdgehen die natürliche Konsequenz war.

Wenn Sie für sich jedoch feststellen: Mein Betrug war eine Flucht, zu Hause wird sich nichts ändern, weil die Liebe fort ist, weil ich mein Leben anders leben will und gehofft hatte, durch meine Affäre das legale Leben erträglicher zu machen: Gehen Sie! Und fangen Sie jeder für sich neu an.


*Sex mit einem Betrüger –*
*nach der Entdeckung*

Christa, zweiundvierzig: Er geht zu einer anderen, aber unser Sex wurde besser …


»Ich bin mit meinem Partner seit vierundzwanzig Jahren zusammen, davon sind wir zwanzig Jahre verheiratet. Wir haben zwei Kinder, sechzehn und achtzehn Jahre alt, und führen zusammen ein Geschäft.

Ich war nie so blauäugig, zu glauben, dass unsere Beziehung ewig halten würde. Im Laufe der vielen Jahre gab es bei meinem Mann auch öfters mal so kleine ›Seitensprünge im Kopf‹, aber eben immer nur im Kopf. Mal habe ich darauf reagiert, aber oft habe ich das auch ignoriert. Weil ich eben denke, dass es absolute Treue fast nicht gibt und ein bisschen Freiheit sein muss.

Mein Bauch sagte mir schon länger, dass irgendetwas anders ist. Nun ist aber vor zwei Wochen etwas passiert, was mich aus meiner Lebensbahn wirft.

Mein Mann hat schon seit Monaten eine Geliebte. Klassisch wie bei vielen Betrogenen habe ich herausgefunden, wer sie ist, wo sie wohnt und arbeitet und auch, dass ich sie kenne. Ich weiß, wann sie sich treffen und dass sie nachts stundenlang telefonieren.

Mir zerreißt es das Herz, ich kann oft nicht schlafen und auch nicht mehr essen.

Mein Mann ist einerseits mit Worten sehr aggressiv, weil er sein Leben bedauert (eigentlich möchte er nur noch so leben, wie es ihm gefällt, am besten noch ohne zu arbeiten und ohne Verantwortung). Und andererseits ist er sehr aufmerksam, zärtlich, macht Liebeserklärungen, und wir haben guten Sex (in letzter Zeit häufiger als sonst). Es kann aber passieren, dass er danach direkt zu ihr geht (tagsüber). Nachts geht er angeblich einen Kumpel besuchen und kommt morgens gegen vier oder fünf nach Hause. Manchmal sagt er mir vorher Bescheid, aber manchmal geht er heimlich, wenn er meint, dass ich schlafe.

Mein Kopf kann nicht mehr klar denken, mein Herz schmerzt.

Soll ich ihn konfrontieren, auch mit dem Risiko, dann mit allen Konsequenzen rechnen zu müssen? Oder kann ein Mensch dies alles wortlos ertragen? Und wenn ja, wie??«

Kinder. Geschäft. Liebe. Und dann die Entdeckung, dass nichts mehr so ist, wie man es einst geplant hatte: Denn er lebt ein zweites Leben, ohne zu ahnen, dass die betrogene Ehefrau es bereits weiß.

Ich bin der Auffassung, dass niemand in seinem Leben etwas »ertragen« muss. Oft hängen wir aber dennoch an Beziehungen oder Lieben – weil man etwas gemeinsam aufgebaut hat, weil man in gemeinsamen Pflichten steht, weil Kinder da sind, weil bei einer Trennung alles auseinanderfällt – Geschäft, Geld, gemeinsames Haus und irgendwie ein Pfeiler des Lebens. Manche geben sich einem hoffnungsvollen Wunschdenken hin: Es ist nur eine Phase, im Herzen ist er/sie ganz anders, wenn ich mich nur mehr bemühe, mit der Zeit wird es sich ändern, und dann …

Doch alle diese Gründe halten einen davon ab, zu gehen und dem Leid ein Ende zu bereiten.

Manches muss bis zum bitteren Schluss durchlitten werden, um sich davon zu überzeugen, dass jede Hoffnung auf eine Chance vergeblich war, bis man den Mut gefunden hat, loszulassen und sich auf etwas völlig Neues einzulassen.

Was kann ich einer Frau wie Christa raten? Sie muss für sich allein und in Ruhe Folgendes entscheiden:

1. Will ich mein Leben mit Warten verbringen, dass sich was ändert? Wie hoch ist die wirkliche Chance, und welchen Illusionen gebe ich mich hin, weil ich die Fakten nicht sehen will?

2. Was verliere ich, wenn ich gehe – Haus, Kinder, Geschäft? Ist es mir das wert, weil ich dadurch die Chance bekomme, ein Leben zu leben, das meiner Seele zuträglicher ist? Halten mich diese äußerlichen Dinge ab zu gehen? Will ich mich davon abhalten lassen, ist meine Leidensfähigkeit dafür groß genug?

3. Wie blind kann meine Liebe sein, wie leidensfähig kann sie sein, um zu ertragen, dass der Mensch, dem ich vertraute, sich offenbar nicht ganz und gar für mich entschieden hat. Werde ich es vergessen, vergeben können, und was ist, wenn ich es nicht vergessen kann?

4. Soll ich ein Ultimatum stellen? Die Praxis hat gezeigt, dass Männer Ultimaten aussitzen oder sie als Angriff wahrnehmen, auf den sie mit Flucht reagieren. Auf der anderen Seite werden Ehefrauen, mit denen ein Mann Kinder *und* Geschäft hat, so gut wie gar nicht verlassen. Meist vertuschen Männer ihre Geliebten dann aber umso besser.

   Aber: Wollen Sie darauf hoffen, warten – in Unsicherheit?

5. Wie hoch ist das Verständnis für Ihren Mann? Denn das ist ja die Eigenart der Liebe: Auch wenn uns der andere weh tut, so verstehen wir oft sogar, warum. Weil er Angst hat, sein Leben nicht voll auszuleben, etwas zu verpassen, nicht alles ausgekostet zu haben. Aber: Wie viel Verständnis bringen Sie für *ihn* auf, und

wie viel dagegen für *sich selbst*? Sie sollten sich mehr oder zumindest genauso viel Verständnis zubilligen wie ihm.

6. Ihr Mann spricht von Liebe, Sie haben guten Sex – aber ist er loyal? Bespricht er sich immer noch mit Ihnen?

7. Sich einen Liebhaber aus Rache oder als Mittel zur Eifersucht zu nehmen, würde ich nicht empfehlen. Das schafft zu viele Probleme und lenkt davon ab, um was es geht: Nämlich dass er jetzt alles will, Sie und Geliebte und Freiheit und Komfort des gemeinsam aufgebauten Geschäfts – und Sie wollen ihn und keineswegs noch einen Liebhaber.

8. Will ich überhaupt einen Mann, einen Menschen, der so mit mir und mit anderen umgeht und schwach ist in seinen Entscheidungen?

9. Was müsste passieren, damit ich mich voll und ganz wieder auf ihn einlassen kann – in Vertrauen? Und wie hoch ist die Chance, dass er »alles richtig« macht?

10. Wie freundschaftlich sind wir? Warum habe ich Angst davor, mit ihm darüber zu reden, da es schließlich unser Leben betrifft? Ist meine Angst, dass er seine Sachen packen und gehen könnte, so groß, dass ich mich zurückhalte, für mich aufzustehen und zu kämpfen?

Wäre ich in dieser Situation, würde ich mich erst mal wie betäubt fühlen. Aber letztlich würde ich ihn konfrontieren, denn alles andere ist Stillstand. Und das ist das Letzte, was man braucht im Leben.

Wir haben nur dieses eine.

Konfrontation bedeutet natürlich die Gefahr: Er könnte

gehen, er könnte sagen: Dräng mich nicht, gib mir Zeit, wenn du mich wirklich liebst, dann … Aber: Er ist nicht in der Position, Bedingungen zu stellen. Es ist lieblos und egoistisch, mit Ihnen zu schlafen und dann zu seiner Freundin zu fliehen. Ihr geht es dabei übrigens auch nicht gut – wenn sie liebt, ist es für sie Qual, eine Familie und ein Geschäft in Gefahr zu bringen, es ist für sie Qual, ebenso nicht ganz gewollt zu sein, es ist für sie Qual, zu wissen, dass er ein Heimlichtuer ist, denn kann sie sich sicher sein, dass er sie nicht genauso betrügt – mit Ihnen?

Und dass der Sex so gut, so bittersüß ist … das ist die schwarze Magie des Sex. Fass mich nicht an. Nimm mich in den Arm. Liebe mich, halt mich, fick dich, fick mich … Der Sex mit einem Betrüger kann der schönste, schlimmste, aber auch der intensivste Sex Ihres Lebens werden. Verzweiflung und Zorn, Hoffnung und Schmerz, Abscheu und Sehnsucht, all das verwandelt jede Berührung in ein mehrdeutiges Signal im Herzen, in der Seele, auf dem Körper.

Sich zu entscheiden heißt, Stärke und Respekt zu zeigen. Die Sache wäre klar, man könnte an die Trauer, die Verarbeitung, den Neustart gehen.

Er will frei sei? Bitte. Kann er. Aber Sie haben dasselbe Recht und die Freiheit, zu lieben und geliebt zu werden von jemandem, der sich klipp und klar für Sie entscheidet. Wenn nicht er es ist, der diese Basis mitbringt, haben Sie die Freiheit, zu gehen oder ihn gehen zu lassen. Kein Haus, kein Kredit, kein Geschäft der Welt sind es wert, auf so etwas Unbezahlbares wie Liebe, Vertrauen, loyale Partnerschaft zu verzichten.

Bei einigen vögelt das schlechte Gewissen immer mit, wenn sie fremdgehen oder die Lust nach mehr als einem Spielgefährten austoben. Das führt zu Gedanken wie: »Oje, nicht so fest küssen, das gibt Flecken ... wird man das Parfüm riechen ... hmm ... fühlt sich ganz anders an als meine Frau ... die ich so liebe ... was mache ich hier?«

Doch es existiert auch die andere Variante: Es geht nicht anders – es ist wie eine Sucht, eine Droge.

Curt, sechsunddreißig: Ich fahre in der Liebe zweigleisig. »Ich gehöre zu der Spezies Männer, die zwar wissen, was moralisch ist – und dennoch das Gegenteil tun. Ich will fühlen, so üppig es geht. Bis zur Schmerzgrenze leiden, bis über den Höhepunkt hinaus genießen. Ich tue mich schwer mit Kompromissen, und der Spruch: ›Man kann nicht alles haben‹ – den habe ich korrigiert: Kann man wohl, nur nicht sofort.

Ja, das ist egoistisch – aber deshalb hat Lisbeth mir einen Antrag gemacht. Sie wollte sich von meiner Lust, zu leben, mitreißen lassen. Meine innere Unabhängigkeit imponierte ihr, sie dachte, dass ich ihr dann ebenfalls nötige Freiräume gewähren würde. Auch ich hatte eine Frau gesucht, die mich lässt, wie ich bin, und die ich lassen kann, wie sie ist. Lisbeth schwor mir: ›Wir lassen uns nicht von einem krampfhaften Wir-Gefühl auffressen. Wir werden eigenständig bleiben!‹ Bingo. Doch ich bin nicht zum Lehrer geboren: Ich kann mir zwar nehmen, was ich brauche, aber nicht zeigen, wie man nimmt. Deswegen hat Lisbeth alle Freiheiten –

doch sie nutzt sie nicht. Sie könnte ihr Ding machen, ich meins, und ab und an machen wir unser Ding. Doch sie lebt wie eine traditionelle Ehefrau und behauptet, das sei das, was sie wolle.

Schon vor unserer Ehe habe ich mir genommen, was nötig war. One-Night-Stands, ohne Reue. Ich kann Liebe von Sex trennen. Erst recht, wenn es in der Partnerschaft mit Lisbeth gut lief. Ich will alles! Sicherheit und Aufregung. Halt und Risiko. Dann und wann hatte ich Affären mit Männern, um mich zu finden. Was ich fand, war die Tatsache, bisexuell veranlagt zu sein. Was für Möglichkeiten! Ich konnte das Büfett des Lebens auskosten und mich nicht mit dem trocknen Brötchen ›Zweisamkeit lebenslänglich‹ abspeisen lassen.

Die ersten zwei Jahre unserer Ehe blieb ich jedoch treu, im klassischen Sinne. Dann kam der Tag, an dem ich von dem Experiment Beziehung satt war – und ich zog wieder los, Nomadenherz. Ich machte mein Ding. Ich war mir und meinen Bedürfnissen treu.

Lisbeth indes machte vor kurzem auch ihr Ding: Sie setzte heimlich die Pille ab. Sie wollte ein Kind. Als ich die Pillenpackungen im Mülleimer fand, stellte ich sie zur Rede. ›Du redest von Eigenständigkeit und Entscheidungen, die fürs Ego gut sind. Du meinst doch immer, wer sich selbst glücklich macht, ist dem anderen ein zufriedener Partner! So, und ich will eben ein Kind. Meine Sache, oder?‹

Ganz und gar nicht! Damit hatte sie unsere Beziehung, die auf Freiwilligkeit basierte, festgezurrt! Sie erzwang ›unser Ding‹.

Ich flüchtete in Affären, vermied es, mir ihr zu schlafen, hoffte, dass sie begriff, dass ich nicht einzufangen bin. Sie beharrte auf ihrem Wunsch.

Ich habe ihr die Scheidung angedroht, doch Lisbeth hat mehr von mir gelernt, als ich ahnte: ›Ich tue etwas für mich. Das ist mein Leben. Gib mir die Freiheit oder eben nicht.‹

Wie weit kann ich gehen, ohne meinen Anspruch zu verlieren, sie so zu lassen, wie sie ist? Ich werde erstmals Kompromisse finden. Ich weiß nur nicht, ob ich das wirklich bin …«

Carl, vierzig: Ich brauche die Domina.

»Ein Chef ist kein Sozialamt für die Gefühle seiner Untergebenen. Ich bin Manager eines technischen Unternehmens und als harter Knochen ohne Emotionen bekannt. Das ist mir recht. Nur Nullen haben keine Ecken und Kanten. Wenn ich bemerke, dass einer aus meinem Team Liebeskummer hat, zitiere ich ihn zu mir: ›Bleiben Sie Profi. Leidenschaft ist Gift für Profis.‹

Wenn die wüssten, was meine abgrundtiefe Leidenschaft ist – die Jahre mit den Achtzigstundenwochen wären umsonst. Hinter der kaputten Fassade würde ein Wurm zum Vorschein kommen. Ich fühle mich unfrei in diesem Leben, und doch will ich es nicht aufs Spiel setzen. Ich weiß, dass ich nur mir selbst vertrauen kann. Freundschaft gibt es hier nicht, nur Loyalität, die am Gehalt bemessen wird. Je weniger meine Leute von meinem Privatleben wissen, umso besser.

Ich bin seit vierzehn Jahren verheiratet mit meiner Studentenliebe Biggi. Ich schätze sie sehr; sie hat mir nie vorgeworfen, dass ich Karriere machte, während sie mir den Rücken im Haus und mit unseren Kindern freihielt. Wir haben ein sehr freundschaftliches Verhältnis und zärtlichen Sex, ich bringe sie auf ihre Kosten. Und doch kennt sie mich nicht.

Denn jeden Donnerstag ist Domina-Day. Ich fahre zwei Städte weiter, damit es keiner mitbekommt. Bereits auf der Fahrt zu ihr klopft mein Herz, meine Hände sind feucht, ich bin aufgeregt wie ein Schuljunge, jage mit 230 über die Autobahn. Selbst während ich das hier erzähle, koppele ich mein Selbst von mir ab. Der fremde Mann, der ein Teil von mir ist und den ich nicht wahrhaben will, lässt sich herumkommandieren. Und empfindet höchste Lust dabei. Sie heißt Mistress O., ich bin ihr Sklave für zwei Stunden. Es beginnt schon an der Tür. Ich muss betteln, damit sie mich hereinlässt. Sie zwingt mich, ihr zu erzählen, wen ich in der vergangenen Woche gedemütigt habe, egal wie notwendig es war. Sie lässt mich dafür büßen – verbindet mir die Augen, kost mich ohne Erlösung. Will ich sie berühren, zieht sie die Handschellen an. Sie bestraft mich mit Worten oder fesselt mich, während sie in einem strengen Oberlehrerinnenkostüm auf und ab geht und mir dabei zart mit der Gerte um mein bestes Stück streicht. Sie beschimpft mich. Sie schlägt mir ins Gesicht. Danach hält sie mich fünf Minuten fest im Arm. Ich fühle mich nach den zwei Stunden befreit. Ich gebe alle Verantwortung ab. Ich delegiere meine Lust in fremde Hände, wie ich sonst Arbeit delegiere. Endlich nicht befehlen! Nur fallen lassen. Biggi würde ich meine dunkle Seite nicht zumuten. Manchmal denke ich, nur ich selbst kann mich befreien. Vielleicht bin ich nicht zum Chef geboren? Spätestens mit fünfundvierzig will ich es geschafft haben, das Leben zu leben, das ich wirklich will. Ohne Mistress O. und ohne Chefgetue. Ich hoffe, ich habe die Kraft für beides.«

Alexander, sechsunddreißig: Ich liebe vergebene Frauen. »Ich habe einen Blick für Frauen, die auf der Suche sind. Singles sind easy zu durchleuchten, in einer Bar schwirren ihre Blicke umher, scannen jeden Typen gleich auf seine Qualitäten als künftiger Vater und Ehemann ab. Hungrige Augen sind das, da schaue ich gar nicht erst hin. Solo-Mädels finde ich öde, die wollen einen gleich verhaften, schon nach drei Tagen wissen, wo's denn mit der Beziehung hingeht. Elektrisierend finde ich dagegen die Selbstbewussten, denen ich es anmerke, dass sie gebunden sind und es nicht nötig haben, auf die Pirsch zu gehen. Da drohen keine Verpflichtungen, und mein Jagdtrieb erwacht: Eine Frau rumzukriegen, die in festen Händen ist, ist viel spannender als eine auf den Traumprinzen wartende Singlefrau. Mein Ego bekommt einen Kick, wenn ich eine Lady mit Ehering am Finger von mir überzeuge. Da habe ich für kurze Zeit das Gefühl, doppelt zu gewinnen: ihre Zuneigung und die Gewissheit, einen Rivalen besiegt zu haben.

Natürlich ist das Spiel nicht ganz ungefährlich, vor allem wenn ich mit verdeckten Karten spiele: Um eine Frau rumzukriegen, gehe ich auf ihre Bedürfnisse ein, sage ihr, was sie hören will, anstatt zuzugeben, dass es mir nur um ein paar Mal unverbindlichen Sex geht.

Erotische SMS, Blumen, Briefe, Candle-Light-Dinner, ein paar Gedichte … Dazu muss ich sagen, dass ich ein ansehnlicher Typ bin, immer Anzug, teure Uhr, Fitnesstraining. Dass sie sich verliebt, ist eine natürliche Folge.

Rebekka war so ein Fall: Erst zierte sie sich enorm, von einem Seitensprung hielt sie gar nichts, und Sex von Liebe zu trennen war für sie unmöglich. Ich hatte sie fast aufgegeben, da stand sie eines Tages vor der Tür: ›Ich habe mich von meinem Freund getrennt. Ich bin frei für dich.‹ Da schrillten meine Alarmglocken: Das war genau das, was ich nicht wollte! Nach ein paar Tagen gab ich zu, dass ich mich nicht binden wollte – sie war so enttäuscht, dass sie in meiner Bude heimlich Kressesamen auf dem Teppich aussäte und mit Wasser begoss – ich hatte plötzlich einen Rasen im Wohnzimmer!

Seitdem bin ich vorsichtiger mit Frauen, aber steige trotzdem jeder hinterher, die gebunden ist. Bin ich nicht fähig zu einer Beziehung? Will ich nur die Schokoladenseiten mit allen Rechten, aber ohne Pflichten? Ich habe im Internet recherchiert, ob es nicht doch ganz natürlich sei, dieser Jagdtrieb des Mannes. Stattdessen stieß ich auf einen Artikel über ›Poacher‹, Trophäenjäger – Typen wie mich, die nur auf Eroberungen aus sind, wenn die Frauen fest liiert sind. Und dass eventuell eine Therapie nötig sei, um den Grund für diesen sogenannten ›vermeidenden Bindungsstil‹ herauszufinden.

Ich bin jung, sehe gut aus und will mich einfach noch nicht binden. Andere haben Vorlieben für Rothaarige, und ich bevorzuge eben Ehefrauen! Vielleicht finde ich ja mal eine Jägerin, die neben ihrer Ehe trotzdem ein paar Abenteuer erleben will, ohne ihrem Kerl was wegzunehmen.«

Es ist letztlich ungeklärt, ob wir grundsätzlich monogam oder polygam veranlagt sind – eigentlich sind wir ambivalent. Wir wünschen uns den einen, die eine, die Liebe, die Treue, stoßen aber auch auf Bedürfnisse, Triebe, Phantasien, die dem Ideal widersprechen. Wir möchten seelischen Gleichklang, Geborgenheit, Zweisamkeit; wir wollen Erotik, Leidenschaft, Verliebtheitsgefühl. Wir wollen anerkannt werden, bewundert, geliebt, verstanden und begehrt. So stehen wir voreinander und ahnen manchmal kaum, dass wir die Hoffnungsträger des Gegenübers sind.

# Kapitel 7

## *Inside her:* Wie Frauen Sex haben wollen – und wie nicht

Wer gern eine handliche Liste in die Hand gedrückt bekommen möchte, wie Frauen Sex haben wollen, den muss ich enttäuschen. Ich hoffte zwar ein bisschen faul, von Frauen detaillierte, klare Auskünfte zu erhalten, was ihnen beim Sex wichtig ist. Doch das Einzige, was sich auf einen Nenner bringen lässt, ist die wenig überraschende Tatsache: Jede Frau ist anders als alle anderen. In diesem Kapitel – genauso wie in dem folgenden über Männer – schreibe ich deswegen nur über einige Gemeinsamkeiten, die vielen Frauen im Erleben ihrer Sexualität bedeutsam sind.

### Das Leben ist ein einziges Vorspiel

Das Vorspiel ist nicht nur das Vorspiel: Eigentlich ist das ganze Leben einer Frau ein ständiges Vorspiel (oder eben keines). Schlicht gesagt: Wer die meiste Zeit eines Tages unerotisch lebt, der vermag auch nicht aus dem Stand am Abend für eine Stunde supererotisch zu sein.

Wir tun uns alle schwer damit, es uns leichtzumachen. Die Sinnlichkeiten des Alltages oder einer Partnerschaft versickern zu oft im täglichen Einerlei, in Perfektionssucht, Pflichtgefühl, Arbeitswut, Freizeitstress und der dumpfen Melancholie, die uns manchmal im Angesicht des Lebens so befällt. Und dann auf einmal umschalten, nur weil jemand uns in den Nacken beißt, ist nicht so einfach.

Ich bitte Sie, haben Sie kein schlechtes Gewissen, wenn Sie manchmal oder öfter zu müde für die Lust sind, wenn Sie wenig von dem berührt, was Ihnen Ihr Geliebter anträgt. Der einzige Mensch, gegenüber dem Sie ein schlechtes Gewissen haben sollten – sind Sie selbst. Das Leben an sich ist verdammt kurz. Und gehen wir davon aus, dass Sie nur dieses eine Leben haben. Und gehen wir weiterhin davon aus, dass Sie nicht erst im Rentenalter entspannen wollen und erst von siebenundsechzig bis durchschnittlich vierundachtzig Ihr Leben leben wollen. Auf was warten Sie noch? Das ganze Leben ist ein Vorspiel – und Erotik ist nichts, was sich allein auf Sex bezieht. Alles kann Sinnlichkeit enthalten, und Sie können es sich leichter machen, Ihr sexuelles Wesen auszuleben, anstatt es unter den grautrüben Kissen der tristen Alltäglichkeit zu begraben.

Essen kann erotisch sein. Gespräche. Spaziergänge. Sport. Für eine Stunde allein an die Decke starren, tief in den Bauch atmen und sich überlegen, was man im Leben noch alles erleben will – alles das ist ebenso Sex. Sex für den Geist, für das Herz, für die Sinne. Sie könnten auf der Straße mit einem Unbekannten flirten, mit dem Busfahrer schäkern, dem Kollegen tief in die Augen sehen, den Wind riechen, die Sonne in den Adern glühen spüren.

Sie dürfen auch von sich selbst nicht erwarten, dass Sex für sich alleine steht und nur als solitäre Sache behandelt werden kann. Alles hängt miteinander zusammen, und wer aufregenden, leidenschaftlichen, sinnlichen, überraschenden, erfüllenden Sex vermisst – der muss weit vor dem Betreten des Schlafzimmers beginnen, das Feld für ihn zu bereiten.

Heißt: Anders arbeiten – weniger arbeiten. Den Freizeitstress und die sozialen Verpflichtungen herunterfahren. Stattdessen in der freien Zeit Entspannung und sinnlichen Genuss suchen: sei es das schöne, spritzige Gespräch, der Spaziergang, das zelebrierte Essen mit der Freundin. Sei es, dass Sie die Zeit mit dem Partner nutzen, um miteinander aktiv etwas zu tun, was die Sinne weckt. Und vor allem: Berühren Sie sich so oft wie möglich! Sogar in der Medizin hat es sich durchgesetzt, dass Berührungen für einen Menschen überlebensnotwendig sind – Babys im Brutkasten bekommen verordnete Streicheleinheiten und Behinderte einen sogenannten Surrogatpartner, der sie regelmäßig streichelt, umarmt, hält, liebkost. Angefasst zu werden ist unerlässlich, um sich selbst, seinen Körper zu spüren.

Wer guten, regelmäßigen, schönen Sex will, muss nichts anderes tun, als sein Leben darauf einzustellen. Die Zutaten sind variabel: Humor gehört dazu, schönes Essen auch, frei atmen und der Anblick von freiem Gewässer, Wind, Sonne. Zärtlichkeit und Berührlust kommen ebenfalls hinzu, außerdem Kultur, Musik und Sport, der Sie nicht stresst. Auf jeden Fall auch geteilte Freuden mit dem Geliebten: Sie sollten zum Beispiel an einem Abend in der Woche etwas gemeinsam tun, was Ihnen beiden viel Glück und Zufriedenheit beschert.

Und natürlich: nicht nachlässig werden und den anderen als selbstverständlich wahrnehmen! Ein »Ich habe mich so gefreut, dich zu sehen« am Abend, wenn die Süße nach Hause kommt, ist auch nach sieben Jahren Ehe eine Liebeserklärung ohne Kitsch. In dieser Atmosphäre entwickeln sich Lust, zärtliches Begehren, hemmungslose Leidenschaft nahezu wie von selbst – ganz ohne anstrengende Tricks, mühsame Inszenierungen oder stundenlange Streichelvorspiele, die uns Frauen nicht so wichtig sind, wie immer behauptet wird. Denn es ist die Atmosphäre, die wir lieben, die Stimmung, die uns zur Lust verleitet – weniger eine gekonnte Nippelfrottage oder eine Vulvatrommelmassage.

### Vergiss die Kerzen, steck ihn rein!

Stimmung! Wenn mehr Frauen den Männern verraten würden, was diese mit ihren Blicken, mit ihrer Stimme, mit Worten anstellen können, um unsere Leidenschaft zu entfachen – dann wäre die Welt vielleicht eine glücklichere.

Ja, klar, eine Frau mag es durchaus, von oben bis unten abgeküsst zu werden und sich unter dem Streicheln seiner Hand immer schöner zu fühlen. Wir sind unendlich dankbar, wenn einer solche magischen Hände besitzt, die mit unserer Haut reden und ihr zuflüstern: Wahnsinn! Großartig! Meine Güte, du bist so toll!

Aber das wollen wir nicht dauernd. Wir wollen auch mal explosive Entladung, ein Blick, kein Wort, steck ihn mir rein! Damit es so weit kommt, muss Mann sie nicht groß mit Kuschelei und Vorspielgeklimper überreden, sondern nur ein wenig mit für die Stimmung sorgen. Ja, eine Stimmung, bei der die Luft brennt.

Falls Sie einen Sohn haben, der demnächst zu Ihnen kommt und fragt: »Paps, wie kriege ich eine Frau rum?«, dann erzählen Sie ihm nur die wesentlichen Dinge der

Techniken (wie Kondom aufziehen, Klitoris finden, einer Frau ins Gesicht sehen, um zu schauen, ob die Griffe zarter oder fester sein dürfen – alles andere ist Gefühl) und verraten ihm, dass es weniger auf das *Was* ankommt, sondern auf das *Wie*.

Was zur Grundausstattung einer erotischen Atmosphäre gehört, dürfte jedem klar sein: ein wundervoll gedeckter Tisch an einem unüblichen Ort, ein Essen, das mit den Fingern zu füttern ist oder direkt von Mund zu Mund gereicht werden kann, rosé Champagner oder Sekt, reizvolle Musik (bitte kein Kuschelrock, das ist so was von zum Gähnen) mit Bässen, die in etwa dem Herzschlag in der Minute entspricht (Tango, R & B, Soul, Blues), kein elektrisches Licht, sondern Kerzenschein. Und ein weißes Oberhemd, das über der Hose getragen wird und zwei obere Knöpfe offen hat. Dazu tiefe Blicke, ein anregendes Gespräch, Komplimente und bedeutsames Schweigen.

Die Variante für Fortgeschrittene: Mixen Sie zu dem Ganzen Adrenalin, Risiko und Einzigartigkeit. Verbinden Sie das Übliche mit dem Unüblichen, und das auch in scheinbar alltäglichen Situationen. Sie gehen beide gern in die Sauna? Erzählen Sie ihr in der Dampfsauna eine schmutzige Geschichte, dicht an ihrem Ohr. Sie gehen gern gemeinsam essen? Folgen Sie ihr, wenn sie sich die Hände waschen geht, warten vor den Waschräumen, und wenn sie rauskommt, drücken Sie sie gegen die Wand, atmen sich an ihrer Haut high, flüstern süße Übertreibungen und bitten sie, Ihnen ein Dessert mit zwei Löffeln zu bestellen.

Sie hassen es, mit ihr Schuhe zu kaufen? Bitten Sie sie, dass Sie ihr dabei die Schuhe anziehen und ausziehen. Berühren Sie unsittlich Bein, Knöchel und Kniekehle der

Liebsten. Wird zwar ein langer Schuhkauf, aber es wird purer Sex ohne Reinstecken werden.

Sie mögen Weinproben? Erzählen Sie ihr, was hinten angeblich alles auf dem italienischen Etikett steht: Schmeckt besser, wenn er im Bett / in der Badewanne / um Mitternacht an der Ostsee getrunken wird. Schmeckt vorzüglich zu Brüsten, Hintern und Halsgrübchen.

Sie telefonieren einmal täglich von Schreibtisch zu Schreibtisch? Sagen Sie ihr, dass Sie mit ihr schlafen wollen. Stellen Sie sich vor, wie sie versucht, ihren Gesichtsausdruck unter Kontrolle zu halten, den Hörer dicht am Ohr, das Herz klopft, und sie denkt: Wow. Das sagt mein Freund. Zu mir. Wahnsinn. Nach all der Zeit will er immer noch mit mir schlafen und sagt das so wie damals, als wir verliebt waren. Hammer.

Die Variante für Profis: Reden Sie nicht, handeln Sie!

Das nette kleine Problem mit uns Frauen ist: Manchmal können wir keine klare Antwort auf einfache Fragen geben. Sie als rücksichtsvoller Gentleman glaubten also bisher, Sie müssten erst alles abfragen, was Sie zu tun gedenken, ob Madame mit der Entwicklung Ihrer Verführungsabsichten einverstanden ist. Natürlich, das Darf-ich-Spiel kann *sehr* reizvoll sein: Darf ich dich küssen? Darf ich in deinen Hals beißen? Darf ich deine Brüste in meinen Fingern kneten, darf ich dir den Slip vom Arsch nagen, darf ich dich lecken …

… doch mehr noch als von warmen Worten sind wir von Tatkraft beeindruckt. Sie haben genug Gespür, um zu wissen, wann was unpassend ist (Cunnilingus während einer Don-Carlos-Vorführung beispielsweise), aber verwechseln Sie Ihr Gespür nicht mit Ihrer Ängstlichkeit, etwas falsch zu machen! Zaudern Sie nicht. Es ist reines Aphro-disiakum, wenn ein Mann uns seine Lust offen und tätlich zeigt – vor allem, wenn wir den Mann sowieso wollen.

Überraschen Sie Ihre Geliebte – wiederum beim Alltäg-lichen – mit dem Unüblichen. Sie kocht summend vor sich hin? Stellen Sie den Herd aus, heben Sie sie auf den Tisch und fangen an, an ihr rumzumachen, und stören sich nicht weiter an ihren Beteuerungen, sie müsse jetzt kochen. Nach fünf Minuten können Sie ja wölfisch grinsend von ihr ablassen und ihr ankündigen, dass sie nach dem Dinner so was von fällig sei.

Sie sitzt an der Buchhaltung und hat diesen geschäftli-chen Blick über den Brillenrand? Brille abnehmen, Ta-schenrechner entwenden, Stuhl in eine geeignete Position rücken, Frau auf den Schoß ziehen und sie so lange in den Arm nehmen, bis sie aufhört zu zappeln. Schweigen Sie, kein Wort, kein Bittebitte, kein du willst es doch – Ihre körperliche Präsenz übernimmt die Regie.

Sie renovieren Ihre gemeinsame Hütte? Bitten Sie sie, Ih-nen bei der Lampe zu helfen: Sie hält die Lampe an der Decke fest, Sie schrauben. Natürlich schrauben Sie nicht, sondern streicheln ihr schamlos am Körper entlang, wäh-rend sie dasteht, die Arme erhoben, und sich leider, leider (juchhe!) diese Unverschämtheit gefallen lassen muss.

Oh, natürlich sind wir dafür empfänglich. Es macht uns auch noch Spaß, gewollt zu werden, es ohne Pflicht wirk-lich zu tun.

Hören Sie niemals auf, mit Ihrer Frau zu flirten. Sie wer-den sich wundern, wie sehr sie das entfesselt, und sich fra-gen, warum Sie nicht früher daran gedacht haben, den Sex im Alltag zu erleben.

Ganz gleich, was Sie sich noch einfallen lassen – die folgende Bitte der Frauen dürfen Sie gern beherzigen.

## Begehrt uns, liebt uns, versteht uns

Ziemlich viel auf einmal, oder?

Wenn Sie das hier als Mann lesen, sagen Sie vielleicht: »Uff, bisschen üppig, dieser Anspruch.« Oder: »Ich bin doch auch nur ein Mensch.«

Jaja, sind wir Frauen auch – und wenn Sie ehrlich sind, hätten Sie doch gern dasselbe: Begehren, Liebe, Verständnis. Wenn man sich genauer anschaut, was eine glückliche Beziehung ausmacht, so wird man fast immer auf diese drei Dinge kommen: Das Begehren erfüllt unseren Körper, die Liebe unser Herz, das Verstandenwerden unsere Seele und den Geist. Was kann das Leben mehr bieten? Außer noch selbst zu lieben und zu begehren und zu verstehen?

Es ist das bisher bestgehütete Geheimnis von Frauenflüsterern gewesen, einer Frau genau diese drei Dinge zu vermitteln: Komplimente und scheinbar mühsam gezügeltes Begehren; schwärmerische Blicke und romantische Gesten; zuhören, nachfragen und zustimmen.

Wenn Sie mal nicht weiterwissen in der Beziehung, dann versuchen Sie es damit. Wenn Sie sich streiten und Ihnen kein Argument mehr einfällt – kommen Sie mit Begehren, Liebe oder Verständnis. Wenn die Süße Kummer hat oder heute nicht zum Kuscheln aufgelegt ist: genau, das Terzett. Seien Sie freimütig und verschwenderisch in Ihren Liebesbekundungen, zeigen Sie Ihr Begehren offen und versuchen Sie, Ihre Liebste so lange alles zu fragen, bis Sie verstanden haben, was sie bewegt.

Es ist so schrecklich einfach, dass ich mich hier fast ein bisschen des Verrats schäme. Aber ich gehe davon aus, dass Sie all das mit freiem Herzen schenken (alles andere würden wir eh nach einer Weile durchschauen).

Der Lohn, der Sie erwartet? Eine glückliche Frau!

Die vielleicht eines Tages sogar das folgende seltsame Verhalten aufgibt.

### Blasen erst nach dem »Ich liebe dich!«

Die weibliche Salamitaktik ist so was wie Sex nach einem bestimmten Wertesystem. Einfach gesagt: Je mehr er mich liebt (oder ich davon überzeugt bin, dass er es tut), desto mehr darf er mit mir machen beziehungsweise desto weiter gehe ich.

Wie das in der Praxis aussieht: Nach mehr oder weniger Zeit ist der Moment des ersten Mals mit einem neuen Mann gekommen. In dieser Nacht ist erst mal Missionarsstellung angesagt, vielleicht noch die Reiterin, aber keinesfalls der Blowjob. Lecken darf er mal, um zu schauen, wie sich das so anfühlt. Auf den Bauch drehen, Doggy-Style oder schlimme Worte: no way. Beim zweiten Mal wird es nicht viel mehr geben – oh nein, denn dazu muss zwischendurch eine Menge seinerseits »bewiesen« werden: der Rückruf nach dem ersten Mal, sein allgemeines Kommunikationsverhalten und seine eifrigen Beweise, sie immer noch zu begehren und zu akzeptieren, obgleich er schon mal in ihr drinsteckte.

Etwa beim fünften oder auch erst achten Mal geht sie davon aus, dass es nicht nur eine lockere Affäre wird, und sie traut sich etwas mehr: den Blowjob. Aber nicht bis zum

Ende! Mit der Sache »von hinten« lässt sie sich sehr, sehr viel Zeit – eigentlich kann das bis zum Zusammenziehen dauern.

Sie verabreicht Sex häppchenweise. Das tun nicht alle Frauen, bewahre, aber gerne jene, die den Sex unter moralischen Aspekten wahrnehmen und irgendwann mal gehört haben, dass eine Frau, die »gleich alles mit sich machen lässt«, eher verlassen wird als eine, die »immer noch ein paar Geheimnisse bewahrt«. Schnarch.

Eigentlich gibt es aus meiner Sicht nur einen einzigen triftigen – weil biochemischen – Grund, es ruhig und portionsweise anzugehen: Die Vorfreude steigert sich, die Neugier auch, die Spannung bleibt erhalten.

Es hat nichts persönlich mit Ihnen als Mensch und Mann zu tun, wenn Sie auf eine Salamitaktikerin stoßen. Pardon, treffen. Sie verdächtigt nicht explizit Sie, dass Sie sie sitzenlassen würden, nachdem Sie einmal das Vollprogramm genossen haben. Sie verdächtigt das krude Feindbild und hat die Varianten der Sexualität als Sicherungsstufen eingebaut, um sich vor Verletzungen, Kränkungen und Selbstzweifeln zu schützen.

Warten Sie ab. Jede Taktik ist kurzsichtig, Strategien sehen anders aus und haben auch nichts mit dem äußeren Verhalten, sondern mit der inneren Einstellung zu tun.

Solange die Salamidame noch nicht für sich begriffen hat, dass sie sich mit ihrer Taktik in ihrem eigenen Erleben einschränkt und dass es nicht auf den Sex ankommt, um eine Liebe zu halten, sondern auf tausend andere Faktoren wie Charakter, Zufall, chemische Anziehung, Humor, gemeinsame Freuden, Magie, Alltag und so weiter – so lange ist sie kaum von dem Trip runterzubringen, über Sex die

Zuneigung und Verlässlichkeit des Mannes zu kontrollieren.

Mannomann, wenn die wüsste, dass sie mit einem Blowjob beim zweiten oder dritten Mal eher seine Begeisterung erlangen würde als mit ihrem zierigen Frauchengetue … (Pardon, ich bin ein Chauvi).

Wird so eine Frau jedoch zu der Königsdisziplin bereit sein, dann können Sie als Mann davon ausgehen: Die meint es ernst mit Ihnen.

## Die letzte aller No-go-Areas: der Anus

Es ist eine kaum daumenspitzengroße erogene Zone, umringt von einem charmanten Sternchen, der sich Sphinkter nennt – die letzte aller No-go-Areas: der Anus.

Schon bei dem Wort Analverkehr fühlen sich die meisten unbehaglich, sie denken an Schmuddel, Schmerz, Scham und fragen sich: Was habe ich davon? Und was könnte ich verlieren: Anstand, Würde, Moral? Seine Liebe?

Für Männer ist Analverkehr eines der letzten und reizvollsten Verbote – neun von zehn wünschen sich ihn öfter; doch die wenigsten trauen sich, darum zu bitten. Zu hoch ist die Gefahr, empört abgewiesen zu werden, oder die Furcht, dass sie sich nur »opfert«. Wo aber auf beiden Seiten Angst ist, ist kein Platz für Genuss.

Räumt man die zur Seite, entdeckt man eine hochsensitive Stelle mit Nerven, die tief ins Becken und zum Solarplexus hinaufreichen. Ob mit den Fingern, mit Spielzeugen, mit warmem Atem, weichem Wasser, duftigem Öl, von außen, von innen: Anale Erotik in all seinen spielerischen Facetten kann mit Kommunikation, der richtigen

Technik und gegenseitigem Erkunden zu einer Befreiung führen – von mentalen Grenzen hin zu einer Eroberung eines verborgenen Lustpotenzials.

Das haben schon 17 Prozent der deutschen heterosexuellen Paare für sich entdeckt, wie der Local-*durex*-Report im April 2007 zeigt. Nicht immer, aber immer öfter gehört »griechische Liebe« zum Akt, häufiger als beispielsweise Telefonsex, Rollenspiele oder Bondage light. Ob ein angefeuchteter Finger, der den Damm während des Oralverkehrs umschmeichelt, oder ein weicher Vibrator, der subtil die Rosette betupft, während sie seinen Schwanz in den Schoß saugt: Alles kann sein, nichts muss.

Das Recht auf den eigenen Körper und seine individuelle Lust wird heute – zumindest bei denkenden Menschen – nicht in Frage gestellt. So entwickelte sich der Analsex weg von der Legende als rein homoerotischer oder gar »perverser« Akt hin zur Liebespraktik, die die Sexualität von Paaren bereichert.

Für diese Praktik werden inzwischen auch die entsprechenden »Spielzeuge« zur Verfügung gestellt: Sandra Maravolo vom Erotikshop *InsideHer* in Frankfurt berichtet von einer steigenden Nachfrage nach Anal-Lovetoys, Hilfsmitteln wie reißfestere Kondome, Gleitmittel, Entspannungssprays oder sogenannte Dildo-Harness, mit dem eine Frau ihren Geliebten in einem Rollentausch betören kann. In den letzten zehn Jahren wurden mehr Toys für die anale Erotik entworfen als in den hundert Jahren zuvor! Von vibrierenden Plugs in Diamantform über luxuriöse Beads (Kugeln an einem Bändchen, die erst hineingestupst und im Moment des Höhepunkts sinnlich langsam oder aufregend schnell herausgezogen werden) bis hin zu schmalen, zart gebogenen Vibratoren, die den männlichen P-Punkt, die Prostata, erregen; Dildos in Wellenform, die den Sphinkter entspannen, oder Doppeltoys wie der »Share« (Funfactory), der mit zwei Enden für simultanen Einsatz bei ihm und ihr gedacht ist.

Auch Evelyne Hilse, Inhaberin der erotischen Boutique *Ladies First* in München, registriert den Abbau der Scham gegenüber Analsex. »Frauen sind mutiger geworden, sie möchten ausprobieren, was für sie ein Lustgewinn ist und was nicht, und erforschen Analverkehr erst mal über ein entsprechendes Toy. Allerdings«, so fügt sie hinzu, »ist das nicht gleichbedeutend damit, dass gar keine Hemmschwellen mehr zu überwinden sind.« Um die Neugier nicht mit Schmerz zu vertreiben, gehört bei ihr zum Beispiel eine diskrete Beratung zur Auswahl eines Analtoys dazu, was Größe (lieber kleiner), Form (zulaufende Spitzen) und Elastizität (bitte weich) angeht.

Die Grundvoraussetzungen, um sich der analen Lust zuzuwenden, sind: Wissen um die Anatomie, Entspannung, Gleitmittel und richtiges Atmen.

Sowohl die Außenseite der Rosette, der Damm, die Ausläufer zum Po hin sind sehr empfänglich für Liebkosungen: Eine Massage, vielleicht mit einem in Öl getränkten Waschhandschuh oder der Spitze einer Pfauenfeder, während die andere Hand die Klitoris umkreist, offenbart, wie viel an Empfindungsreichtum in der bislang eher versteckten Zone warten. Die inneren 10 bis 16 Zentimeter sind übrigens sauber, obgleich sich immer (immer!) empfiehlt, nicht zwischen anal und vaginal zu wechseln; die Darmbakterien greifen die Schutzschicht der vaginalen Schleimhaut an.

Für das Eindringen, ob sie mit einem Finger bei ihm, er mit einem zart gebauten Analvibrator bei ihr, können ein Entspannungsspray (zum Beispiel Eros Explorer) hilfreich sein sowie stets eine bestimmte Menge Gleitmittel auf Wasserbasis, da der Anus kein eigenes Erregungsfluidum produziert. Es gilt, zwei Ringe zu erobern: einmal den Sphinkter, den Sie bewusst durch Ausatmen entspannen, und zweitens den inneren Ring, der automatisch nachgibt. Der rektale Bereich, also die kleine Tube im Inneren, ist etwas launisch, er macht Kurven und Knicke. In manchen Stellungen ist Analverkehr deshalb schmerzhaft, weil das Rektum gekrümmt wird – dazu gehört etwa der Doggy-Style, bei dem man den Rücken durchdrückt. Am schmerzfreiesten ist dagegen die Missionarsstellung, eine Liebkosung der Klitoris hilft dabei über die letzte Schwelle hinweg.

»Liebling, Rollentausch« – für den Mann ist passiver Analverkehr auf eine andere Art bedrohlich. Allein schon die Vorstellung, penetriert zu werden, Himmel – seine männliche Identität stellt sich auf den Kopf. Dazu kommt die Befürchtung, dass er Lust empfinden könnte. Denn auch wenn die Homophobie der fünfziger Jahre Vergangenheit ist, so benötigt Mann einen Augenblick des Sortierens, ob sein Genuss wirklich kein Hinweis auf unterdrückte Homosexualität ist.

Das Geheimnis der männlichen analen Lust verbirgt sich in einem kleinen, traubenförmigen Organ, das eine Fingerkrümmung hinter dem Darmeingang verborgen liegt: die Prostata. Sie steuert den Orgasmus, die Potenz und reagiert auf innere wie äußere Massagen – ob mit Fingern, Zungenschlägen, der Spitze eines Vibrators oder dem herrlichen Druck, wenn sie seine Pobacken knetet – mit

311

Erregungsimpulsen, die durchs ganze Rückenmark jagen. Nebenbei sei erwähnt, dass eine solche Massage krebsvorbeugend ist und eine bewegte Prostata das Durchhaltevermögen steigert … falls Ihr Geliebter fragt, was genau *er* davon hat.

Wichtiger aber als die Frage, ob der Mann so Lust empfinden kann, ist die Frage, ob er auf diese Weise Lust empfinden *will!* Wenn seine Frau ihn penetriert, ist das nichts weniger als ein Tausch der Rollen. Und das berührt nicht nur seinen Anus, sondern seine ganze Persönlichkeit und ob ein »Genommenwerden« für ihn gefährlich oder einfach geil ist.

Und so findet im passiven Analsex auf einmal eine Annäherung der Geschlechter statt: Ein Mann ahnt, mit welchen widerstreitenden Gefühlen eine Frau zu leben hat. Aber auch hier gibt es nur einen Weg, Fühlen und Fürchten in Einklang zu bringen, und dieser Weg heißt: Vertrauen, Reden und ein langsames Herantasten an die so ziemlich intimste Intimzone, die wir uns gegenseitig für unsere zweisame Lust schenken.

### Er hält ihn doch nur hin!

Die Vorwürfe der Frauen sind zahlreich und vielfältig. Viele von uns hatten Pech und sind entweder an einen Poser geraten, der sich selbst mehr im Spiegel zusah, als drauf zu achten, in welchem Loch er gerade steckt, oder an Männer, die die Klitoris wie einen Essensfleck auf dem Anzug behandelten und ihn vergeblich wegzuscheuern versuchten. Auch die Ungeschicklichkeit einiger Herren nahmen die Damen zum Anlass einer Beschwerde: Da guckt er bittend, hält sein Ding in der Hand und erwartet, dass ich mich vor Begeisterung unter ihn werfe und die Beine um seinen Hals schlinge?! Guck mal, was ich hier für dich ha-haabe! Ja, toll, sehr schön, aber ich hätte gern noch eine kleine Vorbereitungszeit, Liebling, um in etwa auf deinem Erregungslevel zu sein.

Mir ist beim Ordnen meines Recherchematerials etwas Seltsames passiert. Ich sortierte die Interviewabschriften von Männern und Frauen, ging zwischendurch ans Telefon, kam wieder und verwechselte die Stapel mit den gegenseitigen Vorwürfen. Ich habe es nicht bemerkt.

Als ob sich Frauen und Männer genau dasselbe vorwerfen; oder mit anderen Worten: als ob die Schwächen und Wünsche nicht geschlechtsspezifisch sind, sondern die einen nur lauter als die anderen.

Hier also die – wieder richtig zugeordneten – Vorwürfe der Frauen, die auch Männer hätten äußern können:

»Er lässt sich nichts einfallen! Immer nur dasselbe, ich weiß genau, was als Nächstes passiert. Warum ich nichts sage? Ja, Himmel, wenn er sich wirklich für mich interessieren würde, würde er doch merken, dass das nicht alles ist, was wir draufhaben. Außerdem bemühe ich mich ja auch nach Kräften – kaufe immer mal wieder neue Dessous, lade ihn in die Badewanne ein, mache uns ein schönes Essen, lese Bücher über Sex und probiere mal was Neues aus. Aber er? Kein Engagement, so als ob ich hier die Unterhaltungsbeauftragte bin!«

*»Er glaubt, es müsse immer alles nach seinen Regeln gehen:* Er will, also soll ich auch wollen oder dankbar sein, dass

er mal Lust hat. Will ich, gibt es hundert genügende Aus-reden. Ich fühle mich total abgeschnitten und verliere auch die Lust, ihn zu überreden oder zu verführen – dabei komme ich mir wie eine Nutte vor.«

»*Ich habe das Gefühl, ich muss für die Verfehlungen meiner Vorgängerinnen bezahlen:* Mache ich nicht den Anfang, passiert gar nichts. Als ich ihn mal gefragt habe, warum er nicht von selber die Initiative ergreife, sagte er, er hätte damit schlechte Erfahrungen gemacht und Angst vor Zurückweisung. Das kann ich ja verstehen, niemand will gern einen Korb bekommen; es kann ja auch mal sein, dass er mich auf dem falschen Fuß erwischt und ich an alles Mögliche denke, aber bloß nicht an Sex. Aber könnte er sich in fünf Jahren Beziehung nicht mal daran gewöhnt haben, dass ich es bin und dass ich ihm nicht dauernd Körbe verpassen will, um ihn zu kränken – sondern im Gegenteil es wunderschön fände, wenn er mir zeigen würde, dass er mich will?«

»*Manchmal ist er so wahnsinnig stolz auf seinen Penis,* dass ich vor Wut anfangen möchte zu heulen. Er rollt danach ab und strahlt mich an: Das war jetzt aber gut, das habe ich gebraucht, du bist ein Schatz. Spricht's und fertig. Das ist so … eitel! Und so gleichgültig.«

»*Manchmal habe ich das Gefühl, er ist beim Sex weiter von mir entfernt als sonst.* Die Augen geschlossen, bewegt er sich vor und zurück, ohne mich anzusehen, ohne sich an mehr festzuhalten als am Laken. Als ob ich gar nicht da bin und er sich eigentlich gerade ein paar schöne Gedanken macht. Er ist immer dabei woanders, sogar wenn er es mit dem Mund macht – Augen zu und durch. Es ist eine sehr einsame Sache, der Sex.«

Aber wer weiß – vielleicht motivieren diese offenen Worte schon den einen oder anderen, es bei der eigenen Geliebten anders zu machen.

## Die besten Methoden,
## um eine Frau ins Bett zu kriegen

Hör zu, nimm sie ernst, nimm sie wahr und finde sie toller und schöner als dich.

Das war's schon? Eigentlich ja – aber wenn Sie noch ein wenig mehr drauflegen wollen, dann quatschen Sie sie bitte ins Bett. Die Beischlafanmoderation ist eine unterschätzte Verführerqualität, dabei hören wir Frauen nichts lieber als schöne Worte, die nur für uns sind. Und vor allem glauben wir den Worten so gerne.

»Gehen wir gleich ins Bett, oder wollen Sie noch was Nettes hören?«, wäre allerdings nur in einem von hundert Fällen eine effektive Möglichkeit. Denn um eine Frau ins Bett zu quatschen, brauchen einige Herren – Sie verzeihen – doch noch Nachhilfestunden aus der Schule des Gentleman. Mir fallen da zwei Anzugträger ein, die sich meiner Freundin B. und mir mit dem Balzverhalten moderner Großstädter kurz nach Mitternacht näherten. Sie wissen schon, sie lachten laut, spielten mit der Geldklammer herum, erläuterten die Weltlage. Nach einer Stunde kam dann das finale Angebot: Objekt A rief nach einem Blick auf meine schwarze, enge Halskette aus: »Hey, Süße, das ist ja wohl der Schwarze Gurt zum Blasen!« Er guckte, als hätte er etwas wahnsinnig Erotisches gesagt. Objekt B verkündete nach einem Kennerblick auf meine Freundin und einem Schluck aus der Wodkapulle: »Ich leck dich überall gut.«

Nun ja. Verlockende Aussichten. Aber sie überzeugten weder durch Eloquenz noch durch Raffinesse.

Die von Frauen über Jahrzehnte gesammelten ungalanten Koitusangebote – von »Können wir jetzt endlich vögeln?« über »Du willst es doch auch« bis hin zu »Wie wär's mit ein bisschen Jürgenwürgen / Rummiezeln / Knickknack, Sie wissen schon« – würden den Umfang dieses Kapitels sprengen. Selbst langjährige Ehefrauen fragen sich, was bitte so schwer an dem Satz ist: »Ich will mit dir schlafen.« Oder auch: »Lass uns ins Bett gehen.« Stattdessen guckt er mit dem Blick eines Fünfjährigen vor dem Lakritzestand und murmelt was von: »Bist du nicht auch müde?«

Missverstehen Sie mich bitte nicht: Es gibt schlechte Sprüche von geliebten Männern, die trotz Ruppigkeit zünden. Und geniale Worte vom falschen Mann, mit dem eine Frau aber nicht mal ins Bett gehen würde, wenn die Menschheit vom Aussterben bedroht wäre. Deswegen haben all die Flirt-Seminare, die Nachhilfe in Anmachsprüchen anbieten, keinen Sinn: Vom richtigen Anfangswort allein wird keine Frau schwach, da reicht es, wenn Sie ihr lange in die Augen sehen, um zu merken, ob sich was tut. Außerdem ist die Gefahr groß, mit einem hundertfach erprobten Flirtspruch bei der einzigen Frau, auf die es ankommt, auf ein Hassknöpfchen zu drücken. Vielleicht weil ihr Ex dasselbe gesagt hat, bevor sie ihn mit der Nachbarin beim Analverkehr im Hausflur erwischt hat. Oder weil der Chef die arme Praktikantin mit diesem Spruch erst aufgerissen und dann entlassen hat. Mann weiß es nicht, handeln und reden Sie nach Gefühl, nicht nach Mustervorlage – Sie sind doch auch einzigartig!

Es gibt Paare, die sich auf einige Codeworte geeinigt haben und die eben nicht ständig einen Romanvortrag hören müssen, um zu signalisieren, dass sie den anderen begehren. Ein über die Schulter geworfenes »Ficken?« funktioniert, es zündet, es erfüllt seinen Zweck.

Falls Sie bisher als Mann nicht viele Worte gemacht haben, weil Sie entweder nicht wussten, welche, oder weil Ihnen keiner gesagt hat, dass sich Frauen sehr wohl ins Bett reden lassen, hier ein Erklärungsversuch, warum und wie das geht.

Das Geheimnis eines Frauenflüsterers ist das LOBF-Prinzip: Loben, Offenbaren, Bewundern, Fragen.

Loben Sie ihre Intelligenz, ihr Lachen, ihre Arbeit. Offenbaren Sie Ihre Sehnsüchte nach Frauen wie ihr. Bewundern Sie sie für ihre Haut, ihr Haar, ihren Gang. Fragen Sie nach ihrer Meinung zu Filmen, Musik, Politik, Gott, der Welt und den Nachbarn. Fangen Sie von vorne an, loben Sie ihre Denkweise, loben Sie ihren Kleidergeschmack. Offenbaren Sie, wie diese Aspekte auf Sie wirken, nämlich aufregend, anziehend, sexy (es wäre schön, wenn Sie bei der Wahrheit blieben!). Bewundern Sie sie stotternd. Fragen Sie, ob sie noch was zu trinken möchte. Halten Sie Ihre Hände am Körper. An Ihrem!

Wiederholen Sie das Ganze. Sehen Sie ihr möglichst oft länger in die Augen. Reden Sie nicht mit ihrem Busen. Etwa zwei Stunden später fragen Sie, ob sie mit Ihnen die Bar wechselt. Empfehlenswert wäre eine in einem Hotel (ohgottohgott, ich bin so eine Frauenverräterin). Da haben Sie es nicht so weit in ein Zimmer, nachdem Sie die finale Offenbarung hervorgestoßen haben: Ich will dich / ich muss dich spüren / ich will mit dir allein sein / ich will nicht, dass du jetzt gehst.

Wer eine Frau verführen will, interessiert sich für sie, anstatt sich interessant zu machen. Wenn möglich: Meinen Sie's ehrlich. Mit dieser Charmeoffensive werden Sie die forschen Selbstvermarkter (à la »Ich leck dich überall gut«), die von ihren Steherqualitäten tönen, statt zu loben, zu bewundern und zu offenbaren, rasant vom Platz putzen.

Wer sein Interesse vortäuscht, der sei gewarnt. Wir Frauen täuschen auch vor. Orgasmen zum Beispiel. Als kleine Rache für vorgetäuschte Begeisterung. Also: Versuchen Sie die Masche nicht bei Damen, mit denen Sie schlafen, aber am nächsten Morgen nicht aufwachen wollen. Wir merken das, trotz herrlicher Worte. Aber die Lady, bei denen Ihr Herz höherschlägt, werden Sie damit mehr beeindrucken, als Sie ahnen.

Und dann? Im Bett? Vor dem Bett? Jetzt sind Sie wirklich dran mit Reden. Doch was Frauen hören wollen, ist nicht nur eine Frage der Wortwahl – sondern auch des Tons und des Timings …

Während ein Mann spricht, achten Frauen zu 7 Prozent auf den Inhalt, zu 38 Prozent auf die Tonlage, den Rest nehmen wir unbewusst über die Körpersprache auf. Dieses von Verhaltensforschern entdeckte Detail, dass Tonlage vor Inhalt geht, ist das Geheimnis des Dirty Talks: Sie können »ich fick dich«, »ich will dich«, »du bist so geil« auf zig verschiedene Arten raunen, keuchen, flüstern, hervorstoßen. Eine Tonlage wird dabei sein, die sich weder dämlich noch bemüht, sondern authentisch nach Ihnen anhört. Auch dem simplen Satz »Ich will mit dir schlafen« (einer der weiblichen Favoriten, lieber gehört als »Lass uns vögeln« oder »Gehen wir ins Bett?«) können Sie mit unterschiedlicher Betonung eine andere Färbung geben.

Frauen mögen männliche Stimmen – einen Hauch tiefer gelegt, sehr gern. Wenn Sie beim Ausatmen sprechen, wirkt Ihre Stimme dabei um das Quentchen atemloser, damit wir Ihnen glauben, was Sie sagen. Lassen Sie uns alles genau hören, nuscheln Sie nicht, weil es Ihnen vielleicht peinlich ist, was Sie da laut aussprechen: Zwingen Sie sich, Ihre Jobeloquenz herunterzuschalten. Langsam gesprochene Sätze werden eine Wirkung entfalten, die Sie schockiert!

Synkopen nennen Musiker die Kunst der Pausen vor einem Akkord, um die Spannung zu steigern – lassen Sie also Ihre Zunge vor einem besonders schönen Wort pausieren, bis Sie genüsslich Begriffe wie Lust, Lecken, Brauchen von den Lippen rollen lassen.

Erfahrene Liebhaber wissen, dass der Rest an Inhalt so persönlich wie möglich sein darf. Wir wollen nicht nur hören, dass Sie Lust auf Sex, Schweinereien oder Schokotrüffelspiele haben. Wir wollen hören: Ich habe Lust auf Sex – mit *dir! Deine* Haut ist so weich, *du* bist so lecker, ich will *dir* guttun, *dein* Stöhnen macht mich an. *Dir, dich, dein* – das sind die Zauberworte, auf die wir Frauen fliegen.

Wenn Sie noch in das linke Ohr der Lady hauchen – das ist nämlich mit jener Gehirnhälfte verbunden, in denen die Emotionen sitzen –, haben Sie die vier Basics von Dirty Talk drauf: Tonlage, Betonung und Rhythmus, die drei Ds sowie das richtige Ohr.

Ein schlauer Mann hat mal gesagt, es brauche einen Mutigen, der die Wahrheit ausspricht. Dirty Talk ist eine Mischung aus Wahrheit, Übertreibung – und Mut. Wenn Ihnen Dirty Talk bisher mühsam vorkam, lag es vielleicht daran, dass Ihr Gehirn zu gut erzogen ist. Jeder Mensch besitzt die »Broca«-Gehirnwindung, die einen Teil des Sprachzentrums steuert. Sie blockiert unsere Redefähigkeit in Momenten, wo wir »schmutzige« Begriffe auch nur denken! Dieser innere Zensor – geprägt durch Erziehung, Gesellschaft und die eigene Moral – macht sprachlos. Im Kopf haben Sie die tollsten Sprüche von »Ich weiß, was du brauchst«, »Lass mich dich noch mal lecken« bis hin zu »Leg dich aufs Bett, Beine gespreizt und beweg dich nicht, bis ich es dir sage«, doch sie kommen Ihnen nicht über die Lippen.

In der deutschen Sprache haben wir scheinbar nur die Wahl zwischen medizinischen Begriffen wie Vagina, Penis, Brüste und dem weiteren Vokabular des Pschyrembels und dem phrasenhaften Wortschatz mies nachsynchronisierter Pornos mit Kraftausdrücken von Fotze über Möse bis hin zu Schwanz, Titte und den sonstigen üblichen verdächtigen geilen Säuen.

Doch weder die medizinisch sterilen Begriffe noch die Pornosprache sind der verbalen Verführung dienlich. Frauen schätzen es sehr, zu erfahren, wie und welche Teile ihres Körpers Sie verrückt machen – »der Duft deiner Haut macht mich süchtig, deine Lippen anzuschauen ist wie dich zu lieben, ich brauche es, dir gutzutun, ich will dich in meiner Hand kommen sehen …« Vor allem in der Akquisephase dürfen Sie übertreiben, in bildhaften Absichten sprechen – und loben, bis Ihnen der Mund ausfranst! Die Haare, Mund, Haut, Hintern, Duft, Küsse, Bewegungen, Stimme Ihrer Geliebten und, wow, wie sie Sie anschaut – wenn Sie wollen, arbeiten Sie sich verbal am Körper der Lady rauf und runter. Wir fallen auf Lob zu gern herein. Gossensprache dagegen wie »scharfe Titten«, »ich will in

dein feuchtes Loch« oder »ich mach's dir, bis du schreist«
sind auf der Umwerbungsetappe nicht gefragt. Das kommt
später.

Denn was der schlaue Mann über den Mut und die Wahrheit gesagt hat, darf ergänzt werden: Es kommt auf den
richtigen Moment an, die Wahrheit zu sagen. Und da kommen wir zu Wortwahl und Timing.

Für den richtigen Zeitpunkt werden Sie mehr und mehr
ein Gespür entwickeln – hören Sie auf Ihre Intuition. Es ist
übrigens ein Gerücht, dass Männer davon weniger als
Frauen hätten: Männer sind sehr intuitiv veranlagt, nur hören sie oft nicht auf ihre Intuition!

Also, vertrauen Sie Ihren Gefühlen! Ihre Emotionen sind
oft schlauer als Sie. Und warum? Weil Emotionen durch
Erfahrungen trainiert sind. Ihre Vorahnung resultiert aus
Ihren Erlebnissen, die Sie im Laufe der Jahre hatten, und
hat einen ziemlich sicheren Seismographen entwickelt, der
Ihnen sagt: »Sag's ihr jetzt.« Oder auch: »Nee, wart mal,
noch läuft sie nicht auf Touren.« Stellen Sie Ihre Antennen
auf, Sie werden sich wundern, wie viel Schwingungen Sie
von Ihrer Bettgespielin auffangen!

Dirty Talk wird übrigens dann einfach und sexy, wenn
Sie genau beschreiben, was Sie tun oder tun würden, und
damit Komplimente verbinden. »Ich liebe es, deinen Duft
zu schmecken.« »Du hast so einen scharfen …« – hier bitte eine Körperstelle Ihrer Wahl einsetzen, von der *Sie*
wissen, dass sie stolz darauf ist. »Wie du zwischen den
Schenkeln schmeckst/aussiehst/duftest – ich könnte dort
für Stunden bleiben/einziehen/herumspielen.« Dazu müssen Sie weder Kraftausdrücke noch Verniedlichungen benutzen, und Sie geben Ihrer Geliebten das Gefühl, bewun-

dert und begehrt zu werden. Besser als Blumen. Wirksamer als Champagner.

Auch die beiden Wörter »muss« und »will« besitzen einen drängenden Charme, dem wir verfallen. »Ich *muss* dich spüren/anfassen/mit dir allein sein/dich kosten/«, »ich *will* dich küssen, lecken, beißen, hören, wenn du kommst, dir guttun«. Sie entfachen so Vorfreude – und entspannen sie. In ihrem Kopf entstehen Bilder, wenn Sie beschreiben, was Sie mit ihr anstellen würden, wenn Sie nicht im Restaurant wären: »Ich würde dich auf den Tisch legen und das mit dir tun, was du am liebsten hast.« Gemeiner Satz, denn auch wenn *Sie* es nicht aussprechen, so geht bei ihr der Gedankentango durch, was sie am liebsten hat …

Ziemlich tricky ist auch die Frage-Methode: »Magst du es, wenn ich dir den Finger langsam gebe? Soll ich das noch mal machen? Willst du mehr? Willst du, dass ich dich umdrehe? Gefällt es dir, zu sehen, wie ich in dir bin?« Diese Methode könnte Ihrer Geliebten Freude machen und Sie beide zu Ihren eigenen Dialogen bringen. Denn sie wird antworten. Dann haben Sie auch was davon …

Je näher Sie dem Orgasmus (Ihrem oder ihrem) kommen, desto rustikaler und kürzer darf das Geplänkel sein. Sie wissen bis dahin Ihre Liebhaberin einzuschätzen, ob es eher in Richtung »du brauchst es doch, dass mein Schwanz es dir besorgt« gehen darf oder »du fickst so gut« oder vielleicht nur Fragmente wie »gut«, »du bist so nass« oder »geiles Miststück«. Manche Frauen können Beschimpfungen wie »Nutte« oder auch »geiles Luder« im Augenblick höchster Lust ganz gut ab; sie mögen politisch unkorrekten Sex. Andere werden Ihnen die rote Karte zeigen oder lieber »meine Sexgöttin, lass mich dich lieben« hören wollen. Besser wäre es, wenn Sie das bei einem gelegentlichen Küchengespräch klären würden, ob Madame Interesse hätte, das mit Ihnen rauszufinden. Wer weiß, vielleicht gefällt es ihr ja, Luxushure genannt zu werden? Im Zweifel: Sagen Sie ihren Namen. Und vergessen Sie bitte »oh, Baby«.

Die Spielarten des Dirty Talks können Sie von hier aus selbst weiterentwickeln. Ob Sie es dominant versuchen, weil Ihre Süße signalisiert hat, Sie dürften mal Macho sein: Dann halten Sie es kurz. »Zieh dich aus. Leg dich hin. Beweg dich nicht. Lass mich das machen. Du wirst tun, was ich sage.« Oder ob Sie eine gemeinsame Sprache erfinden mit neuen Vokabeln für Organe, Vorgänge und Techniken, vielleicht aus dem Französischen oder aus dem kulinarischen Bereich. Die Königsdisziplin: Sie können eine Geschichte erzählen, während Sie sie langsam vögeln: von einem Mädchenpensionat, in dem Sie der neue Lehrer sind, und dass Sie sie jetzt leider bestrafen müssen, zwei Jungs aus dem Dorf schauen erst zu, übernehmen dann Ihren Platz … oder was auch immer Ihnen einfällt.

Ach ja: Irgendwann ist es genug der Worte. Wir lieben an Männern, dass sie wissen, wann es Zeit ist, zu reden, und wann, zu handeln. Wenn sie Sie zum Cunnilingus scheucht, damit Sie den Mund halten, wissen Sie, dass Körpersprache reicht. Denn Taten sagen im Zweifel mehr als tausend schöne Worte. Also – bitte, machen Sie was Schmutziges!

Sex hört für Frauen nicht in dem Moment auf, wenn der männliche Höhepunkt erreicht ist: Das wäre, wie nach einem opulenten Mahl das Dessert wegzulassen: Schön, aber unbefriedigend. Doch was bitte soll genau »nachgespielt« werden? Keine Sorge, die Herren – Sie müssen jetzt nicht eine Stunde kuscheln und über Probleme reden. Aber zehn Minuten werden Sie schon noch übrig haben …

Denn wenn sich die Körper voneinander lösen, ist die Psyche noch auf Nähe getaktet, sind alle unsere Sinne hochsensibel. Es ist ein Augenblick der Intimität, der das Liebesleben so intensiv prägt wie Verführung und Akt. Und das liegt nicht allein an dem Aufruhr der Seelen: Sie beide sind von dem Stoff überflutet, den Neurologen liebevoll als das »Las-Vegas-Hormon« bezeichnen: Oxytocin. Es macht süchtig nach dem Menschen, der es aktiviert hat. Und es erhält die Lust auf Sex! Es ist also optimal, wenn Sie Ihre Süße dauerhaft verrückt nach Ihnen machen wollen, den postkoitalen Oxytocinlevel auszunützen und die Spielzeit zu verlängern.

Das Problem ist nur: Da könnte ganz Las Vegas um Sie herumtanzen, Sie als Mann wollen jetzt schlafen! Sie müssen sich deshalb nicht schlecht fühlen, weil Sie Ihre Ruhe haben wollen – die Biologie diktiert es Ihnen: Damit der Larry überhaupt steht, ist der Parasympathikus zuständig, ein Teil des vegetativen Nervensystems, der die Gefäße erweitert und das Blut dahin pumpt, wo es eine exquisite Erektion formt. Der Sympathikus sorgt dafür, zum Orgasmus zu kommen: Er schließt den Blasenmuskel, damit der

Samen freie Bahn hat, schaltet den Körper auf Kampfbereitschaft. Würden Sie gerade nicht zum Orgasmus kommen, wären Sie in dieser körperlichen Verfassung der gefährlichste Gegner für jeden Angreifer. Doch Mann kommt.

Dann folgen die unsympathischen Nebenwirkungen des Sympathikus: Er hat sämtliche Energiereserven geräubert. Der Blutzuckerspiegel sackt ab, das Hormon Prolaktin, das als Lustbremse wirkt, macht müde, die Nerven stellen die Weiterleitung von Reizen ein. Sie sind der Krieger nach der Schlacht, der eine Kur braucht. Und dann kommt die Süße an und will die Kür! Uns Frauen geht's nämlich bestens, ganz gleich ob wir gekommen sind (oder eher nicht): Unsere Erregungsfähigkeit ist tipptopp, die Schamlippen schwellen frühestens in drei Stunden ab, und nur jede dritte Frau wäre zu einem Schläfchen bereit, der Rest hätte gern eine Nachbereitung – fürs Herz, für die Seele, für den Sex. Komm schon, Sam, besorg's mir noch einmal. Oder küss mich, während ich es selber tue, ich bin noch geil und will das Gefühl mitnehmen, bis ich einschlafe.

Schieben Sie Ihr männliches Schlafbedürfnis auf. Sie können das. Geben Sie uns noch sechzig Sekunden. Oder zwei bis zwanzig Minuten. Muss nicht immer sein, aber Madame wird sich freuen:

Die Sekunden danach: bitte nicht abrollen und umdrehen, sondern …

*Die Verbindung sanft trennen*: Eben war man noch ein verschmolzener, rasender Unterleib, jetzt ist die körperliche Verbindung gelöst, man fühlt sich fast schon melan cholisch. Halten Sie den Kontakt (schweigend) aufrecht, legen Ihre große warme Hand auf den erhitzten Venushügel Ihrer Geliebten, legen ihre zarten Finger auf Ihren einschlummernden Liebeskrieger. So fühlen wir Ladys uns nicht so leer ohne Sie.

*Carepaket*: Weich, gelöst und erblüht: So reagiert die Scham Ihrer Süßen in den Sekunden nach dem Höhepunkt. Wer ihr Nachbeben verlängern will, drückt einen Schwamm mit warmem Wasser über dem Venushügel aus. Kundige Liebhaber küssen sie trocken oder weiden sich an dem geilen Anblick der geschwollenen Lippen. Schenken Sie Ihrer Geliebten diese Aufmerksamkeit, damit sie endlich kapiert, dass sie auch nach dem Sex für Sie wertvoll und interessant ist.

*Big Smile*: Ihr Lächeln (als hätte Ihr Lieblingsverein gewonnen) sagt mehr als tausend süße Worte und wird sie glücklich machen. Erst recht, wenn Sie dabei ihr Gesicht in beide Hände nehmen. Ja, Sie dürfen auch so was Kitschiges wie »ich liebe dich« sagen, das ist im Bett erlaubt.

*60 Sekunden für das Glück*: Etwa eine Minute dauert es, bis Sie sich von der Stirn Ihrer Geliebten, dem Mund, ihrem Hals, Brust links und rechts, dem Bauch, der Scham, Knie und Fuß hinabgeküsst haben. Erstens gefällt uns das gut, und zweitens vermitteln Sie ihr damit, dass Sie ihren Körper mögen. Wir Frauen brauchen diese Gewissheit so dringlich wie Sie!

*Sie hat sofort Redebedarf?* Neurologische Studien haben bewiesen: Männliche Gehirne schalten auf Ruhepause, Frauenköpfe sind wach und rege. Wenn ihr nach verbalem Kontakt ist: Ein spontanes Lob wie »du fickst so gut, du bist so wundervoll, es ist immer so schön mit dir« hat schon so manche animiert, erst mal befriedigt den Mund zu halten. Ansonsten: Frauenlippen schließt man mit einem Kuss oder indem Sie sie füttern. Mit Schokolade, Eiscreme, Ananas oder was Sie sonst als umsichtiger Liebhaber *vor* dem Akt aufs Nachttischchen gestellt haben.

**In den Minuten danach:** Bringen Sie sie (noch mal) zum Kommen.

*Schon wieder Erster gewesen?* Bitten Sie Ihre Süße um ein Gemeinschaftsprojekt: Sie streicheln mit den Fingerspitzen von ihrer Vulva aus über ihren Körper, immer wieder beginnend von ihrer Scham. Sie möge selbst Hand an ihre Klitoris anlegen (verpacken Sie es als Bitte, sich das zu gern ansehen zu wollen, damit Sie beim nächsten Mal wissen, wo sie berührt werden will). Wenn sie kommt, wird sie sich wie ein Vulkan fühlen, denn Ihre Finger breiten die Gefühle von ihrem Becken über den ganzen Körper aus.

*Sie will etwa noch mal kommen?* Geben Sie Ihr den Daumen! Der fühlt sich fester und breiter an als Ihr Finger. Vor allem wenn Sie Ihre Berührungen nur auf die Pforte der Vagina beschränken und Druck auf den unteren Teil in Richtung Damm ausüben. Wenn Sie ein eingespieltes Team

327

sind, wird Ihre Geliebte sich mit der Hand ihrer Klitoris widmen. Wenn nicht, übernehmen Sie das. Der erweiterte Daumenfick: Sie krümmen den Daumen nach dem Eindringen nach oben und erreichen so die inneren, bis zu sieben Zentimeter langen Ausläufer der Klitoris (andere nennen das G-Punkt-Zone, aber den O auf G-Knopfdruck vergessen wir mal).

*Leck mich!* Manchmal gibt es Tage im Leben eines Mannes, da kann er nicht kommen. Aber er will seiner Geliebten etwas Gutes tun. Überraschen Sie Ihre Süße mit einem vibrierenden Analdildo (sonst tut es auch ein zart gebauter Vibrator, den Sie ihr an den Damm halten), den Sie ihr (mit Gleitgel) sanft in den Backstagebereich verpassen – während Sie ihre Klitoris mit der Zunge beglücken. Meine Güte, sie wird Sie für einen absoluten Sexgott halten!

*Wunschkonzert*: So empfänglich für Ihre Sehnsüchte ist sie nur direkt nach dem Sex. Jetzt ist der Zeitpunkt gut, um ihr zu sagen, was Sie gern öfter hätten: »Du machst mich total scharf, wenn du / als du gemacht hast …« Das wird sie motivieren, das bei Gelegenheit zu wiederholen. Erst dann fragen: »Und was darf ich jetzt für dich tun?« So entgehen Sie dem vorwurfsvollen Blick, dass Sie es ihr nicht von der Stirn ablesen können.

*Wenn nix mehr geht …*: geht immer noch der Löffel. Kuscheln Sie sich an den Rücken Ihrer Geliebten, brummen ihr ins Ohr, seufzen süße Kleinigkeiten, und halten Sie sie warm. Vor allem herrlich, wenn Sie sie müde gevögelt haben.

**In der Stunde danach:** Die Basis für die Paarerotik schaffen.

*Aftershow-Party*: Sterne betrachten, zusammen nackt tanzen, im Bett essen – tun Sie was Nettes, nur nicht den Finger auf die Fernbedienung legen oder gar aufspringen und sich anziehen. Am meisten bleibt vom Sex in Erinnerung, was als Allerletztes passiert ist. Krönen Sie den Liebesakt mit einer charmanten Geste, ob Sie ihr eine Balkonblume als Dankeschön reichen, ihr ein Liebesgedicht vorlesen oder ihr bei einem Bad den Kopf waschen. So stellt sich im Gehirn Ihrer Geliebten die Assoziationskette her: Sex mit Ihnen – etwas Besonderes – wird nie langweilig – haben wollen – treu bleiben, weil immer schön. Praktisch, was?

*Neue Runde?* Die Erholungszeit nach dem Bigbang, während Sie gegenüber Reizen unempfindlich sind, kann bis zu einer Stunde dauern (es sei denn, Sie sind fünfzehn, dann können Sie innerhalb von Sekunden wieder). Sämtliche Muskeln sind kaum zur Anspannung fähig. Da bringen selbst die ausgefeilteste Massagetechnik, das heiße Straps-Ensemble oder zwei nackte Stockholm-Models wenig, um Sie zu erregen. Wann Ihr Nervensystem wieder auf Lust gepolt ist, erkennen Sie aber daran, dass Sie wieder kitzlig sind!

*Auf Knopfdruck*: Je fixer Sie übrigens beim ersten Mal kommen, desto schneller regenerieren Sie für eine zweite Runde! Also: erst der Quickie, dann die große Oper. Der Startknopf für eine zweite Runde befindet sich nach den Akupressurlehren des Tao zwischen Rosette und Hoden – kitzeln, zupfen, tupfen an diesem »Jen-mo«-Punkt könnten Sie mit harten Fakten verblüffen. Lassen Sie Ihre Geliebte diesen Part übernehmen, vielleicht hat sie ja Lust, dabei endlich auch mal Ihre Eier zu lecken?

*Relax*: Bevor sich Ihr Lieblingsorgan wieder aufrichten kann, muss es sich ab-so-lut beruhigen und die ganze Schwellkörpermuskulatur entspannen. Dabei hilft Bewegung, um die Durchblutung zu erhöhen. Vielleicht ein Gang zum Kühlschrank – um ein Glas Prosecco, gemischt mit Orangensaft, zu holen. Oder kühle Schokolade, um Ihren Blutzucker zu erhöhen: Der transportiert später die neuen Lusthormone dorthin, wo sie hingehören. Dösen Sie bei gekipptem Fenster, lassen die Zigarette aus dem Hals, duschen Sie lauwarm oder lassen sich von Ihrer findigen Geliebten mit kalten und heißen Baumwoll-Waschläppchen abreiben, um die Hauttemperatur zu senken – all das fördert die Entspannung, damit der Parasympathikus Ihre Gefäße erweitern kann und die Nervenenden auf Reize reagieren.

*Neue Frau, neues Spiel*: Ihr Gehirn will überlistet werden – es braucht einen anderen Impuls, um neugierig zu werden. Für eine zweite Runde brauchen Sie also wahlweise eine neue Frau (das ist allerdings mit recht viel Aufwand und unnötigem Ärger verbunden) – oder die bekannte mit neuer Fremdheit. Sie könnten mir ihr duschen, sie bitten, sich was Schickes anzuziehen, ein neues Parfüm aufzutragen, eine neue Stellung auszuprobieren, in einem anderen

Raum. Oder – und das ist erlaubt: Denken Sie an eine andere, eine aus Ihrer schmutzigen Lieblingsphantasie. Behalten Sie es für sich, und schlüpfen Sie dann aktiv wieder in die Realität.

*Von Kopf bis Fuß*: Bitte ausschneiden und Ihrer Geliebten als Wunschzettel übergeben: eine Schläfen- und Kopfmassage, bei der sie hin und wieder an einem Strang Haare ruckelt, gefolgt von einer Fußmassage, bei der vor allem Ballen und Ferse massiert werden. Das ist nicht nur ein wundervolles After-Sex-Geschenk für einen Mann, sondern lässt nach den chinesischen »Chi«(Energie)-Lehren auch genau jene Meridiane aufblühen, die in der Nebennierenrinde erneute Lusthormone anregen …

*Zeitarbeit*: Wenn Sie es abends tun, schlafen Sie ruhig ein – aber stellen Sie den Wecker auf drei Stunden später. Jeder Mann hat bis zu acht Erektionen im Schlaf. Und so etwas kann man doch nicht halb angefangen stehen lassen!

## PS …

All das, was Sie hier über Frauen gelesen haben, lässt sich übrigens auch über Männer sagen. Sie wollen begehrt, geliebt und verstanden sein. Sie wollen, dass man sich für ihre Lüste interessiert. Sie wollen als einzigartig wahrgenommen und nicht mit stereotypen Handgreiflichkeiten abgefrühstückt werden. Und auch Männer bedienen sich manchmal einer Art Salamitaktik: lecken erst, wenn ich sie näher kenne, mich blasen lassen, wenn ich weiß, dass sie es wirklich gern tut und nicht nur, um mich zu beeindrucken.

Analverkehr erst, wenn ich bereit bin, ihr so verdammt nah zu sein ...

Sie wünschen sich genau wie wir das Gefühl für ihre Gefühle. Eigentlich ganz einfach. Wenn es nur nicht so schwer wäre ...

# Kapitel 8

## *Inside him:* Wie Männer Sex haben wollen – und wie nicht

### Die schlechten Nachrichten zuerst

»Ich fühle mich permanent kontrolliert und unterdrückt in meiner Sexualität«, erklärte mir ein Bekannter wütend, als ich ihn mit fiesen Suggestivfragen bedrängte, bis er mir die Wahrheit verriet, was er an Sex anstrengend und blöde findet. »Ständig stellt mich meine Frau so hin, als sei ich nur ein triebgestörtes Etwas: Sie rollt die Augen, seufzt demonstrativ, lässt mich am ausgestreckten Arm verhungern oder gibt mir zu verstehen, dass sie diejenige ist, die darüber entscheidet, wann wir miteinander schlafen. Weil ich ein Mann bin. Das nervt!«

Männer, die offen ihren Unmut über Frauen äußern, sind selten geworden; meist halten sie sich zurück, um nicht als Chauvi dazustehen oder sich von einer Horde Schlauberger vorwerfen zu lassen, was die Spezies Mann in den letzten Jahrtausenden Schlimmes angerichtet hat mit ihrer brutalen, schonungslosen Sexualität. Natürlich, es gibt auch die Sexisten und Arschlöcher, die Sex und hopp betreiben. Doch das sind inzwischen nur noch wenige Exemplare.

Männer wollen nicht kontrolliert, manipuliert (»verführen Sie ihn so oder so, um das oder dies zu bekommen«) oder gehasst werden. Auch nicht belächelt oder bemitleidet für ihre Libido und ihre Wünsche. Erst recht nicht missbraucht für den Egokick von Frauen (»so locken Sie das Tier in ihm hervor«). Und schon gar nicht in der breiten Öffentlichkeit bewertet werden, wie es über männliche Sexualitäten Mode ist.

Was aber wollen sie denn?

Nicht weniger als alles: vom Quickie bis zum Vorspiel, von der Hingabe bis zur Liebe, vom Herumalbern bis zum bitteren Ernst.

Und, ja, um eine Facette geht auch es auch im nächsten Abschnitt.

### *Ihn einfach nur reinpfriemeln!*

Eine Kollegin von mir hat im November 2007 Furore mit einem Artikel in der *Bild am Sonntag* gemacht: Sie bekannte öffentlich, dass sie das Vorspiel ablehne.

Glückwunsch. Viele Männer erleichterte es, zu hören, dass es mindestens eine Frau gibt, die nicht darauf besteht, dass man ihr erst stundenlang Appetit in die Haut streicheln muss, damit sie sich mit Lust revanchiert – sondern eine, die dem männlichen Schnellfeuer entgegenkommt: Ich will jetzt, hier, sofort, keine Kunstpause bitte.

Das war insofern ein guter Artikel, doch er ließ das Wesentliche aus: Dass es Frauen anerzogen ist, auf das Vorspiel zu beharren. Ich muss mich erst beknien und betüddeln lassen, bevor ich Begierde zeigen darf.

Vorspiele sind schön, wenn sie nicht zur Pflicht mutieren, sondern als eigenes Lustspiel geschenkt werden – und vieles kann ein Vorspiel sein: ein intensives, zweideutiges Gespräch, ein sinnliches Abendessen, ein Liebesfilm oder der Sport, nach dem beide zu Hause ausgepowert, aber voller erotischer Energien ankommen und sich am liebsten gleich aufeinanderstürzen wollen ohne stundenlanges Herumnesteln.

Kurz: Nicht nur der Mann will ihn einfach reinpfriemeln, auch Frauen gefällt diese Aussicht ungemein, ohne Einleitung gepfriemelt zu werden. Beide halten sich jedoch zurück: Er, weil er dank feministischer Grundausbildung dazu erzogen wurde, ein höflich-abwartendes Gefummel zu bieten, und sie, weil sie trotz der emanzipierten Grundhaltung noch an Heilige und Huren glaubt und sich im Zweifel eher für Ersteres und das Überredenlassen entscheidet.

Doch es lohnt sich, den eigenen Mann oder Liebhaber differenziert zu sehen. Und dass nichts Verwerfliches daran zu finden ist, sich ohne große Vorrede aufeinanderzustürzen, die Hosen auf Halbmast, die Bluse hochgeschoben, den Hintern gegen den wackligen Tisch gestützt – und Action! Es wird auch andere Situationen geben, wo Mann sich alle Zeit der Welt lassen möchte, um den Körper seiner Süßen zu kosten und sie ganz langsam und in Liebe zu beschlafen.

Einen Mann in seiner Lust einzuschränken, seinen Schwanz unkompliziert zwischen den Schenkeln seiner Geliebten unterzubringen, ist genauso perfide, wie die Lust einer Frau zu kontrollieren oder stoppen zu wollen.

*Muss ich schon wieder?!*

Irgendwann hatten sich Frauen mal beschwert, dass Männer ständig nur Sex wollen. Lang ist's her, und wie schön war das!

Inzwischen scheint sich der Trend fast umgekehrt zu haben. Frauen seufzen gequält auf: Mann will keinen Sex mehr. Und Männer grimmen: Herrgott! Muss ich denn schon wieder?! Seit Jahrhunderten hielt sich der Mythos, Frauen seien sexuell genügsamer als Männer. Inzwischen wollen Frauen definitiv mehr Sex, als sie bekommen. Oder anderen.

Wir reden hier nicht von dreimal täglich, sondern wenigstens alle vier Wochen! Die Herren der (Er-)Schöpfung verweigern sich, schlafen vor dem Fernseher ein und verstecken sich im Hobbyraum; blocken Verführungsversuche damit ab, sie seien zu müde, zu gestresst, zu satt, müssten morgen früh raus, und Sex sei eh nicht so wichtig.

Das ist erst mal okay. So ein Leben schlaucht ja auch, und wir lieben am Mann mehr als seinen fleißigen Penis. Aber drum betteln wollen wir auch nicht!

Je nach Charakter beginnt für die eine Frau nach drei Wochen ohne Sex bereits der Horror, der nächsten fällt es nach drei Monaten auf, dass ihr was fehlt – aber geeint sind sie in der hilflosen Position, nicht gevögelt, geliebt, berührt zu werden. Und darüber vergeht das Leben.

Männer, die lieben, aber Sex als Gnadenakt alle paar Monate gewähren: Was ist los? Wir dachten, nichts wäre schöner als eine willige Geliebte?! Ist Internetsex einfacher, oder ist Sex mit immer derselben Frau doch öde? So sitzen wir chronisch untervögelt beim Prosecco und finden: Nicht geliebt zu werden, ist schlimm. Aber nicht begehrt? Der Super-GAU! Ist das die Rache für die Emanzipation, eine Art Penisprotest?

Oder: Haben wir zu sehr danach geschrien, welche Sorte Sex wir wollen? Und haben darüber vergessen, dass Män-

ner auch Wünsche haben und sich nicht zum Erfüllungs-
gehilfen machen lassen wollen, der zu stehen hat, aber nix
zu melden, wenn er mal will?!

Ein Grund ist: Männer, die Sex vermeiden, empfinden
Leistungsdruck, wenn ihre Süße sich mit einem Strauß
bunter Sexperimente nähert. Er denkt: Uff, schon wieder
große Oper? Die sexuell selbstbewusste Frau wirkt zu dominant; ein Wesenszug, den er am Chef schon nicht aussste-
hen kann. Außerdem hat er Angst, was er wohl jetzt liefern
muss.

Andere Sexmuffel sind so gepolt, dass sie erobern möchten und sich von weiblicher Initiative gelangweilt fühlen.
Autsch! Bevor Sie als Leserin jetzt empört sind: Das kennen wir doch auch, wenn uns einer zu sehr nachläuft, finden wir ihn … nun ja: belanglos.

Einige Herren nutzen Verweigerung allerdings auch als
(unbewusstes) Machtinstrument: Sie verdient mehr als ich,
aber ich werde nicht auf Knopfdruck erigieren, ätsch. Und
viele Sexmuffel wissen nicht mal, woran es liegt; an der Arbeit, dem langweiligen Alltag, dem diffusen Entmannungs-
gefühl – oder daran, dass Sex als Problem plattgeredet
wird? Sie wollen nicht reden. Sie wollen am liebsten, dass
die Liebste es ignoriert; denn was ignoriert wird, gibt es
nicht. Schwups, ist das Problem vernichtet. Nicht wahr?

Nicht wahr. Aber Männer hassen es, sich auch noch erklären zu müssen, wenn sie was nicht wollen. Und hoffen,
es erledigt sich irgendwie von selbst. Bis dahin wird die
Sache eben verdrängt.

»Die Sache« hat bisweilen auch ganz banale Gründe: von
geheim gehaltener Impotenz (die zum Beispiel auf niedri-
gem Blutdruck beruhen könnte oder auf unterschätzten

Nebenwirkungen von Antidepressiva, Nikotin und Alkohol) bis hin zu fehlender seelischer Nähe. Es kann an gekränktem Stolz liegen (etwa wegen fehlender Arbeit). Oder es ist schlicht die Faulheit, aus einem Bruder-Schwester-Verhältnis (was nicht wenige Ehepaare leben) auszubrechen und sich eher auf schnelle Weise im Internet das zu holen, was mit der geliebten Frau so schwerzufallen scheint.

In den meisten Fällen liegt es weder an der mangelnden erotischen Ausstrahlung der Frau oder an unausgelebten sexuellen Wünschen. Sondern: an seinem Leben.

Männer lassen sich viel stärker vom Leben und seinen sämtlichen Begleiterscheinungen beeinflussen, ihre Libido und Verführungskraft ist mehr als bei uns Frauen von äußeren Umständen abhängig. Lust, Männlichkeit, Erektion, Identität, Leben, Frust – all das ist ein zusammenhängendes Netz, und bei vielen Männern ist der Penis der Seismograph ihrer Seele. Sind sie frustriert, ist der Schwanz nahezu taub; sind sie gestresst, der Hormonhaushalt auf null, sind sie gekränkt oder unter hoher Anspannung, kriegen die einen Magengeschwüre, die nächsten Ausschlag, die übernächsten Migräne – und die meisten keinen hoch.

Und was haben Männer noch für Gründe? In der *Bild am Sonntag* bat ich mal offiziell Männer um anonyme Antworten. Hier einige Auszüge:

»31 Sekunden. Das ist der Nörgelrekord. Ich mache mir oft den Spaß und schaue auf die Uhr, wie lange es vom Betreten der Wohnung bis zum ersten Meckern meiner Frau dauert. Wieso kommst du so spät, zieh dir die Schuhe aus, dein Sohn spinnt mal wieder: Meist dauert es keine

Minute. Und da fragen Sie, warum Mann keine Lust bekommt?«

Diese »Nörgelrekord«-Replik steht für Briefe, in denen Männer vom lieblosen Alltag berichten, ob mitverschuldet oder nicht, der die Sehnsucht erstickt. »Mir fehlt ihr Interesse an mir«, ergänzt ein Leser, der sich als »Unberührter« beschreibt: »Sie fasst meinen Penis nicht an, sieht ihn nicht an, macht ihn nicht an. Als ob er ihr lästig ist.«

»Sex war mal einfach«, schreibt ein weiterer. »Dann wurde er eine Waffe: Er wird verweigert, wenn ich nicht funktioniere, wie sie will. Oder so gewährt, dass ich das Gefühl habe, ich müsste eine Gegenleistung bringen. Nur welche, verrät sie nie.«

Einige Männer fühlten sich in ihrer Männlichkeit abgelehnt: »Sie möchte Perfektion, ich mag es spontan. Anstatt uns in der Mitte zu treffen, zählen nur die weiblichen Bedürfnisse.« Oder auch: »Ehrlich, Frau West, ich bin's leid, einer Frau das Ego aufzupushen, dass ich sie begehre. Wieso machen sich Frauen so abhängig, scharf zu wirken? Sie sind doch mehr als Sexobjekt! Und Männer auch. Verführt uns um unsertwillen, nicht um den Egokick!«

### Was ich will, zählt nicht

Robert, dreiundvierzig: Sie allein bestimmt, was richtig oder falsch ist.

»Geschenke sind heikel. Aus acht Jahren Ehe weiß ich, dass es nie die praktischen Geschenke sind, die ankommen. Mit der Zeit habe ich aber gelernt, meiner Frau

Lisbeth* Aufmerksamkeiten zu machen – ich frag sie einfach, bevor sie mir wieder die Haushaltsmaschine um die Ohren haut. Nach ihrem letzten Geburtstag – ich hatte wunschgemäß nach einem getigerten Etui für ihre Brille gesucht – beschwerte sie sich, dass ich sie gar nicht mehr überrasche.

Ja, sehr witzig. Früher hat sie sich über Überraschungen beschwert, jetzt soll ich es mal wieder wagen? Frauen sind unberechenbar.

Ich kam mir wahnsinnig mutig vor, als ich bei einem Besuch bei meinem Schwager Jens* in Hamburg in einer Boutique auf der Reeperbahn landete, die im unteren Geschoss aufregende Dessous anbot. Nicht günstig, aber stilvoll und sexy, so was bekam man nicht von der Stange. Ich wagte es, mich von der netten Verkäuferin bedienen zu lassen. Ich besah mir die Kataloge und wurde mit jedem Dessousbild erregter: Was es für wunderschöne Geschenkverpackungen gab! Ich bin kein ›Naturfreak‹: Mich kann man mit halterlosen Strümpfen begeistern, mit Korsetts oder appetitlicher Seiden- und Spitzenunterwäsche. Das muss eine Frau nicht mal ausziehen, ich will ja was zum Ansehen haben! Das ist für mich reizvoller als nackt, es hebt die Schönheit hervor. Und da Lisbeth nach der Geburt unserer Tochter die üppigen Brüste behalten hatte, entschied ich mich für einen Halbschalen-BH, in dem der Busen wie auf einem Balkon ruht, die Spitzen zum Geküsstwerden bereit. Dazu: ein Höschen, das unten offen ist, aber so verdeckt, dass man

* Namen geändert

einen kundigen Finger braucht, um zu erforschen, wo bei dem exklusiven Textil die entscheidende Stelle fehlt!

Angetan mit diesem schwarzen Ensemble und teuren Nylon-Stay-Ups fuhr ich heim. Als Lisbeth das knisternde Seidenpapier in Händen hielt, freute ich mich wie ein Schneekönig darauf, sie in diesen neuen Dessous zu sehen. Sie würde sich in die Wäsche werfen, ich würde sie bewundern, wie sie auf hohen Hacken herumstolziert. Aber – es kam anders. ›Nee, nee! Was willst du aus mir machen?! Deine kleine Privatnutte oder was?‹

›Wie wär's, wenn du mich mal überraschst?‹, sagte ich und ging ein paar Stunden spazieren. Was muss ich tun, damit meine Wünsche mal erfüllt werden?!«

Die Ansicht, dass männliche Wünsche entweder pervers, belanglos, egoistisch oder frauenunterdrückend sind, steckt manchen Frauen noch im Blut. Vielleicht ist es aber nicht das alte Feindbild Mann, sondern eine Mischung aus Selbstschutz, Intoleranz und Rechthaberei, die Frauen allergisch auf Wünsche ihres Mannes reagieren lassen. Erstaunlich viele junge Männer haben mir zum Beispiel über Frauen ihres Alters (so etwa Anfang zwanzig) berichtet, dass die Ladys einen Hang zur Arroganz im Bett haben: Sie bewerten alles, aber reagieren mit Unmut und Chauvigeschrei, wenn ihre Performance von ihm gewertet wird. Ich weiß nun nicht, ob das die Beschwerde verlassener Jünglinge ist oder ob da ein Quentchen Wahrheit mitschwingt: Die Frau, die sich als was Besseres in jeder Hinsicht vorkommt, urteilt über den Mann.

Ist uns das passiert? Oder sind wir zu faul geworden, mal was zu wagen, ohne zu wissen, was es uns persönlich an Lustgewinn bringt?

Yannik, fünfundzwanzig: Frauen sind faul!

»Letztens habe ich im Buchladen einen Ratgeber gesehen – mit Tipps für faule Frauen, guten Sex zu bekommen. Mit wenig Aufwand und bloß nicht mit viel Bewegung.

Typisch! Wir sind dafür zuständig, dass es leidenschaftlich und befriedigend wird, und Frauen kaufen Bücher, aus denen sie lernen, wie sie nichts dazu beitragen! Da ist eine Frau bei mir an der falschen Adresse.

Ich liebe die Liebe überall – aber bitte nicht im Schlafzimmer. Ich wünsche mir von einer Frau Initiative und die Bereitschaft, sich was zu trauen, auf blaue Flecken zu pfeifen, wenn es der Lust dient. Ob auf dem Küchentisch oder der Spüle. Reizvoll finde ich es auch, unter dem Tisch – warum nicht? Eine neue Perspektive, eine adäquate Stellung …

Doch Frauen sind Angsthasen. Mein begehbarer Kleiderschrank zum Beispiel oder meine Speisekammer wären wunderbare Spielorte für eine Liebe im Stehen, eng, dunkel, wow. Es mit einer Frau an einem ungewohnten Ort zu machen hat für mich auch den gleichen Reiz, wie es mit einer neuen Frau zu tun! Nur dass ich eben nicht dafür fremdgehe, weil ich den Kitzel ganz privat zu Hause ausleben kann.

Warum verstehen Frauen das nur nicht? So viele Möglichkeiten! Fehlt bloß noch die Frau dazu, die nicht zu bequem ist! Und mir nicht wie meine letzte Freundin

Regina sagt: ›Die Show ist ja prima, aber was hab ich davon?‹
Was sie davon hat? Sex zum Beispiel. Aber es zählt ja nicht, was ich will, sondern nur, was sie alles nicht will.«

Jede kann nur selbst wissen, was bei ihr hinter der Ablehnung von männlichen Wünschen steckt, warum sie einem Mann verbal auf die Finger haut, sobald er mal einen Wunsch äußert. Oder wenn sie die Hoheit darüber behält, nach Gutdünken zu sagen: »Du willst zwar heute, ich aber nicht. Und heute will ich, du hast zu wollen, sonst bin ich beleidigt und weine.«

Bei Männern kommt oft nur die Botschaft an: Sie bestimmt, was richtig oder falsch ist. Sie bestimmt, ob meine Wünsche normal sind oder nicht. Und sie bestimmt, wann, wie und warum wir Sex haben.

Was ich Männer raten möchte, ist: Gebt nicht auf. Beharrt darauf, miteinander zu sprechen, beharrt darauf, zu erfahren, warum ein Wunsch abgelehnt wird. Beharrt darauf, eine Alternative zu finden. Erzählt von eurer Lust, die Lust in allen Bereichen auszuleben und dass Dessous oder Blowjobs nicht das Einzige sind, was ihr euch wünscht.

Und den schreckhaften Richterinnen möchte ich raten: Ignoriert nicht, dass der Mann, den ihr liebt, ein genauso erfüllendes Sexleben haben möchte wie ihr. Seid mutig, um ihm Ablehnungen zu erklären, warum ihr euch mit diesem oder jenem unwohl fühlt. Das braucht er, sonst werdet ihr nie wieder überrascht werden, er wird sich im Laufe der Jahre alles verkneifen. Das soll keine Drohung sein und bestimmt keine Aufforderung, irgendwas mitzumachen, was Sie nicht wollen – bewahre! Das ginge in die Hose, und Sie würden mich wegen Aufrufs zur seelischen Grausamkeit verklagen! Sie müssen nicht »ihm zuliebe« machen, was Sie nicht wollen. Aber durchaus ihm zuliebe erkunden, was es für Ersatzmöglichkeiten gibt: Er liebt den Blowjob, Sie hassen es zu tun? Wie wäre es, wenn Sie sich gemeinsam einen Film anschauen und dabei gegenseitig mit den Händen streicheln. Sie finden es saublöde, sich in Dessous vor ihm zu räkeln? Nehmen Sie Ihr Lieblingskleid!

Es gibt immer mehr als ein Entweder-oder. Es gibt Alternativen, es gibt Liebesspiele, die keinen von beiden kränken oder verunsichern, und es gibt einen Mund zum Reden, wie man einander guttun kann, ohne sich zu verbiegen.

### Och nö, bloß nicht reden!

Frauen schämen sich ihrer Lust, Männer ihrer Worte: Timos ehrliche Antwort auf die beliebte Damen-Frage: »Gibt's denn etwas, was dir beim Sex fehlt? Wünschst du dir was?«, wurde ihm zum Verhängnis. Als er seiner Frau seine speziellen Wünsche gestand (stoß mich von dir, wenn du kommst, wehr dich, damit ich dich halten kann), rief sie als Nächstes den Scheidungsanwalt an. Eine weitere befürchtete und einigermaßen häufig vorkommende Reaktion der Frauen auf freimütige Wunschbeichten ist die echauffierte Gegenfrage: »Hast du das mit anderen Frauen auch schon so gemacht?«

Äh. Öh. Kannmichnicherinnernschatzi.

Wir tun ja oft gern so, als würden wir spielend mit Ehrlichkeit und Sex und so fertig; dabei vögelt niemand einfach drauflos oder bleibt unberührt von so etwas Intensivem wie Worten. Natürlich fürchten wir uns vor Konsequenzen, die heilige Kuh Sex durch so etwas Verstörendes wie Wünsche zu irritieren; und Männer gehen den erwarteten Diskussionen aus dem Weg, indem sie schweigen, lügen oder vortäuschen, keine Phantasien zu haben.

»Deshalb flüchten wir Männer für Randbereiche des Trieblebens so gern in die Anonymität«, schreibt der Journalist Martin Moretti. »Nach der bekannten Trennung von Frauen in die ›Heilige oder Hure‹ fällt es uns bei One-Night-Stands leichter, unsere Sehnsüchte auszuleben. Denn wir können Tabubrüche als hemmungslose Lustausbrüche tarnen. Wir müssen unseren Egotrip nicht erklären oder rechtfertigen. Es genügt, wenn das gegenseitige Vertrauen ein paar Stunden reicht.«

Ach so? Ich dachte, wir Frauen seien doch Gesprächsmenschen, das müsste sich doch alles ganz gut kommunizieren lassen?!

Moretti weiter: »Wir Männer haben bevorzugte Ecken auf dem Spielplatz der Lust. Aber groß darüber sprechen, das ist für uns ein Stimmungskiller. Eine Frau, die zu beharrlich nach unseren verborgenen Wünschen fragt, ist ungefähr so erregend, als würde während des Sex ›Sabine Christiansen‹ laufen. Kein Mann möchte das Gefühl haben, er sei in eine wissenschaftliche Studie zum Thema ›Seine zehn häufigsten Sexträume‹ geraten. Wir wollen zum Phantasie-Outing ermutigt, verführt, aber nicht gezwungen werden.

Gerade einer festen Partnerin gegenüber fällt es uns am schwersten, Obsessionen abseits der erotischen Fahrbahnmitte einzugestehen. Wir wissen, dass wir uns mit einer totalen Offenheit auf gefährliches Terrain begeben. Ein funktionierendes Sexleben basiert auf einem Gleichgewicht aus Vertrauen und Offenheit, aus Berechenbarkeit und Leidenschaft. Ein Zuviel an Offenheit und Leidenschaft (fürchten wir) kann diese labile Konstruktion zum Kippen bringen. Denn nicht alle Frauen kommen mit der Wahrheit über unsere Sexwünsche zurecht.«

Jaja, Frauen sind schuld. Vielleicht sind es aber auch die feigen Männer, die sich in vorauseilendem Gehorsam stumm stellen und lieber der romantischen Idiotie nachhängen, es müsste alles von selber klappen? Da wären sich Mann und Frau mal wieder aus Versehen sehr ähnlich …

Einige Frauen wollen die Wahrheit tatsächlich gar nicht hören – weil sie befürchten, dass es mehr als nur Schnurren an seinem Bauchnabel oder Sex von hinten sein könnte. Sondern etwas … Spezielleres. Irgendein abstruser Fetisch zum Beispiel, der offenbart, dass wir versehentlich doch mit einem Soziopathen verheiratet sind.

Fetisch? Ach: Glatze, Krankenschwester, Lack, Formel 1, getragene Socken, Latexhosen, Luftballons, Windeln – es gibt eine Menge Fetische, und die müssen nicht mal was mit Sex zu tun haben. Fetischismus wird von den meisten Psychologen nicht mehr als therapiepflichtige Störung angesehen, sondern als Spielart menschlicher Sexualität. In nur wenigen Fällen brauchen Fetischisten Hilfe.

Sagen Sie es ihm, wenn Sie seinen Wunsch als heikel empfinden. Wenn Sie »nur« überrascht sind – probieren Sie es in den kommenden Wochen wenigstens einmal aus. Vielleicht geht es schief, und vielleicht lachen Sie beide darüber, vielleicht bedauert er sogar, einen Wunsch ausgesprochen zu haben, der sich so gar nicht prickelnd erfüllt. Aber das sind Chance und Risiko eines Bekenntnisses: Es führt garantiert zu einer neuen Stufe Ihrer Beziehung, es bringt etwas in Bewegung. Sie haben entweder a) eine neue spaßige Sache entdeckt, b) die Freuden des Ausprobierens erkundet und damit neues Terrain betreten: dass es nämlich immer möglich ist, sich Wünsche zu gestehen und sie auszutesten. Oder c) falls es schiefgeht, haben Sie eine herrliche Anekdote. Irgendwas geht also immer – nix geht, wenn er schweigt oder Sie ihn dafür mit Urteilen abstrafen, sollte er sich doch trauen.

Sonst haben Sie von ihm nämlich das letzte Mal eine Beichte gehört.


*Ich weiß, dass ich einen Bauch habe.*
*Können wir ihn bitte beide ignorieren?*

Männliche Scham – gibt es doch: Zwischen den seltenen Extremen – »er leidet unter dem herrschenden Schönheitsideal« und »mir doch egal, wie ich aussehe, es gibt mich nur so, wie ich bin, und der Bauch da ist eigenfinanziert« – gibt es unzählige Zwischenstationen. Der Attraktivitätswahn ist nicht allein Frauen vorbehalten – auch Männer haben den selbstkritischen Blick, der an ihren Bäuchlein abwärtswandert und innerlich aufzählt, was alles nicht so eins a ist.

Das Einzige, was ihn davon abhält, dauernd rumzumemmen, dass seine Beine so dünn sind und sein Bauch so präsent, ist die simple Tatsache, dass bisher noch kein Mann wegen seines hübschen Hinterns geheiratet wurde. Frauen indes schon. Es gibt weniger schablonenhafte Vorbilder, mit denen Mann sich messen muss. Er misst sich »nur« mit seinen eigenen Ansprüchen und Ängsten, bisweilen noch im Vergleich zu anderen Männern – aber beruhigt sich selbst recht schnell. Meist schaut er nämlich weg und ignoriert den Naturschönling.

Seine eigenen Ansprüche können ihm allerdings zum Problem werden, wenn es zum Äußersten kommt: Hups, ich bin nackt, sie sieht jetzt, wie blass meine Knie sind. Und den tiefen, tiefen Nabel, in dem schon ganze Echos verschwunden sind. Und irgendwie sehen meine Haare auf der Brust doch wie Vogelnester aus – bevor sie zu sehr hinschaut, machen wir mal hübsch das Licht aus, ich werfe mich auf sie drauf und nehme ihr den Blick auf alle Problemzonen, indem ich sie bis zur Besinnungslosigkeit vögele. Dann wird sie mir meine Schwächen bestimmt verzeihen.

Ach, ihr geliebten Männer! Was wir uns selbst als Frau nicht gönnen – nämlich es normal zu finden, so auszusehen, wie man aussieht –, das erlauben wir euch dagegen sehr. Natürlich haben wir auch einen Blick für die Schönheit eines Mannes und deuten süffisant mit den Augen auf ein knackiges Arschbackenpaar, das sich an uns an der Bar vorbeischaukelt oder nebenan im Fitnessstudio so aparte Bewegungen vollführt. Doch Liebe und Begehren sind nicht ausschließlich an körperliche Perfektion gebunden. Nicht ausschließlich heißt: ein bisschen aber schon.

Wir mögen Details an euch, Bauch oder kein Bauch ist hier nicht die Frage. Doch wir Frauen vergessen manchmal, euch diese Scham über die physische Unvollkommenheit abzunehmen. Wir vergessen, wie schön es auch für einen Mann ist, bewundert und begehrt zu werden – von

348

Kopf bis Fuß und nicht nur in der Mitte. Wie hübsch verlegen und auch ein wenig stolz ein Mann reagiert, wenn er Komplimente bekommt!

Lobende, liebende, bewundernde Worte sind wie ein Liebeslager, in dem sich seine Seele ausstrecken kann; wo er sich sicher ist, gewollt zu sein, und wo Ihrer beider Sexualität frei von Furcht, nicht zu genügen, wächst und gedeiht.

## Die besten Methoden, um einen Mann ins Bett zu kriegen

Begehren Sie ihn offen, überraschen Sie ihn mit Ihrer Lust, entfachen Sie Bilder in seinem Kopf – und lassen Sie sich fallen.

War's das schon? Nahezu! So hat es zumindest Sylvie (vierunddreißig) erlebt:

»Es ist bald Sommer, und plötzlich geht's. Alles. Luft wie Samt und Seide, die Moorseen schimmernd, und mein Mann kommt mir wie eine Versuchung vor. Der eigene. Das muss man sich mal vorstellen! Urlaub, er trägt Dreitagebart und dieses weiße Hemd. Ein Knopf zu weit auf, die Ärmel hochgekrempelt. Ich liebe diese Unterarme. Die Muskeln, die Sehnen, und ich liebe diese Stelle, an der sein Hals an die Schlüsselbeine anschließt. Ich will. Ich will ihn. Ich will mehr. Ich will endlich das Weib sein, das sich nimmt. Das bestimmt, wann es genommen wird.

Ich greife nach ihm. ›Die Glut ist gut‹, sagt er und beugt sich über den Grill. Ja. Die Glut. Ich trinke einen

Schluck von der Limonade, die ich mit Pastis und Grenadine vermischt habe. Ich reiche ihm das Glas … Seine Gürtelschnalle ist dann rasch geöffnet. Das metallische Klicken lässt mich an das denken, was ich mir von ihm wünsche. Fessele mich. Nimm mich. Drinnen, im kühlen Haus, während draußen die Nachmittagssonne brennt. Ich ziehe den Gürtel aus seiner Hose, er lässt mich gewähren. Dann falte ich den Gürtel in der Mitte, drücke ihn zusammen und ziehe die übereinandergelegten Enden heftig auseinander. Leder knallt auf Leder. Peitschenhiebe der Phantasie. Ich lege meine Handgelenke auf den Rücken, wickele seinen Ledergürtel um meine Arme und drehe mich um. Beuge mich nur ein wenig vor. Gerade so weit, dass der Saum des federleichten Sommerkleids nur noch den Po bedeckt. Verschnürte Hände, direkt über dem Po.

›Diese Glut ist auch so weit‹, denke ich, aber stattdessen sage ich: ›Komm schon.‹ Er kann nicht anders, als auf dieses unmoralische Angebot einzugehen. Mit einem Schritt ist er da, greift nach dem Gürtel, der meine Hände umschließt wie ein sperriges Seil. ›Mach mit mir, was du willst‹, verspreche ich, aber dirigiere ihn dorthin, wo ich es will.

Hinein ins Haus, die halb heruntergelassenen Jalousien lassen den Raum dunkler wirken. Ich blinzele, kann nicht sehen, nur fühlen: Wie er mir den Ledergürtel abnimmt, den Reißverschluss des Kleides öffnet, den Gürtel um meine Brust, meine Schultern legt, verschließt, mich vor sich hertreibt mit Küssen und süßen Worten, sein Atem in meinem Nacken. Im Schlafzimmer biegt er meinen Körper so auf das Bett, wie er es möchte. Ich spüre, wie er irgendwann den Gürtel um meine Taille fesselt. ›Beweg dich nicht, meine Schöne …‹, raunt er. Ich wehre mich und gebe doch nach, denn ich weiß, das liebt er: Erst will sie es nicht und dann umso mehr. Es ist ein Spiel.

Während ich auf dem Bett knie, liebkost er mich mit der Zunge und den Fingern, um mich bereitzumachen. Er leckt mich nass, sein Daumen reibt vorne an meiner Pforte, und ich merke, wie er immer mehr Speichel sammelt und mich so nass macht, bis ich fast tropfe.

Als er endlich eindringt, spüre ich das Leder um die Taille. Er zieht mich an dem Gürtel zu sich heran, erst langsam, dann immer schneller. Er reitet mich, und sein Gürtel ist der Zügel. Ich gebe mich einfach hin und lasse ihn machen. Ich werde begehrt, nur weil ich da bin.

Es ist Sommer. Plötzlich ist alles möglich.«

Alles ist möglich – das ist ein wesentliches Element der Leidenschaft. In Gesprächen mit Männern und Frauen, die Männer lieben, verführen, kennen, haben sich zwei wesentliche Faktoren zur männlichen Lustwelt herauskristallisiert.

*Erstens*: Männer bringen von Natur aus eigentlich ihre Lust so dar, wie sie Frauen entgegenkommt. Die Kunst besteht darin, sich als Frau auch auf die Art lieben zu lassen, ohne sich zu schämen und ihn nicht länger als Täter und sich selbst nicht als Opfer zu sehen.

*Zweitens*: Männer lieben Bilder im Kopf – die eine Frau für sie entzündet.

Klartext: Wir alle kennen die morgendliche Halbschlaf-situation; sie döst warm, entspannt und eingerollt vor sich hin, er betrachtet seine morgendliche Erektion und fragt sich, ob er den so halbfertig stehen lassen kann. Sein Blick streichelt die nackte Schulter der Geliebten. Er weiß, unter der Decke ist es warm, ihre Haut ist warm, und zwischen den Beinen wartet der wundervollste Ort, den er sich für seinen Schwanz vorstellen kann. Meist passiert Folgendes: Er macht sich an die schlafende Schöne heran, die ihn er-regt, einfach nur, weil sie da ist. Streichelt sie, küsst sie zart, ist ganz langsam und vorsichtig, will sie nicht stören, will ihre Kleine sanft aufwecken, bevor er sich in sie hinein-schiebt. Er will diese weiche Frau, die unter geschlossenen Lidern leise seufzt und die Berührungen genießt, erst zart, dann hart nehmen. Weil er will, weil er sie will, weil es so gut ist.

Sie wird ihn allerdings, sobald sie allmählich wach wird, unter Garantie abwimmeln, denn das geht doch nicht – sie ist gerade ziemlich ramponiert, weder geschminkt noch in Dessous gehüllt, das Haar sitzt wie bei einem dreistacheli-gen Stichling, nämlich doof, und sie fühlt sich unwohl – eine diffuse Mischung aus: Ich werde genommen, ich kann nichts zurückgeben, ich habe ihn doch gar nicht handgreif-lich erregt, was soll denn das?

Sie kann sich nicht mit dem Gedanken anfreunden, dass es okay ist, gewollt zu werden, ohne etwas dafür getan zu haben – sondern einfach nur da zu sein, sich zurückzuleh-nen und sein Begehren leise seufzend anzunehmen.

Finden Sie doch mal kurz Gefallen an der Vorstellung, dass Sie nicht immer etwas tun müssen, sondern einfach nur sein? Dass Sie auch dann gewollt werden, wenn Sie nichts leisten? Dass Sie auch dann begehrenswert sind, wenn Sie sich nicht zurechtgemacht haben? Dass es herrlich für einen Mann ist, wenn Sie ihn über sich kommen lassen, zurückgelehnt wie eine bettwarme Göttin, an der er sich berauscht, einfach weil sie sie ist und weil sie da ist. Und die ihn machen lässt.

Es ist eine Facette der weiblichen Sexualität, sich hinzugeben, der Bewunderung und Verführung nachzugeben, und das Nichtstun zu genießen. Wie gesagt, *eine* Facette, nicht die eine.

Kommen wir nun zum zweiten Faktor: den Bildern im Kopf. Männer lieben Bilder, Frauen können Bilder erzeugen – ein herrliches Schlüssel-Schloss-Prinzip, mit dem Sie eine großartige Verführerin sein können.

Männer lassen sich von Bildern unmittelbar verführen – von denen, die sie direkt sehen, und von jenen, die hervorgerufen werden, wenn ihnen eine Phantasie oder eine schmutzige Geschichte erzählt wird, und von solchen, die in ihrer Erinnerung existieren: der Anblick eines Frauenhinterns, die Accessoires eines Verführungsrituals, sprich Dessous, Schuhe/Stiefel, roter Mund. Die Bilderwelten, die entstehen, wenn sie eine Story lesen oder vorgelesen bekommen. Und natürlich die bewegten Bilder eines Pornos sowie die Erinnerung an das eine Mal, als er die zuckersüße Cousine auf dem Erdbeerfeld beschlief, all die herrlich roten Fruchtsaftspuren auf der Haut.

All das macht Männer an.

Kann es sein, dass die Phantasien, die Frauen sich ausdenken, zum Beispiel während der Selbstbefriedigung, wenig mit bereits Erlebtem oder Gesehenem zu tun haben? Dass wir uns zwar von Geschichten und Filmen inspirieren lassen, aber dass sich in uns kreative Bilder entwickeln, die von innen kommen – und nicht stets von außen?

Ich habe bisher sehr wenige Männer kennenlernen dürfen, die von sich aus Phantasien entwickeln, die nichts mit dem zu tun haben, was sie bisher schon gesehen haben. Etwa einer von zehn kann eine eigene Bildergeschichte erfinden und hat eine kreative Antwort auf die simple Frage: Welche Phantasie macht dich an? Ob es bei den Ausnahmen an deren femininer Seite liegt, die sie sich trauen zu nutzen?

Die meisten antworten mit dem, was sie schon gesehen, gelesen oder erlebt haben. Macht nichts. Dafür hat Monsieur ja uns.

Sie können ihm zum Beispiel eine Ihrer Phantasien erzählen. Da ist also dieses Kloster mit diesen unglaublich hübschen, jungen Novizinnen … und den strengen Nonnen … und dem Gärtner … wie er die Novizinnen beobachtet … bei Spielen, die in keinem Katechismus verzeichnet sind … Oder wie ist das: das Internat, ein Mädcheninternat, nebenan das der Jungen, und eines dieser Mädchen muss wegen einer Frechheit bestraft werden, und die Strafe sieht so aus … und der neue Lehrer wird da auch mitmischen … während die Jungs zuschauen und einer nach dem anderen den Platz des Lehrers einnimmt …

Böse Nachtgeschichten für Erwachsene vom Feinsten! Ihre kleinen Lustmärchen müssen weder literarisch wertvoll noch politisch korrekt sein. Ob Sie Ihrem Geliebten die Story von der Hure erzählen, die angelernt wird, oder von dem Sekretär, der drei Damen zur Verfügung stehen muss – in seinem Kopf werden Bilderfolgen entstehen, aufregender als jeder Porno. Denn erzählte Geschichten spielen nicht nur mit den Bilder-, sondern auch mit den Gefühlswelten des Zuhörers: ob er es als verboten empfindet, was den Novizinnen da passiert, ob er es erregend findet, dass eine Strafe sexuell lustvoll sein kann, oder ob er es interessant findet, beim Zuhören zu einem Voyeur zu werden.

Phantasien müssen schamlos, obszön, grenzenlos sein – sonst wären es keine Phantasien. Fürchten Sie sich nicht davor, dass er Sie für pervers hält – denn das wäre erstens ein wunderbares Kompliment, aber näherliegend ist, dass er umso geiler wird und Sie für eine raffinierte, gefährlich gute Frau hält, die ihn über die Macht des Wortes zu berauschenden Bildern verführt. Während er in Ihnen ist, unter Ihnen, Sie berührt, Sie mit dem Mund umwirbt oder während Sie nebeneinandersitzen und Sie ihm all das reizvolle Zeug ins Ohr flüstern und seine Erektion gleich die Anzughose sprengt.

Ihnen fällt aber just nichts ein, und Sie würden sich außerdem im Leben nicht trauen, ausgedachte Geschichten zu erzählen?

Lesen Sie vor. Er darf währenddessen an Ihnen herumspielen – so haben Sie den herrlichen Spannungseffekt: Wann gibt sie nach? Wann habe ich »gewonnen«, mit meinen Fingern? Lesen Sie ihm *Justine* oder *Josephine Mutzenbacher* vor, die *Geschichte der O.* oder etwas von Nicholson Baker, von Charles Bukowski oder eine der weiblichen Phantasien aus Nancy Fridays Klassiker *Verbotene Früchte*. Lesen Sie ihm geile Stellen aus Romanen vor.

Die dritte und vierte Variante der Bilderfluten-Feuerwerke sind die bewegten Bilder und die Einblicke, die sie gewähren.

Klar machen uns Pornos an, und jeder muss für sich suchen und finden, welche Szene, welcher Darsteller, welche Konstellation und Umgebung ihm bei einem Porno gefällt. Ich bedauere es sehr, dass es in Deutschland nicht – wie in Frankreich – eine Kultur des erotischen Films gibt. Eine anregende Story plus vögeln. Es ist dramaturgisch geschickt, nicht gleich mit der Vögelei zu beginnen, sondern eine bestimmte Figurenkonstellation aufzubauen: wenn die Braut des Bruders es mit ihrem Schwager treibt und anderswo die beste Freundin den Vater des Bräutigams plus ein Exliebhaber den Bräutigam verführt – das alles verschafft noch mal eine andere Lust für den Zuseher, als wenn er »nur« Mann und Frau beim Liebesakt beobachtet.

Beim deutschen Lustfilm wird entweder nur gevögelt – hallo, ich bin der Parkettleger, ist Ihr Mann da – nein – gut so, blas ihn mir, Baby. Gähn. Oder die Story macht halt, wenn die Akteure ins Bett fallen, und die Kamera zeigt eine flackernde Kerze. Softpornos, wie wir sie aus den Siebzigern kennen, sind ja eher halbgar, und aktuelle Hardcorepornos, na ja, sind auf das Hacken von Fleisch reduziert. Auch mal nett, aber auf Dauer fehlt da was.

Einige Porno-Liebhaber greifen zu Ribu-Filmen aus den achtziger Jahren; andere suchen sich kreuz und quer durch die Videotheken, bis sie etwas gefunden haben, was ihrer erotischen Innenwelt entspricht.

No Porno für Sie? Bleibt der klassische Kick des anregenden Anblicks von Ihnen selbst. Die Variationen reichen von entsprechender Kleidung bis zur Zeigelust, ob Sie sich beim Sex sichtbar für ihn selbst berühren, die Brüste entgegenheben, Ihre Nippel streicheln und zwirbeln, die Finger

ablecken, ihn bei der Selbstbefriedigung zusehen lassen
oder ihm einen Spiegel reichen, damit er besser schauen
kann, wie sein Penis zwischen Ihre Schamlippen gleitet –
tun Sie, was Ihnen ebenso gefällt und was zu Ihnen passt.
Streicheln Sie sich nicht nur, damit er was zum Gucken
hat – das ist Schauspielerei, Vorgeturne, das lenkt Sie nur
ab.

Berühren Sie sich, wenn Sie für sich entdeckt haben:
Wow! Das ist ja gut, ich mag es selbst, wenn ich an meinem
Finger sauge, während er mich stößt, hey, die Empfindun-
gen verdoppeln sich, während er mich leckt und ich über
meine Brustwarzen reibe … experimentieren Sie, denken
Sie nicht an die optische Perfektion, sondern betrachten
Sie die Lust, die er beim Zusehen empfindet, als Bonus zu
den guten Gefühlen, die Sie dabei selbst haben.

Und wenn Ihnen der Sinn eher nach Handgreiflichkeiten
steht – wenn Sie einen Mann massieren, könnte ihn das
zum glücklichsten Menschen der Welt machen.

Berichtete mir jedenfalls Lene, vierunddreißig:

»Suri wurde rot, als ich sie als Profi-Masseurin fragte,
warum Männer exotische Massagen sexy finden. ›10
Prozent sind Technik. 90 Prozent sind Liebe …‹, verriet sie und beschrieb drei Massagestile, die Männer
wahnsinnig machen – vor Glück: Die Thaimassage bedeutet vollen Einsatz – mit dem ganzen Körper! Ich
sah mich schon, wie ich nackt, warm und nass von duftendem Öl mich über die Haut meines Geliebten rieb,
ihn mit meinem Busen streichelte, mit meinen Lenden
über seinen Rücken rutschte, meine Zehen vorwitzig
über seinen Schenkel tasteten …

Doch auch die hawaiianische Lomi-Nui-Massage besaß Zauber: Mit Zärtlichkeit wird im Rhythmus von Musik der Körper des Geliebten mit den Unterarmen und Ellenbogen massiert, geschüttelt, gestreichelt. Zwischendurch wird er in den Arm genommen und wieder mit langen Strichen der Handballen vom Hals bis zu den Zehen berührt – so dass er sich zum Schluss geliebt und geborgen fühlt.

Als dritte Technik verriet Suri das Lingam-Ritual aus dem Tantra – das sie aber nur bei ihrem Ehemann ausführte! Dabei wird der Stolz des Mannes samt Anhängsel und dem Lenden- und Schenkelbereich liebevoll gewaschen, trocken getupft oder gepustet und mit Kokosöl massiert, geknetet, gestreichelt, gezupft …, ohne dass es auf seinen Höhepunkt zusteuert! Die Liebkosung sollte zeigen: Ich mag diesen Teil, ich akzeptiere deine Männlichkeit.«

## PS …

Sie ahnen es. All das, was Sie hier gelesen haben, können Sie auch auf Frauen »anwenden«: Auch die haben keine Lust, kontrolliert, manipuliert oder gefürchtet zu werden; auch sie haben nicht immer Lust, über ihre Gelüste zu reden, und auch sie können weder auf Kommando, noch sind sie bereit dafür, sich als Einzige was einfallen zu lassen.

Warum die Kapitel trotzdem getrennt wurden? Um Sie ein bisschen mit der Tatsache zu überraschen, dass Männer und Frauen beim Sex gar nicht so unterschiedlich ticken. Selbst wenn ich von »weiblicher Facette« oder »männlicher Art« rede, bezog ich das nicht nur auf das Geschlecht zwischen den Beinen – sondern darauf, dass jeder Mensch eine feminine und eine maskuline Seite besitzt. Keiner von uns muss nur eine ausleben, das wäre Verschwendung der Möglichkeiten.

Denn Sex ist niemals reine Vernunft. Er ist reines Feeling.

# Schluss

## Bin ich gut im Bett?

Ich konnte gerade noch widerstehen und habe nicht sämtliche Exfreunde angerufen, um mir Wertungskärtchen vorlegen zu lassen. Vielleicht könnten sie sich nicht mal an mich erinnern. Und dann?

Auf der anderen Seite: Wem hätte ich dieses Prädikat verpasst – oder was genau ist ein guter Liebhaber?

Kurzer Rundruf bei meinen Freundinnen: »Was hatte der Mann an sich, mit dem ihr den besten Sex hattet?«

»Machte mich verrückt.«

»Brauchte mich nur anzugucken, und ich war dahin.«

»Hatte etwas wahnsinnig Männliches an sich. Kein stundenlanger Streichelzoo, sondern … na ja, handfester Sex.«

Ich frage nach technischen Raffinessen.

»Och, nichts Besonderes. Er machte es aber unheimlich gern. Mit mir.«

»Dirty Talk«

»Cunnilingus!«

Rundruf bei meinen männlichen Bekannten: »Was hat die Frau, die für euch gut im Bett war, so gemacht?«

»War absolut natürlich.«

»War nicht verklemmt.«

»Hat mir gern einen geblasen.«

»War total sinnlich.«

Geht's nicht ein bisschen spezieller? Nein, geht es nicht, es war das Gesamtkunstwerk Frau.

Zurück zu der Frage, die wir uns alle mal stellen, bevor wir darauf kommen, dass es eine Nonsensfrage ist: Bin ich gut im Bett?

Darauf gibt es eine schöne, unklare Antwort: Gut im Bett geht nur zu zweit. Wenn zwei sich aufeinander einschwingen, wenn sie die Bedürfnisse des anderen erkennen, erspüren, wenn sie auf ihr Gefühl hören statt auf den Kopf – und wenn es ihnen wichtig ist, diese Wünsche zu bedienen!

Manche benutzen dafür den Ausdruck, wenn »die Chemie stimmt«, und manchmal ist die Chemie eine Kombination aus Geruch, wie geil er schaut, wie schön sie stöhnt, wie gern sie bläst, wie gut sie schmeckt, wie klar sie auf ihn reagiert, wie süß sie danach einschläft, wie leicht es ist, sich fallen zu lassen – plus: die Passung der Grundbedürfnisse.

Anstatt zu sagen: war gut im Bett, könnte man auch sagen: Wir passten gut zusammen. Wie praktisch es ist, wenn die Frau der initiative Typ ist, den es braucht, den Weg vorzugeben; und wenn der Mann einer ist, der genau das genießt und sich immer eine Lady gewünscht hat, die ein wenig kommandiert! Wie praktisch, wenn sie jemand ist, die auf wilde Worte Wert legt, und er sich endlich trauen darf, all das auszusprechen, was in seinem Kopf bisher stumm herumströmte und nie herausdurfte, weil seine Ex-geliebten schmutzige Worte peinlich fanden.

Schade: Diese Passung künstlich herzustellen, wenn sie nicht vorhanden ist, ist schwierig. Nicht unmöglich. Aber es ist einfacher, wenn zwei schlicht sie selbst sind und sich die Bedürfnisse wie Knopf und Knopfloch ergänzen. Zwei, die beide einen Hang zum Dominanten haben, oder zwei, die sich lieber verführen lassen als zu verführen, haben es nicht ganz so bequem wie die Knopfleisten – denn sie benötigen den Willen, ab und an für den anderen etwas zu tun, was nicht grundsätzlich in ihrer erotischen Natur liegt. Dazu gehört, über den eigenen faulen Schatten zu springen, einander die Grundbedürfnisse zu erklären – und es dann auch füreinander zu tun!

Sie will mal härter rangenommen werden – obgleich er sich das auch von ihr wünscht, dass sie ihn reitet mit all ihrer Stärke und Übermacht? Himmel, dann tun Sie es, wechselseitig! Es kann auch Spaß machen, Dinge für jemanden zu tun, die einem selbst vielleicht schnuppe sind. Aber hey, wie wird der andere sich freuen! Solange die ständige Gegenseitigkeit besteht, artet es nicht mal in Arbeit aus. Achten Sie bitte nur darauf, dass es nicht einseitig wird und sich nur einer von beiden auf die Bedürfnisse des anderen einstellt.

Das Gebot: »Was du willst, das man dir tu, das füge auch dem anderen zu«, ist zwar grammatisch holprig, drückt aber das Erfolgsrezept für Sex aus: Wollen Sie begehrt werden, begehren Sie. Wollen Sie bewundert werden, bewundern Sie. Wollen Sie geliebt und verstanden werden … ja. Genau.

Guter Sex ist ein andauernder Dialog. Nicht nur mit Worten, sondern auch mit Taten; es geht nichts über einen Partner, der bereit ist und bereitwillig, sich auf Phantasien, auf Sehnsüchte, auf Bedürfnisse seines liebsten Menschen einzulassen.

Denn in diesem Miteinander – wenn Wünsche nicht mehr einsam von einem gehegt, sondern gemeinsam ausprobiert werden – eröffnet sich der Kosmos der Sexualität in seiner ganzen Unendlichkeit. Sind Sie bereit, bereitwillig zu sein? Sind Sie bereit, gutzutun, ohne Wenn, Dann, Aber und I-Bah? Dann hat Ihr Geliebter unendlich viel Glück.

Und dann – dann sind Sie beide zusammen gut im Bett.

*Die Kunst des Liebens*

# Anne West

## DER VENUS-EFFEKT

Spielregeln für die Liebe, Sex
und andere lustvolle Kleinigkeiten

Bin ich sexy? – Wecken Sie die Liebesgöttin in sich, und
die Frage beantwortet sich von ganz allein. Denn die Ve-
nus kennt alle Spielarten des Liebens: zärtliche Liebe und
sinnliche Lust, romantischen Sex und große Gefühle, völ-
lige Hingabe und charmante Verführung. Sie weiß: Ich bin
außen wie innen unwiderstehlich – und ganz und gar Frau.
Ohne Tricks, aus vollem Herzen.

»Eine unverschämt schamlose, an-, auf- und erregende
Informationsquelle für Frauen, die sich trauen.«
*Joy*

KNAUR TASCHENBUCH VERLAG

# Anne West

# HANDBUCH FÜR SEXGÖTTINNEN

## 696 Tipps für den besten Sex Ihres Lebens

Sie wollen besseren Sex? Ein bisschen mehr Herzklopfen und Spannung? Sich bedingungslos hingeben? Einmal richtig schamlos sein? Guter Sex ist mehr als ein Stellungswechsel dann und wann oder zwei, drei gelungene Handgriffe. Guter Sex beginnt im Kopf. Anregende Ideen, Spielmaterial für Ihre erotischen Phantasien, unwiderstehliche Inszenierungen – mit dem *Handbuch für Sexgöttinnen* verzaubern Sie Ihren Alltag immer wieder neu. Für die schärfsten Nächte (und Tage) Ihres Lebens.

KNAUR TASCHENBUCH VERLAG